Pflegebedürftig

STUDIEN UND BERICHTE

Für meinen Vater

Inhaltsverzeichnis

Zweiter Teil:
Pflege zu Hause

Einleitung

Diese soziologische Studie beschäftigt sich mit der Situation von alten Menschen, die pflegebedürftig sind, und sie untersucht die Arbeitsbedingungen von professionellen, halbprofessionellen und amateurhaften Pflegerinnen und Pflegern.

Um die verschiedensten Aspekte der Pflegesituation darzustellen, versuchte ich Kontakt zu Patienten und Pflegern herzustellen. Durch einen vierwöchigen freiwilligen Einsatz als Pflegehelfer konnte ich mir ein authentisches Bild von den Arbeitsbedingungen in einem Pflegeheim machen. Eine weitere Quelle meiner Erfahrungen sind regelmäßige Besuche in Pflegeheimen. Durch die Übernahme einer sogenannten Patenschaft für eine 93jährige alleinstehende Frau komme ich ein- bis zweimal wöchentlich in ein 8-Bett-Zimmer eines großen Wiener Pflegeheimes, wo ich mich den vereinsamten und daher zum Teil verwirrten Frauen widme. Diese Betreuungstätigkeit führt nicht selten zu einer Sterbebegleitung, sodaß es erforderlich wurde, mich einer Gruppe von Menschen anzuschließen, die diese Aufgabe im Rahmen einer Hospiz-Gemeinschaft erfüllen.

Darüber hinaus habe ich die sehr zeitaufwendigen Schulungen einer großen Rettungsgesellschaft besucht, um als Sanitäter bei Krankentransporten dabeisein zu können. Während dieser Tätigkeit kam ich mit vielen pflegebedürftigen Menschen ins Gespräch. Als Sanitäter hatte ich Zutritt zu vielen Pflege- und Krankenstationen, und zwar nicht nur während der offiziellen Besuchszeiten, sondern auch spät in der Nacht oder am frühen Morgen. Im Krankenwagen konnte ich mir ein Bild von der hilfreichen Unterstützung von professionellen Sanitätern machen und ihre Arbeitsbedingungen hautnah miterleben.

Ich habe Heimhelferinnen und Heimhelfer bei ihrer Arbeit begleitet und ihnen sozusagen über die Schulter geschaut. Mit Hauskrankenschwestern bin ich tageweise von Pflegefall zu Pflegefall gegangen, wodurch ich unverfälschte Einblicke in häusliche Pflegesituationen gewinnen konnte. Gleichzeitig war es möglich, die Arbeitssituation dieses geschulten Personals kennenzulernen.

Abgerundet wird das umfangreiche Datenmaterial noch durch Aufenthalte in einer Krankenpflegeschule, wo es mir möglich ist, mit Schülerinnen und Schülern, die zum Teil unterschiedliche Erfahrungen mit der Pflegearbeit haben, zu sprechen und zu diskutieren.

Vor etwa zweieinhalb Jahren wurde meinem 85jährigen Vater während der Erdäpfelernte plötzlich schwindelig, und er stürzte zu Boden. Mein Bruder eilte herbei und schleppte ihn nach Hause. Die Rettung wurde verständigt, er kam ins Krankenhaus, dort wurde ein schwerer Gehirnschlag diagnostiziert. Nach wenigen Wochen Spitalsaufenthalt kam er nunmehr gehunfähig und inkontinent zur Pflege in ein Pflegeheim. Durch die persönliche Betroffenheit werde ich in meiner wissenschaftlichen Arbeit immer wieder gefordert. Ist die Überantwortung der Pflege unserer Eltern, Omas und Opas an professionell organisierte Pflegestationen eine Abschiebung oder steht dahinter der Gedanke einer verantwortungsvollen Handlung, die für alle Beteiligten die beste Lösung ist? Mit dieser Frage werde ich in meiner Forschungstätigkeit nicht nur persönlich, sondern auch allgemein immer wieder konfrontiert.

Einladung zu einer Soziologie mit Würze – Methodologische Überlegungen

Diese, der qualitativen Sozialforschung zuzuschreibende Studie, beschäftigt sich mit der Qualität der Arbeitsbedingungen im Krankenpflegeberuf und untersucht die Qualität des letzten Lebensabschnittes von hilfsbedürftigen Menschen.

Die Grunddaten dieser Studie beziehe ich aus meinen persönlichen Erfahrungen auf dem Gebiet der Krankenpflege. Die persönliche Teilnahme am Geschehen regt alle Sinne an. Das Hinsehen und Zuhören sowie das Hineinriechen sind sozusagen die Stammgewürze dieser soziologischen Kost. Somit steht diese lebendige Art von Sozialforschung in der Tradition von E. PARK, dem Begründer der Chicagoer Schule, der das „nosing around“ als unverzichtbaren Bestandteil jeder erstzunehmenden Forschertätigkeit angesehen hat. Ich knüpfe hiermit an eine alte Tradition der Soziologie an, die jedoch von der vorherrschenden und im Wissenschaftsbereich weitgehend etablierten Soziologie trotz einiger spezieller Seminare und Vorlesungen über die verstehende Soziologie geradezu abgelehnt oder zumindest milde belächelt wird.

Statt „nosing around“ kann man auch „schnüffeln“ sagen. Das Schnüffeln wird oft nicht gerne gesehen, weswegen ich mich, wo es nötig ist, inkognito an das Untersuchungsfeld heranmache. Dahinter steht die Erfahrung, daß nur ein authentischer Zugang und ein Auftreten als Teilnehmer an der jeweiligen Lebens- und Arbeitskultur die soziale Wirklichkeit weitgehend wiederzugeben vermag. Die Arbeit als Pflegehelfer und als Sanitäter waren solche Rollen, die ein Herumschnüffeln ermöglichten.

Es geht bei meiner Absicht, den Alltag eines Pflegeheimes kennenzulernen, nicht um eine bestimmte Einrichtung. Mir liegt auch nicht daran, hier bestimmte, womöglich skandalverdächtige, Pflegestationen bloßzustellen und öffentlich anzuprangern, es geht einzig und allein darum, den Alltag in x-beliebigen Pflegeheimen in Österreich zu schildern.

Meine Bemühungen, gegenüber solchen Institutionen offen und ehrlich über meine Forschungsarbeit zu reden und die Bitte, mich beim Erfassen der Alltagssituation zu unterstützen, führten nicht zum Erfolg. Schlußendlich mußte ich doch mit Halbwahrheiten agieren, um den wichtigen Beobachtungsplatz vor Ort einnehmen zu können.

Jedenfalls schaffte ich es, vier Wochen lang Tag für Tag meinen Beobachtungsposten in einem Pflegeheim zu beziehen und auf diese Weise dem bedeutendsten soziologischen Forschungsanspruch, nämlich einen unmittelbaren Zugang zum Forschungsfeld zu finden, zu erfüllen.

Probleme, als Sanitäter zu arbeiten, gab es nicht, denn freiwillige Mitarbeiter in Rettungsgesellschaften sind immer willkommen. Gegenüber den Sanitätskollegen war es wiederum eher von Vorteil, ihnen mein Forschungsvorhaben zu erklären. Viele sahen sich dadurch veranlaßt, mir wichtige Informationen über ihren Berufsalltag zukommen zu lassen.

Letztlich war es über die inoffiziellen Wege leichter, Zugang zu Menschen zu finden, die pflegen oder gepflegt werden, als über offizielle Zugänge. Wenn die Erlaubnis von „Oben" eingeholt werden mußte, stieß ich vielfach auf Mißtrauen und offene Ablehnung.

Nur wenige Vereine, die Heimhelferinnen und Hauskrankenschwestern beschäftigen, waren wirklich kooperativ. Die meisten ließen mich draußen vor der Türe stehen und zeigten kein Interesse, mir Einblick in den Alltag zu geben.

Als wirklich schwer einzunehmende Bastion erwies sich die Gemeinde Wien, wo ein offensichtlich mißtrauischer Senatsrat streng über seinen ambulanten Bereich wacht. Für die Erlaubnis zu einem Gespräch mit einer seiner zahlreichen Mitarbeiterinnen waren Interventionen, unzählige Telefonate und Briefe erforderlich. Ein zweiter Gesprächswunsch wurde nach mehrwöchigem Hin und Her mit der Begründung abgelehnt, vorab meine Ergebnisse sehen zu wollen.

Vielleicht ist es mir möglich, nach Veröffentlichung dieses Forschungsberichtes weitere Gespräche mit einer seiner verängstigten Mitarbeiterinnen zu führen. Ich werde mich bemühen, es in der zweiten Auflage unterzubringen.

Vielfach begnügen sich Sozialwissenschaftler beim Erstellen einer Studie mit einem ausführlichen Literaturstudium. Daraus werden Fragen konstruiert, die in einem Fragebogen nach bestimmten Kriterien gebündelt werden. Danach kommt es zur sogenannten Datenerhebungsphase, wobei Interviewer die abgezirkelten Fragen den jeweiligen Untersuchungspersonen vorlegen. Die Antworten landen dann wieder beim Studienautor und dieser geht nun daran, die Rohdaten nach bestimmten Auswertungsverfahren zu verarbeiten. Er numeriert, codiert und korreliert und legt am Ende dieser distanzierten Forschungsarbeit Zahlen und Prozentwerte vor. Selbst zu Prognosen reißt er sich manchmal hin, obwohl immer nur statisch vorgegangen wird.

Die Tradition der qualitativen Sozialforschung hat im deutschsprachigen Raum ROLAND GIRTLER mit seinen bekannten Studien und Forschungsberichten zu neuem Leben erweckt. Seine verständnisvollen Ausführungen beschreiben die Alltagsprobleme und Sorgen von Obdachlosen genauso wie die Situation im Rotlicht-Milieu. Er erklärt uns die Regeln des Stoßspiels und der Kriminalität, zeichnet alte Schmugglerwege auf, bewältigt einige steile Strecken mit seinem Rad und beschreibt diese Art des Reisens. Zuletzt gewährte er uns Einblick in die faszinierende, einem starken Wandel unterworfene Bauernkultur. Seine gerne gelesenen Publikationen wurden sogar ins Chinesische übersetzt, somit kann Girtler als einer der meistgelesenen Sozialwissenschaftler im deutschsprachigen Raum angesehen werden.

Eine Soziologie, die den engen Kontakt zu den Untersuchungspersonen sucht, die bemüht ist, ein gutes Gesprächsklima herzustellen, die Vertrauen und Freundschaften aufbauen muß, um zu gültigen Ergebnissen zu kommen, kann niemals unverständlich oder langweilig sein. Als Forscher werde ich immer wieder körperlich und seelisch gefordert. Jede Studie hinterläßt Spuren, Spuren der Angst, des Zorns und der Bedrücktheit, aber auch Spuren der Freude und des Glücks. Die ganze menschliche Gefühlskala durchlebe ich während einer Forschungsarbeit. Es gibt immer Überraschungen, unvorhergesehene Niederlagen und ausgesprochen glückliche Zufälle. Die Forschungsarbeit bleibt immer spannend.

Es gibt kaum ein Wissenschaftsgebiet, in dem derart umfassend verschiedene Lebenswelten studiert und begleitet werden können, wie in der Soziologie. Jede Teilnahme an einer Lebens- und Arbeitswelt bringt einen persönlichen Gewinn von Lebenserfahrung, und ab und zu stellt sich auch noch ein finanzieller Gewinn ein, wenn die Studie finanziert und die Ergebnisse der Forschungsarbeit von vielen Menschen gelesen werden. In diesem Zusammenhang bedanke ich mich herzlich bei der Kammer für Arbeiter und Angestellte für Wien und bei der Gewerkschaft Hotel, Gastgewerbe, Persönlicher Dienst für die wohlwollende Unterstützung meiner Forschungsarbeit. Es gibt keinen Mangel an Forschungsgebieten, denn das ganze Leben ist Soziologie, alle Lebens- Alters- und Alltagskulturen sind ihr Gegenstand. Das alles sind Gründe, zu einer Soziologie mit Würze einzuladen.

„Ich will nicht mehr leben" – Über Alter und Pflege

Mit dem Thema „Alter und Pflege" begebe ich mich auf ein Untersuchungsfeld, das bereits von vielen Seiten wissenschaftlich bearbeitet worden ist. Es gibt anerkannte Expertinnen und Experten, die sich im Rahmen von Instituten, Fachhochschulen und Krankenpflegeschulen regelmäßig Gedanken über die Problematik des Alterns im allgemeinen und über die Pflegeproblematik im besonderen machen. Eine kaum überschaubare Zahl von Artikeln und eigene Sammelbände und Fachzeitschriften beschäftigt sich mit den verschiedensten Facetten des Alterns in unserer Gesellschaft.

Bei Durchsicht der Literatur fällt auf, daß theoretische Konzepte gegenüber der Beschreibung und Analyse realkritischer Zustände überwiegen. Beschreibungen und Analysen konkreter Zustände in Pflegeheimen und alltäglicher Situationen bei der Pflege im häuslichen Bereich liegen bislang kaum vor. So meint auch der Doyen der Altersforschung in Österreich, Professor Leopold Rosenmayr: „Wenige Wissenschaftler nehmen sich die Mühe, die schwierigen Pflegesituationen in den Heimen genauer zu analysieren." (1995, S. 202).

Eine Ausnahme in dieser Hinsicht bildet die Dissertation der Soziologin Berta Schrems, die ihre Studie zwar notwendigerweise mit sehr viel Theorie bepackt hat, die aber als ausgebildete Krankenschwester und als scharfe Beobachterin in Pflegestationen typische Situationen dokumentieren konnte. Die Ähnlichkeit mit meinen Erlebnissen ist zum Teil verblüffend.

Als Klassiker wird bereits die im Jahre 1984 abgefaßte Studie „Alltag in Steinhof" von Karl Schwediauer in Fachkreisen gehandelt. Dieser Soziologe beschreibt den Stationsalltag in einer psychiatrischen Pflegeanstalt, in der er als Pflegehelfer beschäftigt war. Hier wird eindrucksvoll gezeigt, daß stationäre Pflegestationen sich durch besondere Strukturen charakterisieren, die oft weniger auf das Wohl der Patienten abzielen, als vielmehr einer möglichst effizienten und rationellen Arbeitsweise der überforderten Pflegepersonen abstellen.

Alles weist darauf hin, daß die Lebenserwartung steigt. Dadurch erhöht sich der Anteil der über 80jährigen gegenüber der Gesamtgesellschaft und somit auch die Zahl der Pflegefälle. Die Pflegedauer verlängert sich durch eine erprobte Langfristmedikation und mit Hilfe erfolgreicher operativer Eingriffe. Optimistische Prognosen gehen davon aus, daß in wenigen Jahrzehnten in Westeuropa eine durchschnittliche Lebenserwartung von mindestens einhundert Jahren erreicht wird und bei optimalen Voraussetzungen ein Lebensalter bis zu 140 Jahren möglich wird. Etwa 1,6 Millionen Österreicher sind heute über 60 Jahre alt. Im Jahre 2020 werden es bereits über zwei Millionen sein. Rund 500.000 Menschen sind in Österreich betreuungsbedürftig. Im Jahre 2020 wird auch die Anzahl betreuungsbedürftiger Menschen eine höhere als heute sein. Die Pflegebedürftigkeit wird zunehmen.

Bei den über 80jährigen kommen heute auf einen Mann zehn Frauen. Das heißt, daß es beim Thema „Pflegebedürftigkeit" von alten Menschen großteils um Frauen geht. Der Pflegeberuf selbst ist wiederum von Betreuerinnen dominiert, und selbst im häuslichen Bereich engagieren sich weitaus öfter die weiblichen Nachkommen und Verwandten bei der Pflege als die männlichen.

Der Pflegeberuf selbst gilt angesichts dieser Tatsachen als der Zukunftsberuf schlechthin. Die Nachfrage nach Pflegepersonen, die alte Menschen betreuen, ist schon heute groß und wird täglich größer. Die Pflegesituation in den Familien hat sich dramatisch verändert. Während früher die Pflege alter und kranker Familienangehöriger innerhalb eines größeren Familienverbandes vielfach bei den Töchtern lag, verlangen die neuen gesellschaftlichen Bedingungen neue Orientierungen in der Altenpflege. Das Leben in Kleinfamilien erschwert die Altenpflege im Haus. Mit Recht ist es ein großes Lebensziel vieler Frauen, nach voller Entfaltung im Berufs- und Privatleben zu streben. Ebenso ist es für die jungen Männer schwer vereinbar, zusätzlich zur Berufsausübung die Pflege der Eltern oder Schwiegereltern zu übernehmen. Auch die übrigen gesellschaftlichen Bedingungen wie Single-Dasein und Scheidungsraten machen es für junge Frauen heute schwerer denn je, keinem eigenen Beruf nachzugehen, wenn sie in eigenverantwortlicherweise Vorsorge für eine finanzielle Absicherung ihrer eigenen Pension tragen, und sich nicht blind und ohne Vorausschau auf die nachfolgenden Generationen verlassen möchten. Die Nachfrage nach stationären Pflegeplätzen wird weiter zunehmen, und ambulante Versorgungshilfen werden gefragter denn je sein. Die Frage ist allerdings, welche Betreuungsform von den Betroffenen selbst bevorzugt wird und inwieweit diesem Wunsch in der Altenpolitik auch Rechnung getragen wird? Oder anders gefragt: Wo wollen wir selbst einmal gepflegt werden? Zu Hause oder im Heim?

Die hohe Anzahl von zugewanderten Pflegepersonen aus den osteuropäischen und asiatischen Ländern zeigt, daß sich in Österreich selbst offenbar nicht genügend Krankenpfleger finden, die zahlreichen Kranken und Pflegebedürftigen zu betreuen. Der Rückgriff auf ausgebildete Pflegepersonen aus anderen Ländern kann aber auch bedeuten, daß die Arbeitsbedingungen so nachteilig sind, daß sich für diese Arbeit kaum inländische Arbeitssuchende motivieren lassen. Wie sehen die Arbeitsbedingungen tatsächlich aus? Was müssen Krankenpflegerinnen oder Heimhelferinnen in ihrem Beruf leisten? Wie geht es ihnen dabei? Diese Fragen werden im Mittelpunkt stehen, wenn es um die Berufstätigkeit dieser unersetzlichen Helferinnen für kranke und pflegebedürftige Menschen geht.

Genauso wie in der soziologischen Forschung scheinen sich rein naturwissenschaftlich orientierte Mediziner weniger über das „Wie" des Alterns Gedanken zu machen als vielmehr über das „Wie lange". Sie ignorieren damit jenen oft zu hörenden Satz alter Menschen, der heißt: „Ich will nicht mehr leben". Diese häufig anzutreffende Aussage ist keineswegs so zu verstehen, daß sie am liebsten auf der Stelle tot sein wollen, sondern ist mit dem Wörtchen „so" zu ergänzen. „So will ich nicht mehr leben", hat eine starke Zukunfts- und Hoffnungskomponente. Sie wollen anders leben, alternative Lebensformen haben, mit ihrer gegenwärtigen Situation sind sie unzufrieden. Eine Lebensverlängerung allein bringt noch keine neue Lebensqualität. Im Gegenteil: Sie verlängert bloß die Frustration und das Leid auf fremde Hilfe angewiesener freudlos dahinlebender einsamer Menschen.

Tatsache ist, daß die Menschen zwar an Lebensjahren älter werden, viele aber im hohen Alter nicht mehr in der Lage sind, klare Gedanken zu äußern, geschweige denn ein aktives, selbstbestimmtes Leben zu führen. Kreislauf, Blutdruck und Puls werden zwar in

Gang gehalten, die Nahrungsaufnahme erfolgt mittels Magensonden, und der Flüssigkeitsbedarf wird über Infusionen abgedeckt, aber die Hände hält niemand fest, und es mangelt oft überhaupt an jeglicher menschlicher Zuwendung. Wie fühlen sich Menschen, die auf fremde Hilfe angewiesen sind? Mit welchen Situationen müssen sie fertig werden? Können sie mit der technischen Hilfestellung zufrieden sein oder stört es sie, wie mit ihnen umgegangen wird? Was sind uns die alten Menschen wert? Geben wir ihnen das Gefühl, sie noch zu brauchen, sie ernst zu nehmen und sie zu würdigen, oder wollen wir bloß bald ihr materielles Erbe antreten? Diese Fragen sollen in dieser Studie beantwortet werden. So geht es in dieser Untersuchung zwar um den Ist-Zustand der gegenwärtigen Situation von Menschen, die auf Hilfe angewiesen sind, aber letztlich geht es auch um uns, die wir heute noch fit und gesund sind, schon morgen aber in eine ähnliche Situation aufgrund eines Unfalls oder einer Krankheit kommen können. Pflege geht uns alle an.

Erster Teil
Pflege im Heim

Pflegebedürftig im Heim

Nirgends zeigt sich die Abhängigkeit pflegebedürftiger Menschen von professioneller Hilfestellung so deutlich wie in Pflegestationen von Krankenhäusern und Pflegeheimen. Aufgrund von körperlichen und/oder geistigen Verfallserscheinungen werden alte gebrechliche Menschen, in Österreich sind es über 30 000, der Pflege von geschulten Pflegepersonen in Pflegeheimen überantwortet. Wie betagte pflegebedürftige Menschen in Pflegestationen betreut werden und wie sie sich in diesen Einrichtungen fühlen, wird Gegenstand des ersten Abschnittes dieser Studie sein. Ebenso wird der Blick auf die Pflegepersonen gerichtet werden, auf die mehr oder weniger ausgebildeten Krankenpflegerinnen und -pfleger, von denen erwartet wird, möglichst alle Bedürfnisse der Pflegebedürftigen zu befriedigen. Einleitend ist es nicht uninteressant, eine Station zu beschreiben, die nicht selten am Anfang eines langwierigen Pflegeprozesses steht: die Intensivstation.

In der Intensivstation

Ich hatte Gelegenheit, einen Tag lang die Arbeit von Krankenpflegerinnen und -pflegern zu begleiten und zu beobachten. Bekleidet mit einem orangen Mantel betrat ich in einem Wiener Spital eine Station mit zehn Betten. Im Patientenzimmer schwoll mir ein Blubbern, Surren, Summen und Piepsen entgegen. Anfangs nahm ich nur die Maschinen, Schläuche und Verkabelungen wahr. Erst beim zweiten Hinsehen sah ich in Betten liegende Körper, die leblos unter weißen Tüchern lagen. Oft lugten nur ihre Köpfe hervor. Vom Kopf, von den Armen und übrigen verdeckten Körperstellen schlängelten sich Leitungen und Schläuche zu Geräten, Flaschen und Meßinstrumenten. Die Herzfrequenzen zeichneten sich im Pulstakt in Form von fluoreszierenden zackigen Linien auf Bildschirmen ab. Im Zimmer tummelten sich zehn diplomierte Schwestern mit einer Zusatzausbildung für Intensivpflege.

Um einen möglichst realen Einblick in den Alltag einer Intensivstation zu geben, möchte ich hier meine Notizen, die ich während meines Aufenthaltes auf der Intensivstation gemacht habe, wiedergeben. Der Tagdienst beginnt um halb sieben und endet um 19 Uhr. Ein langer Arbeitstag steht bevor:

Die fünf Kolleginnen vom Nachtdienst sowie das zehnköpfige Pflegeteam vom Tagdienst finden sich im Dienstzimmer zusammen. Es wird geraucht, geblödelt und gelacht, Kaffee und Tee getrunken, und dann werden der Reihe nach im Beisein der Stationsschwester die neuesten Informationen und Daten von den verschiedenen Patienten an die Kolleginnen vom Tagdienst weitergegeben. Selbstverständlich halten sich auch während dieser Besprechung zumindest zwei Pflegerinnen an den Intensivbetten auf.

Eine Fülle von medizinischen Fachausdrücken, Zahlen- und Prozentwerten schwirrt durch den Raum. Die Patienten werden nicht beim Namen genannt, sondern als Position 1, 2, 3 usw. bezeichnet, je nachdem, welches Bett sie belegen. Von jeder „Position" wird die gesamte Krankheitsgeschichte erzählt, also Tag der Aufnahme, Diagnose und momentaner Zustand. Es wird von stabiler Herzfrequenz, guten oder weniger guten Blutdruckwerten erzählt, hie und da von einer positiven Bilanz berichtet, und die Gase in Lunge und Blut werden gelobt oder getadelt.

Wenn alle „Positionen" klar sind, erfolgt die Aufteilung. Ohne Schwierigkeiten findet jede Pflegerin ihre „Position". Besonders gut befreundete Kolleginnen sehen zu, an einer benachbarten „Position" zu arbeiten, um sich gegenseitig zu unterstützen und miteinander reden zu können. Eine unerfahrene Kollegin, die erst seit zwei Monaten hier ihren Dienst versieht, wird neben besonders erfahrenen Kolleginnen an ein Bett beordert. So kann sie jederzeit fragen.

Um 7 Uhr verabschiedet sich der Nachtdienst, und der Tagdienst beginnt. Die jeweiligen Betreuerinnen beziehen ihre Positionen und checken erstmals anhand der Krankengeschichte alle Werte und Daten durch. Dieser Check nimmt ungefähr eine Stunde in Anspruch. Dann wird mit dem Waschen begonnen.

Zum Waschen werden die Patienten abgedeckt und von einigen Leitungen befreit. Selbst die Lungenbeatmungsmaschine wird abgeschaltet und kurzfristig wird, wobei eine Kollegin hilfreich zur Seite steht, mit einem Blasebalg händisch Sauerstoff verabreicht. Von Kopf bis Fuß werden die Patienten mit einem feuchten Tuch abgewischt und mit einem Frottiertuch nachgetrocknet. Die Schlafenden werden tüchtig eingecremt, die Matratzen neu überzogen, und selbst auf das Frisieren wird hier nicht vergessen. Die Männer werden rasiert. Der Mund wird sorgfältig ausgewischt, die Zunge abgetupft, nur das Zähneputzen erübrigt sich, weil sämtliche Nahrung entweder intravenös verabreicht oder über eine Magensonde zugeführt wird. Rötliche Hautstellen werden besonders gut eingecremt, und eine hautschonende Lagerung wird vorgenommen. Während einer solchen Waschung werden alle Hautpartien berührt, massiert, und mit den Salben wird nicht gegeizt.

Danach werden alle Überwachungskabel wieder angeschlossen. Die Sonden werden neu plaziert, und die Beatmungsleitung wird zum Beispiel vom linken Mundwinkel zum rechten Mundwinkel verlegt. Alle Verbände werden erneuert.

Auf der Station gibt es etliche Bettlägrige mit offenem Bauch. Auch dieser wird gewaschen, wobei anstelle der Pflegerin ein Arzt die Waschung vornimmt. Der Chirurg nimmt die Gedärme in seine behandschuhten Hände und wäscht sie ordentlich durch. Die Schwester schüttet die Spüllösung an die vom Arzt angegebene Stelle, und dieser spült alle Organe und Innereien ab, den Magen, den Darm, die Niere, die Leber und die Galle, alles wird ordentlich gereinigt und gespült.

Nach Beendigung der Darmwaschung durch den Arzt wird der offene Bauch zuerst mit Klarsichtfolie und dann mit einem Tuch zugedeckt. Danach wird die sogenannte Dauerlavage installiert. Die Dauerlavage wird rund um die Uhr durchgeführt. Innerhalb von 24 Stunden werden bei einem sich in einem besonders kritischen Zustand befindlichen Patienten 160 Liter Kochsalzlösung herangeschleppt. Die Fünfliterbeutel werden gleich vierfach auf einen Ständer aufgehängt, damit die Lösung andauernd rinnen kann. Die weiße Flüssigkeit fließt über das Gedärm und die inneren Organe, und eine rötlich-gelbe Flüssigkeit wird am Ende wieder aufgesaugt. Erst wenn sich die Farbe der Absauglösung derjenigen der Kochsalzlösung angleicht, kann von einer Verbesserung des Gesundheitszustandes gesprochen werden. Die Menge der Flüssigkeit wird je nach Problemfall erhöht oder gedrosselt. Solche Problemfälle müssen immer am Rücken liegen. Das Bett neigt sich automatisch einmal nach links und einmal nach rechts, was einer besseren Lungenfunktion zugute kommen soll.

Ein 54jähriger Mann liegt mit offenem Bauch in Rückenlage am Bett. Bereits vier Tage ist er im Koma. Er atmet nicht, das macht die Maschine, seine Innereien unterliegen einer Dauerlavage. Für den künstlichen Schlaf tropfen kontinuierlich „Dipitolor“ und „Dormicum“. Für den richtigen Blutdruck sorgt L-Noradrenalin.

Da der Körper aufgrund des schwerwiegenden Eingriffs in höchste Alarmstufe versetzt ist, wird dem Patienten „Sedacoron“ verabreicht, das die Herzfrequenz auf ein normales Maß verlangsamt. „Dobutrex“ ist wiederum ein kreislaufstärkendes Mittel, es sorgt dafür, daß das Herz eine gute Auswurfleistung zustande bringt. „Dopamin“ gewährleistet eine problemlose Nierendurchblutung, und „Heparin“ wird zur Hemmung der Blutgerinnung eingesetzt. Die Dosis wird langsam gesteigert. Der Körper muß sich langsam an diese Medikamente gewöhnen. Es gilt, behutsam vorzugehen.

Neben der Kochsalzlösung tropft noch eine Lösung zur periphervenösen Infusion in den Körper, und nebenbei ergänzen über Venen verabreichte Injektionen und eine Magensonde die gesamte „Einfuhr“ an Medikamenten und Aufbaustoffen.

Anfangs erfolgt die Ernährung über die Venen, später wird dieser Patient über die Magensonde ernährt, und zum Schluß, kurz vor der Entlassung aus der Intensivstation werden oral zunächst Getränke und dann klare Suppen vor festeren Speisen verabreicht. Für die Schwestern gilt es, immer rechtzeitig für Nachschub zu sorgen. Noch bevor eine Infusion zur Neige geht oder ein Medikament ausgeht, müssen sie zur Stelle sein. Mit einem besonderen Summton wird zusätzlich auf einen bald bevorstehenden notwendigen Wechsel hingewiesen.

Trotz der schwer darniederliegenden Patienten halten sich die Pflegerinnen nicht andauernd bei den Betten auf. Zwischendurch müssen immer wieder Menge und Art der verabreichten Medikamente dokumentiert werden, was viel Zeit in Anspruch nimmt. In regelmäßigen Abständen müssen Temperatur, Blutdruck, Zucker- und andere Blutwerte überprüft und in das Datenblatt eingetragen werden. Nur wenig Zeit bleibt den Schwestern, um sich zwischendurch hinzusetzen, eine Zigarette zu rauchen und sich auszuruhen. Selbst das Essen kann nur zwischendurch eingenommen werden. Die Tür zur Station bleibt immer offen. Mit ihren geschulten Ohren erfassen sie aufgrund einer bestimmten Tonhöhe und Abfolge von Piepsern genau, welche „Position“ sich meldet. So steht immer die richtige Pflegerin auf, wenn sich eine ihrer Überwachungsmaschinen meldet.

Einmal fährt eine Röntgenassistentin mit einem Röntgenapparat von Bett zu Bett und macht ihre Aufnahmen. Die übrigen Schwestern versuchen, genügend Abstand zu halten, um sich den Strahlen soweit es geht zu entziehen.

Gegen elf wird die kleine Visite gemacht. Turnusarzt und Oberärztin gehen von „Position“ zu „Position“ und verschaffen sich einen Überblick über die Werte und Zustände der Patienten, von denen manche schon zwanzig Tage im Koma liegen.

Um halb zwölf kommt es zur großen Sitzvisite. Dabei versammeln sich die Pflegepersonen und die Stationsärzte in einem fensterlosen Raum und warten auf den Primar. Etwas verspätet setzt sich der Chef an seinem angestammten Platz beim Telefon nieder. Die Pflegerinnen setzen sich auf jene Tischseite, die es ihnen ermöglicht, jederzeit aufzuspringen und ihre „Positionen" zu erreichen. Nur die Stationsschwester und heute auch ich können hinter dem Tisch bequem Platz nehmen.

Der Primar zündet sich zur Eröffnung der Sitzvisite ein Zigarette an. Die Krankenschwestern, die sonst auch nichts gegen eine Zigarette einzuwenden haben, halten sich in diesem fensterlosen Raum zurück und verzichten rücksichtsvoll auf ein Schmaucherl. Der Turnusarzt projiziert zwei Röntgenbilder an die Wand, erklärt das Krankheitsbild und kommentiert den Verlauf der Therapie. Krankheitsbilder mit gutem Verlauf werden mit zufriedenen Kommentaren bedacht, andere mit pessimistischen Prognosen versehen. Eine Patientin, die wieder aufgeweckt worden ist, läßt über die Schwester fragen, was sie essen könne. Hier im Kreis der Ärzte und des Pflegeteams ist der Primar ganz offen und sagt, daß die gute Frau sogar Knollenblätterpilze essen könne, ihre Überlebenschancen werden dementsprechend schlecht beurteilt.

Auch während der Sitzvisite haben die Patienten keinen Namen. Die einzelnen Schwerkranken werden hier mit dem Krankheitsbild angesprochen. So sagt der Primar zum Beispiel: „Ach ja, das ist die junge Galle mit dem offenen Bauch. Die haben die Kollegen in K. wegen einer läppischen Gallenoperation ganz schön versaut." Es wird über die schlechten Erfahrungen mit der chirurgischen Abteilung in K. geredet und von den Schwierigkeiten, die der Anästhesist mit seinen Kollegen dort hat, weil er versucht, alle seine Patienten, die vor einem chirurgischen Eingriff stehen, in anderen Spitälern mit geeigneteren Chirurgen unterzubringen.

Der Primar befragt den Turnusarzt ab und zu zu bestimmten Krankheitsbildern, und es gelingt ihm immer wieder, sein besonderes Wissen an den Tag zu legen und andererseits den in Ausbildung stehenden Arzt als unbedarften Schüler hinzustellen. Weitere Therapien werden besprochen und es wird bestimmt, wer aus dem Schlaf geholt werden und wo noch zugewartet werden kann. Nach einer guten halben Stunde ist die Sitzvisite beendet.

Die Bettlägrigen auf der Intensivstation sind zwischen 30 und 85 Jahren. Die jüngste Patientin ist Mutter von zwei Kindern und liegt wegen der bereits erwähnten schiefgelaufenen Gallenoperation hier auf der Intensivstation. Einige Intensivfälle sind in der Bauchspeicheldrüse operiert, wobei es zu Komplikationen gekommen ist. Einer hatte „zuviel Alkohol im Blut“, beim anderen platzte nach der Operation der Bauch, und bei einer Frau setzte während der Operation plötzlich die Niere aus. Nach Meinung des Primars hat sie einen Schock erlitten. Der Körper habe die Blutkonserven nicht verarbeiten können. Jetzt ist sie an eine künstliche Niere angeschlossen. Bei einem weiteren Patienten kam es zu einem Herzstillstand.

Eine 45jährige Frau ist bereits seit zwanzig Tagen in Tiefschlaf. Auch ihre Niere funktioniert nicht. Sie wird künstlich beatmet und ernährt, und ihr Blut rinnt über eine künstliche Niere. Sie ist auf einem Luftkissenbett gelagert. Ihr schleimig-blutiger Stuhl wird als beunruhigend empfunden. Ab und zu scheint sie aufzuwachen. Sie schaut dann mit großen Augen um sich, doch wenn sie angesprochen wird, erwidert sie nichts und schließt die Augen.

Mit 85 Jahren ist hier eine weißhaarige Frau die älteste Patientin. Alle sind sich auf der Station einig, daß sie, wenn sie durchkommt, ein Pflegefall wird. Es fällt mir auf, daß die älteste Patientin von der unerfahrensten Schwester betreut wird. Auf dieser „Position“ kommt es auch am häufigsten zu Alarmmeldungen. Die erfahrenen Kolleginnen behalten diese Alarme zwar im Auge, es wird ihnen aber keine große Bedeutung zugemessen. Die Alarmsignale hängen weniger mit einem bedrohlicher werdenden Gesundheitszustand der alten Frau zusammen, sondern sind eher auf eine schlechte Handhabung der Maschinen und Dosierungen durch die junge Pflegerin zurückzuführen. Während die junge Schwester ziemlich verzweifelt wegen der häufigen Alarmmeldungen ist, schläft die weißhaarige Frau ruhig und friedlich in Seitenlage.

Ein 55jähriger Patient hatte während der Operation einen Herzstillstand. Nachdem der Mann elf Tage in Tiefschlaf versetzt wurde, wird er heute aufgeweckt. Unter den Pflegepersonen heißt das, er ist auf „Entzug“. Das Schlafmittel wird langsam abgesetzt, um ein Erwachen zu erreichen. Außerdem atmet er heute das erst Mal wieder selbständig.

Aufgrund der „Entzugserscheinungen“ schlägt er wild um sich, und einmal reißt er sich sogar die Magensonde heraus, worauf alle möglichen Signaltöne ein lautes Konzert abgeben und die zuständige Schwester alarmiert ist. Sie kümmert sich um den um sich schlagenden Mann und bekommt dabei einen festen Schlag ins Gesicht, was sehr schmerzt. Um weitere Schwierigkeiten zu vermeiden, werden dem Mann die Arme an die Bettkante gebunden. Die Schwester erklärt, daß diese Entzugserscheinungen unterschiedlich verlaufen. Nicht selten komme es dabei zu solchen Schlägen. Nach einiger Zeit höchst unruhigen Liegens öffnet der Mann seine Augen und schaut um sich. Er öffnet den Mund und will etwas mitteilen, aber wegen eines Kehlkopfschnittes ist es ihm unmöglich, sich verständlich zu machen. Mit seinen Beinen rudert er wild herum, so daß er sich immer wieder abdeckt. Dieser aktive Mann steht vor seiner Entlassung aus der Intensivstation.

Obwohl die meisten Patienten in Tiefschlaf versetzt sind, reden die Betreuerinnen mit ihnen. So warnen sie den Patienten, bevor sie einen Schlauch durch die Luftröhre zum Absaugen in die Lunge einführen: „Achtung, das ist jetzt unangenehm." Es ist bekannt, daß Menschen im Koma vieles mitbekommen und mit einer besonderen Pflege, die beispielsweise eine genaue Wassertemperatur und ein Streichen gegen oder in Körperhaarrichtung vorsieht, werden die im Tiefschlaf befindlichen sogenannten Appaliker in speziellen Langzeitpflegestationen so gut stimuliert, daß sie manchmal nach Jahren wieder aufwachen.

Um 13 Uhr kommt es zu einer Neuaufnahme. Eine besonders erfahrene Diplomkrankenschwester arbeitet schnell und routiniert, um einen Patienten an die nötigen Apparate anzuschließen. Kaum fängt sie mit der Arbeit an, kommt es zu einer weiteren, noch dringlicheren Aufnahme. Kurzerhand wird der nicht so schwer darniederliegende Patient in eine Station mit Überwachungsbetten gebracht, um an einer neuen Patientin, die direkt aus dem Operationssaal hierhergekommen ist, die wichtigen lebensrettenden Hilfsmaßnahmen zu setzen. Die erfahrene Krankenschwester wird bis zum Dienstschluß um 19 Uhr damit beschäftigt sein, die Patientin fachgerecht zu versorgen. Sie schließt nicht nur alle möglichen Apparate an, sondern sie legt auch eine ausführliche Kartei an, in die alle wichtigen therapeutischen Maßnahmen eingeschrieben werden. Es kommt zu „Einfuhr- und Ausfuhrbilanzen".

Nachmittags kommen auch Besucher auf die Station. Ein Sohn, der seinen Vater mit seinem verdeckten, offenen Bauch wie leblos liegen sieht, bricht in Tränen aus. Er hält es nur kurz am Bett aus. Eine Frau, die ihren Mann besucht, setzt sich neben das Bett und wischt immer wieder den Schweiß von der Stirn ihres dahindämmernden Gatten. Ein Mann setzt sich ans Bett seiner Frau, die das Ärgste hinter sich gebracht hat. Sie ist wieder auf dem Weg der Besserung. Völlig überraschend ist sie von einer schweren Virusinfektion heimgesucht worden, erzählt sie. Sie ist Langlaufen gewesen und hat sich danach nicht wohlgefühlt. Das Unwohlsein hat sich dann schnell verschlechtert, plötzlich hat sie ihre Beine und Hände nicht mehr bewegen können. Sie ist innerhalb weniger Stunden gelähmt und völlig hilflos gewesen. Sie wurde in ein Krankenhaus und schließlich hierher gebracht. Hier haben die Ärzte rasch gehandelt und das Blutplasma getauscht. Zwanzig Tage ist sie nun auf der Station. Alles hat sie mitbekommen, aber mitteilen können hat sie sich nicht. Ihr Mann hat sie jeden Tag besucht. Die Schwestern haben sich sehr bemüht. Sie ist zu großer Dankbarkeit verpflichtet. Sie hatten ihr eine alphabetische Tafel vorgehalten, und sie brauchte nur die richtigen Buchstaben mit einem Augenschlag gutheißen. So konnte sie zum Beispiel das Wort „Schüssel“ buchstabieren, dann hat die Schwester genau gewußt, was zu tun ist. Die Streicheleinheiten und das Zureden haben ihr besonders gutgetan. Die nunmehr genesene Frau ist voll des Lobes über die ausgezeichnete Betreuung auf dieser Station. Sie nimmt sich vor, ihre Glieder wieder langsam in Bewegung zu setzen. Jeden Tag, den sie jetzt noch erleben könne, wird sie mit doppelter Freude genießen.

Neben der Auskunft, die die Pflegerinnen den Verwandten geben müssen, dem ständigen Dokumentieren, dem regelmäßigen Eincremen und Pflegen bleibt den Schwestern nicht viel Zeit, sich zu entspannen. Eine Unterhaltung mit einer Kollegin ist noch am ehesten dazu angetan, auf andere Gedanken zu kommen. Nach zwölfeinhalb Stunden Dienst merkt man den Pflegerinnen ihre Anstrengung an. Die letzten beiden Stunden wirken sie ziemlich abgekämpft und müde. Ich beobachte, wie sich einige aus Unachtsamkeit an einer Bettkante stoßen, eine ein Glas fallen läßt und eine andere gähnt. Zwölfeinhalb Stunden konzentrierter Dauereinsatz gehen an den meist jungen Schwestern nicht spurlos vorüber. Sie sind nach einem solchen Dienst total geschafft. Auch ich, der ich mich bloß den ganzen Tag auf der Intensivstation aufgehalten habe, ohne spezielle Verantwortung für einen Patienten, spüre eine bleierne Müdigkeit. Ich bin froh, den nervenden Piepslauten, den Absauggeräuschen, dem ständigen Anblick von Blut und Schleim, den fluoreszierenden Herzfrequenzlinien und den interessanten und zugleich schauerlichen Einsichten in das Innere von Bäuchen zu entkommen.

Vom Zusammenhang Mensch – Maschine

Die Betreuungssituation in der Intensivstation ist für uns von besonderem Interesse. An jedem Bett werkt eine diplomierte Fachkraft. Jedem Pflegefall auf der Intensivstation steht eine voll ausgebildete

Diplomkrankenschwester zur Seite. Die Betreuung ist intensiv, das Verhältnis Patienten : Pflegerinnen liegt bei 1:1.

Wenn wir die Tätigkeit der Schwestern genau unter die Lupe nehmen, dann stehen sie in Wahrheit meist nicht direkt mit dem Patienten in Kontakt, sondern mit den Überwachungsgeräten. Zwar reden sie bei Tätigkeiten, die am Patienten vorgenommen werden, einfühlsam mit dem Kranken, sie geben allein durch die penible Körperpflege mit ihren mit Schutzhandschuhen bewehrten Händen viele Streicheleinheiten, aber die Mehrzahl ihrer Handlungen ist Maschinenbetreuung. Die Dosierungen werden nachjustiert, die Flaschen umgehängt, die Sonden plaziert und bei Alarm wird, bevor auch nur ein Blick auf den Patienten geworfen wird, das jeweilige Meß- und Überwachungsgerät in Augenschein genommen. Viel Zeit nimmt auch die aufwendige Dokumentation in Anspruch.

In einer weniger gut geführten Intensivstation kann das einfühlsame Zureden unterlassen werden, die Patienten könnten dann mit Maschinen verglichen werden, die geschmiert, geputzt und gewartet werden, damit das gesamte Werk bald wieder läuft. Erfahrene Krankenschwestern erzählen von solchen Verhältnissen, sie beobachten, wie die zunehmende Maschinenmedizin junge Pflegepersonen allzu leicht dazu verleitet, nur mehr Maschinenbedienung zu betreiben. So soll es vorkommen, daß die Pflegerinnen das Gesicht der Patienten mit einem Tuch bedecken, um völlig mit den Überwachungsgeräten allein zu sein. Die Dokumentation entspricht dann noch deutlicher abstrakten Werten, es sind Einfuhr- und Ausfuhrbilanzen, Prozentwerte und Temperaturen, die nicht zu hoch ausfallen dürfen, um ein Heißlaufen der Maschine zu verhindern. Anstatt den Gesichtsausdruck genau zu beobachten oder über die Augen des Patienten Aufschlüsse über seinen jeweiligen Zustand zu gewinnen, ruht die Aufmerksamkeit der Krankenschwestern auf Maschinen.

Die Konzentration auf die Maschinen deutet auf ein hohes Maß von Frustration der Pflegepersonen hin. Trotz vollem Engagement, trotz optimaler Dosierung von Medikamenten und gewissenhafter Pflege über viele Wochen hindurch führt die Arbeit gerade hier auf der Intensivstation häufiger als sonstwo zum Tod der Patienten. Insofern ist es nur allzu verständlich, wenn die Aufmerksamkeit mehr auf die technischen Geräte als auf die körperlichen und seelischen Zustände der Komapatienten gelenkt werden. Es gibt oft eine ausgesprochene Scheu der Pflegerinnen in Intensivstationen, sich näher auf ihre Patienten einzulassen. Eine Schwester meinte in diesem Zusammenhang: „Was ich nicht weiß, macht mich nicht heiß“.

Etwas provokant kann formuliert werden, daß in einer Intensivstation der Betreuungsgrad so hoch ist, weil es hier besonders viele Maschinen gibt. Es ist kaum Zufall, daß die älteste Patientin der Intensivstation eine unerfahrene Schwester zur Seite gestellt bekommt. Bereits in der Intensivstation wird über 80jährigen weniger Sorgfalt entgegengebracht. Eine weniger kenntnisreiche Pflege und Betreuung läßt sich gegenüber hochbetagten Menschen offenbar leichter vertreten als gegenüber Menschen, die mitten im Erwerbsleben stehen.

Zwölfeinhalb Stunden sind zuviel

Neben der Betreuungsintensität kommt der Frage der Arbeitsbedingungen eine besondere Bedeutung zu. Zwölfeinhalb Stunden Intensivstation hinterlassen Spuren. Die Schwestern sind müde, abgespannt und gegen Ende ihrer langen Einsatzzeit unkonzentriert. Ein 8-Stunden-Dienst würde nicht nur die Krankenpflegerinnen schonen, er würde auch die Patienten vor Fehlhandlungen schützen.

Den Aussagen der Pflegerinnen konnte ich jedoch deutlich entnehmen, daß sie einer 8-Stunden-Regelung nichts abgewinnen können. Sie müßten dann häufiger den anstrengenden Arbeitsplatz aufsuchen, hätten womöglich im Schnitt jeden zweiten Tag einen schweren Arbeitseinsatz zu absolvieren und könnten sich nicht wie jetzt, je nach Häufung der Dienste, drei, ja manchmal sogar vier Tage freinehmen und sich ordentlich erholen. Bei einer 40-Stunden-Woche beschränkt sich der Aufenthalt auf der Station bei Zwölfeinhalb-Stundendiensten auf durchschnittlich drei bis vier Dienste pro Woche.

Auffallend an dieser Station ist, daß die Stationsschwester und ihre Stellvertreterin, die schon lange den 8-Stundentag für sich beanspruchen, diesem viele positive Seiten abgewinnen und Interesse daran haben, diesen erlebten Vorteil auch den jungen Kolleginnen zukommen zu lassen. Doch aus den oben angeführten Gründen wehren sich bislang die jungen Pflegekräfte dagegen, womöglich fünfmal die Woche in der Intensivstation den anstrengenden Dienst versehen zu müssen.

Auch am Ende eines Pflegeprozesses ist ein Pflegeteam meist zwölf Stunden im Einsatz. In manchen Pflegestationen gibt es noch eine 48-Stunden-Woche. Auch hier zeigen sich natürlich Ermüdungserscheinungen.

Zur Kommunikation Pflegepersonen – Patienten

Was das Verhältnis der Pflegepersonen zu den Patienten anlangt, kommt es in der Intensivstation in der Regel kaum zu einer Kommunikation. Die Pflegerinnen reden zwar einfühlsam mit ihren schlafenden Patienten, so, als seien sie wach, aber Antworten bekommen sie selten. Durch die einseitig geführte Kommunikation kommt es kaum zu Konflikten. Viele Schwestern bevorzugen gerade deshalb den Arbeitsplatz Intensivstation gegenüber einem Arbeitsplatz in einer anderen Station. Obwohl es auf der Intensivstation praktisch zu keinen Gesprächen kommt, führt hier die Betreuung oft dennoch zu einer starken Bindung. Hier, wo es um Leben und Tod geht, wird es als Erfolg der guten Betreuungsarbeit gewertet, wenn wieder ein Mensch ins Leben zurückgeholt wird. Die Dankbarkeit der Intensivpatienten ist oft so groß, daß sie noch jahrelang, besonders zur Weihnachtszeit, kleine Geschenke auf die Station bringen. Viele haben eine positive Erinnerung an die intensive Betreuung, die sich im Vergleich zu einer allgemeinen Station oder gar einer Langzeitpflegestation positiv abhebt, wo ein Mangel an Pflegepersonen automatisch zu einer schlechteren Betreuung führt.

Auf der Intensivstation zählt es wenig, was ein Mensch besitzt. Eine Pflegerin meinte, daß sie zu einem Obdachlosen, dem sie sonst auf der Straße eher ausweichen würde, hier auf der Station eine gute Beziehung aufbauen konnte. So habe er ihr über eine Schreibtafel mitteilen lassen: „Heute machen wir nur das Minimum." Er hatte nämlich beobachtet, daß es der Schwester an diesem Tag selber nicht gutging und kam ihr deshalb mit dieser großzügigen Geste entgegen. Die Reduktion auf den Körper und das Menschsein erleichtert offenbar einen unbefangenen Zugang zum Patienten.

Die Gründe, in einer Intensivstation zu arbeiten, gehen zum Teil auch von der Faszination der medizinischen Apparaturen aus, die hier den höchstentwickelten Standard haben und ein entsprechendes Handling abverlangen. Vor allem aber wird es als positiv erlebt, in keine langwierigen Gespräche mit Patienten eingebunden zu werden, und durchaus eigenständig auf die möglichen Bedürfnisse und Wünsche des jeweiligen Patienten eingehen zu können.

Am Beginn eines langen Pflegeprozesses, der von einer Intensivstation ausgehen kann, steht also eine sehr eingeschränkte Kommunikation zwischen Pflegeperson und Patient. Am Ende einer Pflegekarriere, wenn wir eine Station in einem Pflegeheim einer genauen

Analyse unterzogen haben werden, wird wieder von einer eingeschränkten Kommunikation zwischen Pflegenden und Gepflegten die Rede sein. Im ersten Fall hindern Maschinen und vor allem der kritische Zustand der Patienten daran, eine Gesprächsbasis aufzubauen, im letzten Abschnitt einer Pflegekarriere steht eine, wie wir sehen werden, oft extreme Ausdünnung der Zahl der Pflegepersonen einer ausreichenden Gesprächskultur im Wege. Eine mangelnde Förderung und Zuwendung führt gemeinsam mit dem fortschreitenden Alterungsprozeß zu einem in seiner Geschwindigkeit oft erschreckend schnellen Verfall der geistigen und somit sprachlichen Fähigkeiten pflegebedürftiger Menschen.

Pflegebedürftige Zustände – Die Situation in Pflegeheimen

Um die Vielseitigkeit dieses Themas besser zu veranschaulichen, möchte ich an den Beginn drei verschiedene Pflegesituationen stellen.

Zunächst kommt eine pflegebedürftige Frau, die in einem Pflegeheim ihr Dasein fristet zu Wort, dann schildert eine Pflegerin ihren Arbeitsalltag, und zum Schluß erzählt eine Angehörige die Leidensgeschichte ihres Vaters. Somit geben sich hier symbolisch die drei wichtigsten Protagonisten dieser Studie ein, wie ich meine, aussagekräftiges Stelldichein.

„Was habe ich angestellt, daß ich hier sein muß?" – Eine 94jährige Heimbewohnerin erzählt

„Jetzt liege ich schon drei Jahre in diesem Zimmer, und immer noch finde ich hier keine Ruhe. Es ist ja nicht zum Aushalten. Ein gesunder Mensch würde das nicht aushalten, was ich hier aushalten muß. Jetzt haben sie endlich die Zimmernachbarin in ein anderes Zimmer verlegt. Die hat einen großen Krach gemacht. Immerzu läutete sie und wollte eine Schwester beim Bett haben. In der Nacht hat sie immer um Hilfe gerufen. Warum hilft mir denn hier keiner, hat sie gesagt, obwohl ihr alles zugetragen worden ist. Da kann man ja verrückt werden. Keinen Schlaf habe ich gefunden, weil immer ein Wirbel gewesen ist.

Das Bett war nur kurze Zeit frei. Die Vorgängerin ist gestorben. Das ist auch nicht angenehm, wenn da neben dir jemand stirbt. Das ist schon die zweite, die hier verstorben ist. Das muß ich noch alles erleben in meinem hohen Alter. Aber ich sage ihnen, ich habe dazu keine Nerven mehr. Seit ich hier herinnen bin, geht es mir nur mehr schlecht. Solange ich daheim sein konnte, ging es mir gut, aber jetzt, wo ich blind und praktisch gehunfähig bin, kann ich daheim nicht mehr leben. Meine Freundinnen sind ja auch schon alle gestorben. Ich habe ja keine mehr. Einen Sohn, den schon, aber der ist mit einer bösen Frau verheiratet, die möchte nicht, daß der Sohn mich besuchen kommt, die ist eifersüchtig. Stellen Sie sich vor, eifersüchtig auf die Mutter. Dabei habe ich ihnen die Wohnung überschrieben und alles gegeben, was ich hatte, aber dieser böse Mensch von einer Schwiegertochter hat mich nicht daheim gepflegt. Wegen ihr mußte ich ins Pflegeheim.

Mein Martyrium hat mit einem Sturz angefangen, einem Sturz in der Bahnhofstraße in Villach. Ich war damals 77 Jahre alt. Ich habe mir das

Knie ruiniert und mußte ins Spital. Da hat mein Pech angefangen. Der Primar hat zu mir gesagt, daß es nicht notwendig ist, einen Gips anzulegen. Die Folge ist, daß ich seither nicht mehr richtig gehen kann. Ich mußte daheim im Bett liegen. Die liebe Schwiegertochter hat mir zu Mittag das Essen gebracht, und mein Sohn hat in der Früh und am Abend nach der Arbeit die Betreuung übernommen. Es war ja kein Problem, denn meine Wohnung lag gleich gegenüber der ihren und es sollte ja kein Problem sein, daß die Kinder auf die Oma schauen und sie pflegen, wenn sie sich selbst nicht mehr helfen kann. Aber die Schwiegertochter hat dann das Essen nur mehr ohne Kommentar abgeliefert, die hat nicht Muh und Mäh gesagt, hat alles hingestellt und ist wieder gegangen. Ich habe dann meinen Sohn gefragt, was die denn hat, daß sie nicht mit mir redet und so lieblos ist. Da hat mein Sohn gesagt, daß mich meine Schwiegertochter haßt. Stellen sie sich vor, eine alte, hilflose Oma wie mich hassen.

Da ist es klar gewesen, daß ich nicht länger daheim bleiben konnte, und mein Sohn hat einen Pflegeplatz für mich gesucht. Den 80. Geburtstag habe ich bereits im Pflegeheim gefeiert.

Das hier ist ja schon das dritte Heim. Das erste war ja überhaupt nicht zum Aushalten. Das Essen war eine reine Katastrophe, und was mich am meisten gestört hat, war der Ausblick. Damals habe ich noch ein bisserl gesehen. Vom Balkon sah man hinüber zum Friedhof. Immer haben dort Beerdigungen stattgefunden, immer hat das Sterbensglöcklein geläutet. Also ich sage Ihnen, wenn man selbst nicht mehr so jung ist und viele Krankheiten mitschleppt, dann gleicht ein Alterssitz neben dem Friedhof einer Folter. Eine echte Psychofolter war das. Ich verstehe überhaupt nicht, wie andere Leute das aushalten können. Aber die meisten kommen ja von den Dörfern, die sind bäuerlicher Herkunft und lassen sich alles gefallen. Auch hier ist das ja so. Die sagen ja nie etwas. Die sind mit allem zufrieden, aber mit mir können sie das nicht machen. Ich bin in Wien aufgewachsen, habe immer in der Stadt gelebt, ich weiß, was mir zusteht, und ich verlange ja nichts Besonderes. Na wenigstens bin ich jetzt diesen Quälgeist los. Bin schon neugierig, wen sie mir als nächsten hereinsetzen.

Nach diesem fürchterlichen ersten Pflegeheim bin ich nach Villach in ein Heim gekommen. Das war mir recht so, denn so konnte ich wieder in meiner Stadt leben, und einige alte Bekannte haben mich dort leichter besuchen können als hier. Aber das Pech hat mich auch dort nicht verlassen, denn eine Frau hat mich umgestoßen, und seither tut meine ganze rechte Seite weh. Die Ärzte haben zwar nichts gefunden, aber die Schmerzen sind da, die spüre ich einfach, und die sind nicht wegzubekommen. Man soll halt nicht alt werden.

Nach und nach habe ich das Augenlicht verloren. Da war ich selber schuld, weil ich mich nicht geschont habe. Meine Lieblingsbeschäftigung war das Sticken. Ich habe damals eine besonders große runde Decke in Angriff genommen. Es gab keine Vordrucke, so daß ich die Kästchen für die Kreuzstiche selbst abzählen mußte. Es ist eine schöne Kärntner Decke geworden. Ich habe sie meinem Sohn geschenkt. Diese Decke ist besonders wertvoll. Es ist meine letzte, denn danach war ich blind.

Wie die Erblindung gekommen ist, konnte ich nicht länger im Heim in Villach bleiben, weil die dort nicht so viele Leute hatten, die mich auf Schritt und Tritt bewachen konnten. Den 90. Geburtstag habe ich bereits hier in diesem Heim gefeiert, und hier läßt mich das Unglück sowieso nicht mehr los.

Obwohl mein Sohn in Pension ist, findet er nicht Zeit, mich regelmäßig zu besuchen. Wenn er herkommt, dann schaut er höchstens fünf Minuten herein, und dann geht er gleich wieder zum Direktor, mit dem er befreundet ist. Er hat immer noch einen vollen Terminkalender, aber für seine Mutter hat er keinen Termin. Er könnte ja hineinschreiben, Samstag: 13 bis 17 Uhr Besuch bei der Mutter. Aber das tut er nicht. Seine Frau würde das nicht aushalten, wenn er mich regelmäßig besucht. Die Schwiegertochter hat mir meinen Sohn weggenommen, weil sie eifersüchtig ist.

Ein Einzelzimmer müßte ich halt haben, dann hätte ich eine Ruhe, aber das kostet zuviel, und mein Sohn darf ja nichts zahlen, weil dann die Schwiegertochter wieder eifert.

Die Neue ist mir nicht ganz geheuer. Was hat denn die? Die redet ja nichts. Ihre Schwester kommt immer auf Besuch und schwatzt unentwegt auf sie ein, also das ist für mich auch nicht schön, wenn ich dann danebenliegen und mir alles anhören muß. Bitte schaun S' in mein Nachtkasterl. Ich finde schon wieder den Löffel für das Joghurt nicht. Immer predige ich den Schwestern, daß sie die Sachen dorthin geben sollen, wo ich sie immer habe. Jeden Tag richte ich mir die Lade her. Ich greife alle Sachen an und lege sie auf den bestimmten Platz. Ich brauche eine Ordnung und halte auch Ordnung, aber die Schwestern bringen oft alles durcheinander, so daß ich jeden Tag die Lade ordnen muß.

Ich bin ja blind, und wenn ich dann hingreife und den Löffel nicht finde, kann ich kein Joghurt essen. Also das können sich die vom Pflegepersonal gar nicht vorstellen, was das heißt, wenn man blind ist. Ich halte Ordnung. Ich brauche sie, damit ich zurechtkomme. Gehn S', ist im Schalerl noch ein Kaffee drinnen? Nicht? Können Sie mir bitte einen nachschenken? Der Arzt hat zwar extra aufgetragen, daß ich viel trinken soll, aber wenn ich mich nicht selbst darum kümmere, schaut es schlecht aus. Ich trinke Kaffee und Tee, aber wenn mal keiner kommt, trinke ich nichts, weil ich mir selbst nicht helfen kann. Man sollte nie auf fremde Hilfe angewiesen sein. Sie können sich gar nicht vorstellen, welche Probleme es dabei gibt.

Ich habe nur einen Sohn und eine böse Schwiegertochter, mehr habe ich nicht, und deswegen muß ich da im Heim bleiben, bis ich krepiere. So ist es leider. Ich hatte zwei Männer, einen schlimmen und einen braven. Den ersten habe ich verlassen, weil der ist mit einer anderen fremdgegangen. Das habe ich hintenherum erfahren müssen.

Mein Lebtag habe ich immer Probleme gehabt. Ich hatte zwölf Geschwister und obwohl ich schon mit zwei Jahren kränklich gewesen bin, habe ich alle Geschwister überleben müssen. Jetzt bin ich allein da. Immer mußte ich zu Begräbnissen gehen. Zuerst starb meine Mutter, dann der Vater und dann der Reihe nach meine Geschwister. Das muß mal ein Mensch aushalten, plötzlich ganz allein dazustehen.

Mein Vater war ein lieber Mensch. Der hatte mich besonders gern. Ich durfte während dem Essen bei ihm am Schoß sitzen. Er nannte mich sein Schatzilein. Der Lehrer hatte auch eine Freude an mir. Er gab mir einmal ein Busserl, weil ich ihm geholfen habe, das Petroleumlicht auszublasen.

Als Buchhalterin habe ich gewissenhaft meine Arbeit gemacht. In der Firma wurde ich wegen meines Fleißes und wegen meiner Genauigkeit gelobt. Ich habe nie einen Urlaub genommen, und auch am Samstag bin ich immer in die Firma gegangen, wenn der Chef mich gebraucht hat. Ich habe gearbeitet, war pünktlich und genau. Der Chef hat gewußt, was er an mir hat, und er hat mich gelobt, aber sonst habe ich im Leben immer nur Pech gehabt. Zwei Kriege mußte ich mitmachen. Drei meiner Geschwister sind im Krieg gefallen. Das Elternhaus haben wir verloren, weil die Nachbarn uns denunziert haben. Wir waren in der russischen Besatzungszone, und ein Wohnungsnachbar hat schnell russisch gelernt und den Russen gesagt, daß mein Vater ein großer Nazi gewesen sei, was gar nicht gestimmt hat. So mußten wir von zu Hause weg und sind nach Wien gekommen, wo ich zur Schule gegangen bin. Von Wien übersiedelte ich zu meinem ältesten Bruder in Villach. Aber auch der ist kurz nach meiner Ankunft hier verstorben. Er kam vom Krieg schwerkrank nach Hause. Er war gescheit und tüchtig und konnte sein Lebensglück nicht mehr finden.

31 Operationen habe ich schon über mich ergehen lassen müssen. Die Ärzte haben mich zum Teil ordentlich verpfuscht, und das übrige erledigte eine Pediküre. Bei der habe ich immer meine Zehennägel schneiden lassen. Während der Arbeit hat sie einmal mit ihrem Freund geschäkert, und da hat sie mir hineingeschnitten. Ich bin Diabetikerin, müssen Sie wissen, und Sie können sich vorstellen, was das für Folgen hat. Ich mußte zwischen Spital und Heim hin- und herpendeln. Ein ganzes Monat lang, jeden Tag. Die Fahrer vom Rettungswagen haben mich schon gekannt. Ich habe immer ein paar Zuckerln für sie mitgehabt, damit sie mich nicht lange warten lassen. Die junge Frau hätte ich anzeigen können, aber sie bat mich, nichts zu sagen, denn sonst hätte

sie die Stelle verloren, und so blieb ich ruhig. Selbst ist man gut und rücksichtsvoll, aber das Pech verfolgt einem trotzdem immer. Also einen Herrgott kann es nicht geben.

Schon zwei Tage habe ich nun keinen Stuhl. Ist ja auch kein Wunder bei diesem Essen. Immer gibt es so harte Nudln. Der Koch hat ja keine Ahnung, wie man richtige Kärntner Nudln macht. Also die sind ja nicht zum Essen. Gestern habe ich das Essen verweigert. Das ist ja eine Zumutung, was einem da oft vorgesetzt wird. Ich habe dann eine Eierspeis' bekommen. Der Pfleger hat mir die bloße Eierspeis' serviert und ist gar nicht auf die Idee gekommen, daß da auch ein Brot dazugehört. Er hat es dann eh noch gebracht. Das schmeckt immer noch besser als diese fürchterlichen Nudln.

Es kommt auch immer wieder vor, daß ich das Tablett mit dem Essen aufs Tischerl gestellt bekomme, und die Schwester nimmt sich nicht Zeit, mir zu erklären, was es überhaupt gibt. Also wenn man nichts sieht und dann noch nicht aufgeklärt wird, was es zum Essen gibt, dann schmeckt einem das Essen schon gar nicht mehr richtig. Die meisten erklären ja, was es gibt, aber es sind immer wieder einige darunter, die mir das Tablett einfach herstellen und dann wieder gehen. Die sollen das mal selbst durchmachen. Die sollen mal die Augen verbinden und dann etwas essen, von dem sie nicht wissen, was es ist. Dann würden sie sehen, wie das ist.

Heute habe ich ein Zäpfchen bekommen, und jetzt muß ich aufpassen, denn es kann jederzeit losgehen. Ich halte mich lieber in der Nähe vom Klo auf, um keine Überraschungen zu erleben. Hoffentlich wirkt es bald. Dabei ist heute ein so schöner Tag, und ich könnte draußen im Garten in der Sonne sitzen, aber wegen dieser blöden Verstopfung ist der ganze Tag verhaut.

Wenn ich dann einen Stuhl habe, muß ich dem Pfleger oder der Pflegerin sagen, daß sie das im Blatt eintragen müssen, die brauchen bloß ein Stricherl machen, damit ich nicht noch ein Zäpfchen bekomme, denn auch das ist schon passiert. Das Dumme ist ja das Klo. Denn der Stuhl fällt hier bei diesem neumodernen Klo immer gleich ins Wasser und verschwindet im Abfluß. Ich kann den Stuhl ja sowieso nicht sehen, aber wenn es hier das normale Klo gäbe, könnte der Stuhl angeschaut werden. Der könnte ja blutig sein oder sonst eine verdächtige Farbe haben. Der Arzt hat gesagt, daß der Stuhl kontrolliert gehört, aber hier kann man das nicht machen, weil eh alles gleich im Abfluß verschwindet.

Hier muß ich auch immer aufpassen, daß mir nichts abhanden kommt. Sogar aus dem Nachtkasterl sind eines Tages meine Schuhe verschwunden, und mein Morgenmantel ist auch weg. Ich habe dann andere Schuhe bekommen und einen fremden Morgenmantel, der sich so kratzig anfühlt. Den Schlüssel für den Kleiderschrank trage ich immer bei mir, damit niemand drinnen herumstöbert und womöglich wieder etwas verschwindet.

Eigentlich sollte ich jeden Tag ein bißchen gehen, aber niemand ist da, der mich stützt. Der Arzt hat gesagt, ich soll viel Bewegung machen, aber wenn dir keiner hilft.... Nie habe ich mir gedacht, daß ich einmal so hilflos und auf fremde Leute angewiesen sein werde. Ich wünsche Ihnen, daß Sie das nicht erleben müssen.

Ich bin zum Beispiel nur ein wenig draußen bei den anderen Frauen gesessen, während mein Zimmer saubergemacht worden ist. Ich komme zurück und will mich ins Bett legen, da bemerke ich, daß es nicht die richtige Höhe hat. Es ist zu hoch, so daß ich mich nicht draufsetzen und selbst hineinlegen kann. Sie können sich nicht vorstellen, wie mich das geschreckt hat. Beinahe wäre ich der Länge nach auf den Boden gestürzt, und dann hätte ich sicherlich Knochenbrüche davongetragen, und ich müßte wieder ins Krankenhaus und weitere Operationen über mich ergehen lassen. Also diese Unachtsamkeiten vom Personal ärgern mich, weil sie nicht mitdenken und kein Vorstellungsvermögen haben, welche Gefahren es für eine Blinde wie mich gibt. Für die Sehenden ist das ja kein Problem, aber leider bin ich erblindet, weil ich immer nur Pech habe. Mir muß das passieren. Alles Schlechte und Unangenehme ziehe ich wie ein Magnet an.

Die Sonnenbrille, die ich aufsetzen muß, ist kaputt. Ich habe das gar nicht bemerkt, erst ein Pfleger hat mir gesagt, daß die Brille kaputt ist. Die brauche ich aber, wenn ich draußen in der Sonne sitze. Der Arzt hat mir das aufgetragen. Jetzt muß ich die Brille richten lassen, aber niemand kann mir erklären, warum sie kaputtgegangen ist, denn gestern war sie noch völlig in Ordnung. Lauter Unannehmlichkeiten passieren mir, nix als Verdruß hat man da.

Was habe ich verbrochen, daß ich hier sein muß? Ich bin ganz fertig. Stellen Sie sich vor, was mir noch passiert ist: Nach dem Essen bin ich vom Pfleger ins Bad begleitet worden. Ich wollte meine Strümpfe waschen. Er hat mich auf den Sessel neben dem Waschbecken hingesetzt, und dann habe ich meine Arbeit getan. Als ich nach einer Viertelstunde mit der Arbeit fertig war, war niemand mehr da, der mich wieder ins Zimmer gebracht hätte. Ich habe die Glocke betätigt, aber die war kaputt. Geschlagene drei Stunden bin ich im Bad gesessen. Ich wollte mit dem Sessel ein wenig über den Fliesenboden vorrücken, aber da hatte ich Angst, daß er womöglich umkippt. Zum Glück war die Tür zum Zimmer offen, so daß mich endlich die Nachbarin vom anderen Zimmer gehört hat und Hilfe holen konnte. Ich bin dann ins Bett und war total erledigt.

Am Nachmittag siehst du hier keinen. Normalerweise sollte in jedem Stock ein Pfleger sein, aber das ist nicht der Fall. Es gibt für das ganze Haus nur einen. Da kommt es auch vor, daß wir keinen Kaffee bekommen. So um zwei Uhr gibt es nämlich immer Kaffee und wenn wir Glück haben einen Kuchen. Schon öfters ist es vorgekommen, daß einfach niemand gekommen ist. Also am Nachmittag, da darf dir nichts fehlen, denn in der Zeit bekommst du hier gar nichts. Man soll halt nicht alt und hilflos werden.

Ich weiß nicht, wie schwer ich bin. Das Gewicht müßte ja auch kontrolliert werden. Der Arzt hat gesagt, ich soll auf das Gewicht achtgeben, aber wenn man sich nicht abwägen kann, wie soll man da wissen, ob man zu- oder abnimmt? Ich habe gehört, daß es eine neue Waage im Haus gibt, aber ich habe sie noch nie ausprobieren können. Mich haben sie noch nie abgewogen, die anderen, die eh keine Gewichtsprobleme haben, schon. Also ich bin es bald müde, mich dauernd selbst um alles kümmern zu müssen. Ist es denn so schwer, mich gleich nach dem Baden auf die Waage zu stellen und das Gewicht regelmäßig zu kontrollieren?

Jetzt ist meine neue Nachbarin, die ruhige auch gestorben. Mit der konnte ich nicht reden, die hat immer so leise geflüstert, daß ich sie nicht verstehen konnte. Ganz unheimlich ist mir zumute. Das ist kein gutes Gefühl, wenn man weiß, daß der Tod im Zimmer war. Wer weiß, vielleicht holt er das nächste Mal mich. Aber jetzt habe ich wenigstens ein paar Tage eine Ruhe, weil ich allein im Zimmer bin, aber es kommt sicher nichts Gutes nach, das weiß ich jetzt schon."

Resümee

Diese Heimbewohnerin gibt einen Einblick in die Welt ihres Alltags in einem Pflegeheim. Frau K. hat viele Gründe, unzufrieden zu sein. Zu Hause konnte sie nicht gepflegt werden, und in den Heimen fühlt sie sich vernachlässigt. Deutlich kommt ihre Hilflosigkeit zum Ausdruck und damit verbunden ihr Betreuungsnotstand.

Frau K. erhebt Anspruch auf mehr Betreuung, auf besseres Essen und auf mehr Zeit für ihre persönlichen Wünsche. Diese Wünsche können aber nicht erfüllt werden, denn im selben Haus sind 49 weitere Pflegefälle untergebracht. Auch sie brauchen Zuwendung, auch ihre Bedürfnisse müssen halbwegs zufriedengestellt werden. Je höher die persönlichen Ansprüche der Heimbewohnerinnen, desto größer wird das Unbehagen und die Unzufriedenheit.

Fünfzig Heimbewohnerinnen haben fünfzig verschiedene Biographien. Anhand der 94jährigen Frau läßt sich absehen, daß es für die Pflegepersonen unmöglich ist, diesen unterschiedlichen Ansprüchen voll Genüge zu tun. Dazu kommt noch die gegenseitige Kontrolle der Heimbewohnerinnen. Frau K. weist darauf hin, daß eine ihrer Meinung nach besonders lästige Zimmerkollegin andauernd Hilfe herbeigeläutet habe. Sie beschwert sich über die Überbetreuung ihrer Zimmerkollegin und die Vernachlässigung ihrer Person.

Die unglückliche familiäre Situation, die zum Heimaufenthalt geführt hat, und die raren Besuche verstärken ihren Ärger. Dieser wird postwendend weitergegeben. Das Pflegeteam wird für ihre persönliche nicht zufriedenstellende Situation verantwortlich gemacht. Aufgrund eines offensichtlichen Mangels von Pflegepersonen gibt es im Alltag einer Heimbewohnerin immer wieder genügend Anlässe, sich zu beschweren, sich aufzuregen und dem Unmut Ausdruck zu verleihen. Es läßt sich aus dem Verhalten von Frau K. unschwer ablesen, wie schwierig es für die Pflegepersonen ist, die Heimbewohnerinnen halbwegs zufriedenzustellen, und wie aufwendig es ist, den unterschiedlichen Ansprüchen Genüge zu tun.

Drastisch führt uns der Alltag dieser 94jährigen Frau vor Augen, welche psychische Belastung es darstellt, wenn eine Zimmernachbarin stirbt. Das Pflegeheim wird als Endstation erlebt. Die Heimbewohnerinnen drängen zurecht darauf, daß ihre Bedürfnisse respektiert werden. Solange Frau K. die Vorgänge im Heim kritisch beobachtet und ihre Wünsche und Sorgen mitteilt, solange brauchen sich die Pflegerinnen um ihren Lebenswillen und ihre Lebenskraft keine Sorgen zu machen. Gefährlich wird die Situation erst, wenn Frau K. aufhört, sich zu beschweren, wenn sie sich nicht mehr mitteilt und keine Bedürfnisse mehr artikuliert. Solange sie schimpft, sich einmischt und aufbegehrt, solange lebt sie und nimmt aktiv am Leben teil. Es läßt sich sogar sagen, daß diejenigen Pflegestationen, wo es viele Bewohnerinnen des Typs K. gibt, als gut geführte Pflegestationen bezeichnet werden können, während Pflegestationen, wo die Insassen apathisch in ihren Zimmern hocken und mit sich alles geschehen lassen und ohne eigenen Antrieb sind, alle Anzeichen einer nicht bedürfnisgerechten Betreuung aufweisen. Solche Pflegestationen, wo die Bewohnerinnen noch leben, aber dennoch tot sind, habe ich auch kennengelernt, sie empfand ich als besonders deprimierend.

„Bei dieser Arbeit wird mir nie fad" – Aus dem Alltag einer Pflegerin

„Ich finde meine Arbeit ist schön und sinnvoll. 14 Jahre bin ich jetzt schon Pflegehelferin, und es hat mir von Anfang an gut gefallen. Es gibt sympathischere und weniger sympathische Patienten. Es gibt Patienten, die wir nicht mögen und die uns in der Hektik auch auf die Nerven gehen. Wir haben zum Beispiel eine, die uns immer anspuckt. Sie hat Hepatitis, und das ist für uns nicht lustig, wenn wir womöglich angesteckt werden. Sie redet nicht mit uns, und wir wissen nicht, was mit ihr eigentlich los ist. Vielleicht kommen wir noch drauf.

Dann haben wir welche, denen wir nichts rechtmachen können. Immer läuten sie und brauchen was. Eine Patientin macht immer auf sich aufmerksam. Sobald man an ihr Bett kommt, stöhnt und jammert sie. Mein linkes Bein tut weh. Schwester bitte einen Polster. Ich habe Durst. Bitte ein Glas Wasser. Wenn ich zu der komme, kann es passieren, daß sie mich eine halbe Stunde beschäftigt. Einmal muß ich sie nach links lagern und dann wieder nach rechts. Kaum hat sie eine Stellung eingenommen, will sie schon wieder alles ganz anders. Erst wenn sie schläft, haben wir vor der eine Ruhe.

Heute hat sie gesagt, daß ich Nachforschungen anstellen muß, weil jemand ihr Silberbesteck gestohlen hat. Ich soll bei der Polizei eine Diebstahlsanzeige machen. Ich mußte ihr versprechen, daß ich das übernehmen werde, sonst gibt sie keine Ruhe. Gestern hatte sie Katzen im Zimmer. Ich mußte denen Milch zum Trinken geben, damit sie nicht so jämmerlich miauen. Ich sage ihr immer, daß ich nicht allein für sie da bin, daß auch andere was brauchen, aber das will sie nicht hören. Wenn ich weggehe, klagt sie über Herzschmerzen. Sie verlangt dann, daß ich ihr Baldriantropfen bringe. Sie fleht mich an, ihr zu helfen. Ich tue alles, so gut es möglich ist, denn wenn ich weggehe, läutet sie ja doch wieder. Sie bildet sich oft irgend etwas ein. Neben den Katzen erzählt sie auch von einem Autounfall, der sich vor ihren Augen abgespielt haben soll.

Wenn es sich um erfüllbare Wünsche handelt, dann geht es ja noch, aber wenn sie sich einbildet, sofort ein Vollbad nehmen zu müssen, wird es schwierig. Wir haben einen Badeplan. Alle zehn Tage kommt im Schnitt jeder einmal dran. Da ist es nicht einfach, plötzlich jemand anderen vorzuziehen und den ganzen Rhythmus durcheinanderzubringen. Außerdem hat die Frau offene Wunden, da wäre ein Vollbad nicht gut für sie. Aber sie besteht auf ein Bad. Sie sagt, wenn ich an ihrer Stelle wäre, würde ich auch ein Vollbad haben wollen.

Dann beklagt sie sich, daß wir ihren Sohn nicht zu ihr lassen würden. Er war aber nicht da, und wir hätten natürlich überhaupt nichts gegen einen Besuch einzuwenden. Im Gegenteil: Besucher sind viel zu wenige da. Würde es mehr Besucher geben, müßten wir nicht dauernd am Bett stehen und könnten mit unserer Arbeit besser fertig werden. Aber die Frau hat kein Einsehen. Sie beklagt sich, sie sagt, wir sind hartherzig und grob. Also da fällt es nicht leicht, immer die Nerven zu bewahren und ruhig und freundlich zu bleiben, das muß ich schon sagen.

Die Patienten kriegen wir irgendwann schon in Griff, wir lernen sie von allen Seiten kennen, und so können wir uns immer besser auf sie einstellen. Wir machen untereinander Spaß und sagen zu einer Kollegin, so stelle ich mir vor, wirst du mit 90 Jahren auch sein, dir wird man auch nicht alles rechtmachen können, die hat die gleiche Art wie du und so. Das ist dann immer lustig und es kann ja tatsächlich sein, daß wir in fünfzig Jahren auch hier liegen und uns beschweren, weil uns alles rundherum wehtut.

Die Patienten können ab und zu nerven, lästig aber sind sie nie. Lästig sind nur die Angehörigen. So haben wir zum Beispiel eine Besucherin, die so gegen halb drei Uhr nachmittags kommt und dann anschafft, daß wir ihre Hannelore frisch wickeln, obwohl wir regelmäßig um drei Uhr den Rundgang machen und alle wickeln. Oder sie kommt zu uns und sagt, daß wir ihre Hannelore aufsetzen sollen. Also sie selbst rührt keinen Finger, und uns schafft sie alles an. Auch das Abendessen müssen wir ihrer Hannelore eine halbe Stunde früher als den anderen geben. Nach fünf Minuten geht sie dann wieder und wehe, wenn wir das nicht machen, dann beschwert sie sich, und die Oberin kommt und stellt uns zur Rede. Also das finde ich schon arg, daß die Angehörigen alle Rechte haben und wir keine. Die können uns was unterstellen, und wir müssen uns dann immer verteidigen und rechtfertigen. Ich finde es nicht richtig, daß eine Besucherin, die von unserer Arbeit keine Ahnung hat, Vorschriften macht, wann wir ihre Hannelore wickeln und ihr zu essen geben. Die hat ja keine Vorstellung von unserer Arbeit. Wir müssen immer arbeiten, haben kaum Zeit, uns mal hinzusetzen und zu essen oder Kaffee zu trinken. Wenn wir im Schwesternzimmer sitzen, läutet es oder es kommt ein Besucher und fragt uns was, so daß wir nie richtig Ruhe haben.

Dann haben wir eine Besucherin, eine Tochter, die ihre Mutter besucht. Die schreit sofort, wenn sie einen Anlaß findet. Der können wir dann wenigstens alles erklären, und die gibt sich wieder zufrieden. Die hat einen echten Schuldkomplex. Die kann ihre Mutter daheim nicht pflegen und jetzt will sie, daß wir die Pflegearbeit gut machen, damit sie sagen kann, ihre Mutter ist gut aufgehoben und wird gut betreut.

Also ich kann nur sagen, daß wir schwer arbeiten müssen. Jeder Tag ist anders, weil sich die Patienten nicht immer gleich fühlen. Bei dieser Arbeit wird uns jedenfalls nie fad", sagt sie und verschwindet in einem Zimmer, weil das Licht aufleuchtet.

Resümee

Dieses kurze Gespräch, das ich mit einigen Unterbrechungen im Gang einer Pflegestation mit einer Pflegehelferin führen konnte, wirft einen ersten bezeichnenden Blick auf die vielbeschäftigten

Pflegepersonen. Die mehr oder weniger geschulten Pflegerinnen und Pfleger sind angehalten, den Bewohnerinnen die bestmögliche Unterstützung zukommen zu lassen. Sie sind ausgelastet mit der Befriedigung ihrer Grundbedürfnisse und finden kaum Zeit, eine darüberhinausgehende psychische Betreuung zu leisten. Allein das Essenauftragen und Eingeben, das Waschen, An- und Ausziehen beansprucht einen Gutteil der zur Verfügung stehenden Arbeitszeit. Immer kann die Routine unterbrochen und gestört werden, sei es, weil lästige Angehörige zusätzliche Ansprüche stellen, oder weil Heimbewohnerinnen ihre Unzufriedenheit an den Pflegerinnen oder auch an Zimmerkolleginnen auslassen.

Mit den zumeist weiblichen Vertretern der Betreuungsteams konnte ich oft nur zwischen Tür und Angel reden. Ihre Berufstätigkeit und ihre Rolle als Hausfrauen und Mütter ließen es kaum zu, in Ruhe über ihren Berufsalltag zu reden. Erst durch meine persönliche Tätigkeit als Pflegehelfer konnte ich die wahre Dimension der Arbeitsbelastung erfassen und die Probleme nachvollziehen.

Deutlich kommt hier auch die Rolle der Angehörigen zutage. Es kommen meist zuwenig Angehörige auf die Stationen, oder es kommen Angehörige mit einem Schuldkomplex und solche, denen man nichts recht machen kann.

Nicht wenige Pflegerinnen, die ihrem Beruf schon viele Jahre nachgehen, stumpfen mit der Zeit ab. Sie sind ausgebrannt. Die Arbeit wird zur lustlosen Routine. Jede Störung des Arbeitsalltags wird dann als Provokation empfunden. Das Koten unmittelbar nach der Körperwaschung wird einmal hingenommen und vielleicht auch noch ein zweites Mal, aber danach kommt es zu Sanktionen. Wenn Angehörige regelmäßig fernbleiben, können diese Sanktionen sehr weitreichende Ausmaße annehmen. Die Pflegebedürftigen sind dann auf Gedeih und Verderb dem jeweiligen Pflegeteam ausgeliefert.

„Ich habe zuwenig getan“ – Eine Angehörige klagt an

Nachdem ihr Vater bereits zehn Jahre unter der Erde liegt, hat mir eine Tochter, eine nunmehr bald sechzigjährige Dame, von seinem Hinscheiden in einem Pflegeheim berichtet. Die Gründe für die Einlieferung in ein Pflegeheim waren einerseits die beengte Wohnsituation zu Hause, ihre eigene Berufstätigkeit und die Stürze, die dem 74jährigen Mann passiert sind, weshalb er oft ins Unfallkrankenhaus eingeliefert werden mußte. Während ihres Berichts bleibt die Tasse Kaffee unberührt:

„Nervlich war ich schon ziemlich angeschlagen. Mein Mann hat sich zu dieser Zeit von mir scheiden lassen. Ich konnte keine zusätzliche Belastung mehr aushalten. So habe ich zum Vati gesagt: Du mußt ins Heim. Ich muß arbeiten, ich kann nicht alle zwei Wochen mit dir ins Unfallkrankenhaus gehen. Ich schaff' das einfach nicht mehr.

Hat er gesagt: Gut er wird gehen. Ich habe ihm gesagt: Unter der Woche bist dort und über das Wochenende hole ich dich wieder nach Hause. Da machen wir Ausflüge. Fahren zu deiner Schwester und so. Ich wollte, daß er gut aufgehoben ist unter der Woche, während der Zeit, in der ich arbeite.

Ich hatte eine Freundin beim Magistrat, und die hat gesagt, sie wird mir helfen, einen Heimplatz in einem Wiener Pflegeheim zu finden. Na so sind wir hingefahren, und dann war ich eigentlich total geschockt, denn das war dort ein Pflegeplatz und kein Heimplatz. Ich habe mir vorgestellt, daß das eine Garconniere sein wird mit höchstens zwei Betten.

Ich war geschockt, aber nervlich war ich so darnieder, daß ich nicht anders konnte, als ihn dorthinzugeben. Meine Freundin, die Helga, hat sich sehr bemüht, daß wir dort einen Platz bekommen, sie hätte das nicht verstanden, wenn ich jetzt nicht mitgetan hätte. Dann ist das ein Saal gewesen, da waren, ich glaube sechs oder acht Leute drinnen. Schweren Herzens habe ich ihn dort gelassen, aber ich habe mir vorgenommen, eine andere Lösung zu finden, denn das da kann ich mir nicht mitanschauen.

Jetzt ist er schon in der ersten Nacht über das Gitter gestiegen und ist dabei prompt gestürzt. Er wollte aufs WC gehen. Er hat gerufen, so hat er mir erzählt, und weil niemand gekommen ist, ist er drübergekraxelt und ist runtergeflogen.

Wie ich dann am nächsten Tag gekommen bin, hatte er eine geschwollene Hand. Na, na haben die gesagt, das ist sicher nichts. Da werden wir Umschläge machen. Im Krankenhaus haben sie dann festgestellt, daß der Mittelhandknochen gebrochen ist. In der Folge gab es dann immer irgendwelche Vorfälle. Am Wochenende habe ich ihn immer zu mir nach Hause geholt.

Eines Tages wollte er aus dem Heim durch den kleinen Park rüber in die Kantine gehen. Da gibt es ein paar Stufen, und da ist er wieder gestürzt. Seine Hausschuhe waren spurlos verschwunden und seine Brille auch. Niemand konnte mir erklären, wohin diese wichtigen Behelfe gekommen sind.

Nach diesem Sturz hat sich alles verändert, denn plötzlich haben sie ihm die Hand eingebunden und ein Depot angelegt. Ich habe nachgefragt. Ja, eine Ärztin, die kommt aus Lainz, haben sie gesagt, die hat ihn medikamentös eingestellt. Jedenfalls konnte er daraufhin nicht mehr reden, und er konnte nicht mehr allein gehen. Er hat kleine Schritte gemacht, und plötzlich hat er einige Tritte am Stand gemacht und ist dann wieder ruckartig gegangen.

Innerhalb von zwei Monaten ist eine komplette Änderung eingetreten. Er ist nicht mehr gegangen, mußte im Rollwagerl geschoben werden. Eine Schwester hat vermutet, daß die Dosis zu hoch gewesen ist, weshalb es zu diesen argen Problemen gekommen ist. Es war so arg, daß er nur mehr mit dem Strohhalm trinken konnte. In dieser kurzen Zeit war er ein Pflegefall geworden. So konnte ich ihn nirgends mehr unterbringen.

Ich war total fertig. Ich konnte schon gar nicht mehr allein zum Papa gehen. Ich habe oft meine Wahltante mitgenommen. Mir zog es den Herzmuskel zusammen. Ich war Chefsekretärin in einem Ingenieurbüro. Ich hatte viel zu tun. Der Chef war aber nett, der hat wegen der Geschichte mit meinem Vater Verständnis gezeigt.

Eines Tages hat man mich im Büro angerufen und mir mitgeteilt, daß mein Vater im Sterben liegt. Seine Lippen waren total ausgetrocknet, weiß war er im Gesicht, er hat geröchelt und tief geatmet. Nicht einmal ein Arzt ist bei ihm gewesen. Die haben keinen Arzt geholt. Auf meinen Wunsch wurde dann ein Arzt gerufen. Er hat ihm eine Injektion verabreicht, daraufhin war mein Vater nach einer halben Stunde wieder ansprechbar. Ich vermute, daß sie meinem Vater eine große Schlaftablette gegeben haben, die für ihn, der nie Medikamente genommen hat, sicher zuviel war.

Mein Vater hat immer gesagt: ‚Weißt du, da herinnen muß man den Mund halten, weil sonst bekommt man eine Injektion und ist weg.' ‚Geh Vati, das gibt es doch nicht. Das bildest du dir ja nur ein.' Im Laufe der Zeit bin ich dann draufgekommen, daß dort sehr viel passiert ist. Wenn Besuchszeit war oder am Wochenende, da war immer alles sauber. Die Schwestern waren freundlich. Ich habe ihnen immer Kaffee mitgebracht und Geld für die Kaffeekassa. Zu essen hat er bekommen, als ob er noch Zähne hätte, also Schnitzel mit Saft und Knödel dazu. Ich habe die Pfleger gebeten, ihm das Essen zu schneiden, aber wenn wir dann wieder einmal überraschenderweise gekommen sind, waren wieder das ungeschnittene Schnitzel und die Knödel am Teller. Wenn er geschlafen hat, wurde das unberührte Essen wieder abserviert. Wenn ich hingekommen bin, hat er zwei Bananen auf einen Sitz verschlungen, weil er Hunger gehabt hat. Er hat zwar gesagt: ‚Die geben mir nichts zu essen', aber ich habe ihm nicht geglaubt. Einmal war meine Tochter dort, da wurde gerade das Essen ausgeteilt, aber bei meinem Vati sind sie vorbeigegangen, da hat sie gefragt: ‚Kriegt der Opa nichts?' Dann haben sie gesagt: ‚Ach, auf den haben wir ganz vergessen.' Etwas getan wurde immer erst dann, wenn man etwas gesagt hat.

Dann war da noch eine Frau Koller da. Die besuchte immer ihren Mann. Dieser Mann war nur kurze Zeit da, dann ist er gestorben. Das war schon eine alte Frau. Die hat gesagt: ‚Wissen S' wenn ich nicht schon so alt wäre, würde ich das in die Öffentlichkeit bringen. Ich kann nicht mehr.'

Genauso ist es mir damals auch gegangen. Ich hatte einfach keine Kraft, mich zu wehren. Ich reg' mich sonst überall auf und setze alles in Bewegung, aber mir persönlich ist es damals einfach zu schlecht gegangen.

Der Herr Koller ist anfangs im Zimmer rumgegangen, er war nicht bettlägrig. Er hatte die Angewohnheit, sich vor ein Bett zu stellen und den Betreffenden lange anzuschauen. Er hat nichts getan, er war ein wenig verwirrt, weiter nichts. Das hat ihnen aber nicht gepaßt, und wie ich dann eines Tages wiedergekommen bin, ist er im Gitterbett gelegen. Frau Koller war total fertig. Sie hat geweint: ‚Der tut doch nichts.' Ich konnte ihr nicht helfen, denn ich war auch so fertig.

Dann hat es noch einen Mann gegeben, der war grantig, der hat sich oft über das Essen beschwert. Er hat gesagt: ‚Hier gibt es keine Therapie. Wir müssen nur herumliegen und diesen Fraß essen.' Kurze Zeit später ist er in seinem Bett gelegen, hat tief geatmet und war fix und fertig. Er hat sich immer an den Hals gegriffen, dann haben sie ihn mit Sauerstoff beatmet, und dann ist er doch gestorben.

Frau Koller hat das auch gesehen, die kann das bezeugen. Ihr Mann hat auch niemandem was gemacht. Er hat Fieber bekommen. Das mit der Luft, mit der Atemnot und dem Fieber war immer das Ende. Mein Vater hat das ja auch gehabt, er hat auch beatmet werden müssen, er hat es gerade noch überstanden. Also ich nehme an, daß hier die Leute mit einer Überdosis so stark beruhigt worden sind, daß sie darauf gestorben sind.

Ein junger Bursche war auch dort. Dessen Vater ist täglich gekommen. Am Wochenende ist er mit ihm in die Kantine gegangen, hat mit ihm gespielt und hat sich echt mit ihm beschäftigt. Der war spastisch, der hat nur so Laute von sich geben können. Immer bevor er gegangen ist, hat dieser Vater sein Kind in den Fernsehraum geschoben, damit er noch ein bißchen fernsehen kann. Die Schwestern haben freundlich getan. Aber kaum ist der Vater weggewesen, haben sie den jungen Mann geschnappt und ihn wieder in sein Bett gebracht.

Mein Vater ist dann nach einem dreiviertel Jahr im Pflegeheim gestorben. Er ist praktisch verhungert. Mit den Medikamenten wurde er fertiggemacht. Allein konnte er nichts mehr essen. Ich glaube, er hat dann auch alles verweigert. Wie ich im Magistrat gewesen bin wegen der Begräbnissachen, habe ich wieder Frau Koller getroffen. Sie hat gesagt, ihr Mann wäre umgebracht worden. Man kann das nicht beweisen, aber auch nicht widerlegen. Die Leute haben alle keine Luft mehr bekommen.

So hat er ausgeschaut. (Frau S. zeigt mir ein Bild). Meine Wahltante ist mitgegangen. Ich habe es nervlich nicht mehr geschafft. Schief ist er gewesen. Blaues Auge. Links und rechts neben dem Auge hat er Cuts gehabt. Ich habe gefragt, was da los ist. Die haben gemeint, vielleicht hat er sich gekratzt. Das gibt es nicht, weil ich ihm immer die Nägel geschnitten habe. Und dann ist es mir aufgefallen. Einmal mußten wir alle rausgehen, weil da einer gewickelt worden ist, und ich habe so durch den Türspalt zugesehen. Das Gitter wurde nicht weggegeben. Die haben das Leintuch gerollt, hochgezerrt und der Patient wurde dabei unsanft ans Gitter geschleudert, und dann haben sie dasselbe auf der anderen Seite wieder gemacht.

Mein Vater war ein Supermensch. Ich habe mir Gewissensbisse gemacht. Ich glaubte, es wäre ein schöner Heimplatz. Ich mache mir bis heute Vorwürfe. Ich habe zu wenig getan."

Resümee

Der Bericht dieser Angehörigen von ihrem in einem Pflegeheim nach relativ kurzer Zeit verstorbenen Vater könnte direkt aus dem Gerichtsprozeß gegen jene Pflegerinnen in Lainz stammen, die nachweisbar tatkräftig mitgeholfen haben, das Sterben einiger alter, pflegebedürftiger Menschen zu beschleunigen. Die großen weißen Tabletten, von denen diese nach wie vor verzweifelte Frau spricht, und die gleichen Symptome der alten Männer kurz vor ihrem Tod lassen tatsächlich das Schlimmste befürchten. Die zahlreichen Hinweise auf eine sehr mangelhafte Pflege, die sogar zum Wundliegen führte, die grob nachlässige Versorgung der Pflegebedürftigen mit Essen, die unglaubliche Rücksichtslosigkeit gegenüber den Hilflosen beim Umbetten komplettieren den katastrophalen Zustand auf dieser Station.

Selbst unter der Annahme, daß die zunehmende Hilflosigkeit der alten Männer aus einer schnellen Verschlechterung ihres Gesundheitszustandes resultierte, und nicht vom Pflegeteam beschleunigt worden ist, bleibt eine grobe Vernachlässigung der Pflegeheimbewohner im Raum. Die Tochter, die ihren Vater in diesem Heim untergebracht hat, hat schwer mit den Folgen ihrer Handlungsweise zu kämpfen.

Problembereiche von Pflegesituationen

Diese drei verschiedene Darstellungen zeigen drei verschiedene Sichtweisen. Einmal ist es die Bewohnerin eines Pflegeheimes, die im Bad vergessen wurde und ihre Hilflosigkeit deutlich zu spüren bekommt, einmal ist es eine Pflegerin, die schildert, wieviel sie arbeiten muß und wie eine einzige Patientin schon nerven kann, und zum Schluß beklagt sich eine Angehörige über die schlechte Betreuung ihres Vaters in einem Pflegeheim. Aus diesen unterschiedlichen Darstellungen lassen sich wesentliche Problemfelder skizzieren, die die Qualität einer Pflegesituation mehr oder weniger stark beeinflussen.

Der Umgang mit pflegebedürftigen Menschen enthält alle Schattierungen und Abstufungen menschlichen Verhaltens, er reicht von liebevoller Betreuung über Nachlässigkeit und führt hin bis zu einem abgestumpften und sichtlich böswilligen Umgang. Eine wesentliche Frage dieser Forschungsarbeit ist es, die Bedingungen zu benennen, die eine Pflegesituation günstig beeinflussen und ebenso die Faktoren zu nennen, die einer zufriedenstellenden Pflegesituation entgegenstehen.

Aus allen drei Sichtweisen läßt sich ein Mangel an Zeit für die einzelnen Bewohnerinnen und Bewohner eines Pflegeheimes ablesen. Frau K. klagt darüber, zu wenig Ansprache zu haben, und oft hat sie das Gefühl, vergessen worden zu sein. Die Pflegehelferin beklagt sich ebenfalls über den Zeitdruck, unter dem sie steht, und in der letzten Darstellung kommt ebenfalls ein eklatanter Mangel an Zuwendung und Betreuung zur Sprache.

Eine Gegenüberstellung der Sichtweise einer Heimbewohnerin mit der einer Pflegerin deutet auf ein grobes Mißverhältnis hin. Die Heimbewohnerin fühlt sich allein und verlassen, die Pflegerin dagegen ist froh, wenn sie mit ihrer Arbeit über die Runden kommt und nicht auf Sonderwünsche von lästigen Angehörigen eingehen muß. Dem Bedürfnis der Bewohnerinnen nach mehr Zuwendung kann von den Pflegepersonen aus Zeitmangel kaum entsprochen werden. Der Faktor „Zeitmangel“ zieht sich wie ein roter Faden durch die eingangs geschilderten Beispiele.

Beim Besuch von Pflegestationen, den ich als Sanitäter, aber auch einfach als Besucher machen konnte, fällt eines auf: Es gibt eine Vielzahl von alten, pflegebedürftigen Menschen in den Tagräumen, in den Gängen und in den Zimmern, aber keine entsprechende Anzahl von Pflegepersonen. Als Sanitäter kam ich in eine Pflegestation, wo eine Frau offensichtlich schon längere Zeit am Boden lag. Erst mit meiner Unterstützung konnte sie ihren Sitzplatz wieder einnehmen. Nicht selten begegnete ich auch Heimbewohnerinnen, die in ihrem eigenen Kot lagen und auf eine Hilfe warten mußten. Wo sind die Pflegepersonen? „Schwester! Schwester! Warum kommt denn keine Schwester“, hörte ich die Heimbewohnerinnen verzweifelt rufen. Diese Rufe nach Hilfe sind mir im Ohr und sie verdeutlichen einen Pflegenotstand, dem pflegebedürftige Menschen in Pflegestationen offenbar ausgesetzt sind.

Ein wesentlicher Bereich wird sich daher mit diesen Fragen beschäftigen müssen. Wie gut bzw. wie schlecht fühlen sich hilfsbedürftige alte Menschen in Pflegeheimen betreut? Wie schaut ihr Alltag aus? Sind meine gesammelten Eindrücke Einzelbeobachtungen oder lassen sie sich verallgemeinern?

Der zweite Bereich umfaßt die Arbeitssituation der Pflegepersonen. Wenn die Betreuerinnen und Betreuer nicht gleich auf den Stationen anzutreffen sind, wo sind sie dann? Sitzen sie im Schwesternzimmer bei Kaffee und Zigaretten zusammen? Drücken sie sich an verschwiegenen Plätzen von der Arbeit? Sind sie überlastet und überfordert? Welchen Umgang pflegen sie mit ihren zu pflegenden Menschen? Welche Arbeitszeiten und Diensteinteilungen treffen sie, und wie sieht es mit der Bezahlung aus?

Eine Befragung von angehenden Krankenpflegerinnen und Pflegern zur Berufswahl bringt recht optimistische Antworten: „Als Krankenschwester habe ich Erfolgserlebnisse. Es ist schön zu wissen, einem kranken Menschen helfen zu können. Es besteht die Möglichkeit, relativ selbständig zu arbeiten. Es gibt eine flexible

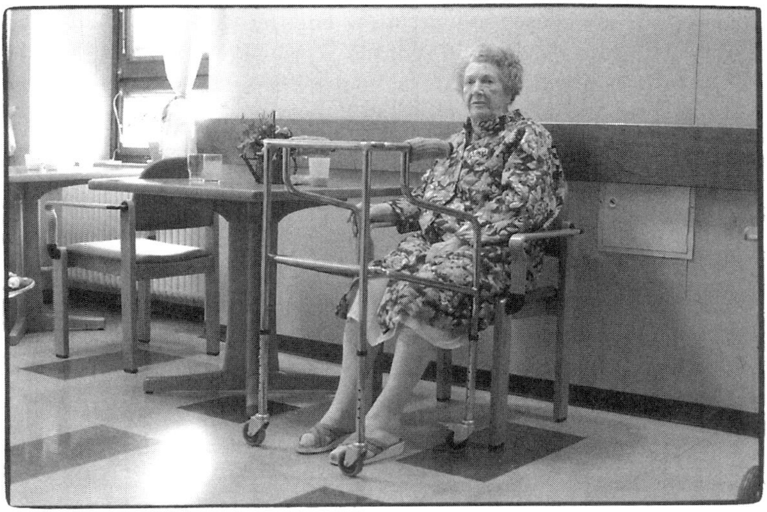

Der Faktor „Zeitmangel“ zieht sich wie ein roter Faden durch den Alltag auf Pflegestationen

Arbeitszeit, und es ist ein krisensicherer Arbeitsplatz. Es ist ein Beruf mit Zukunft, denn Kranke gibt es immer." Ein Großteil der angehenden Pflegepersonen gibt an, eine „soziale Ader" zu haben und sie sind sich sicher, einen sinnvollen Beruf auszuüben, wenn sie pflegebedürftigen Menschen helfen, wieder auf die Beine zu kommen. Der Berufsalltag und die Routine führen in bestimmten Situationen zu einem „Ausbrennen" dieser edlen Motive. Die Arbeitsbedingungen sind oft sehr belastend, denn es ist nicht leicht, jeden Tag mit Krankheit, Leid und Tod konfrontiert zu sein und damit richtig umzugehen.

In der Pflegeausbildung und zunehmend auch in der Pflegepraxis werden neue Richtlinien vorgegeben. Das Modell vom „Helfen mit den Händen in den Hosentaschen" des diplomierten Krankenpflegers ERWIN BÖHM macht ebenso die Runde wie die Methode der „Validation" von NAOMI FEIL, der es darum geht, mit den alten, verlorenen Menschen eine Gesprächsbasis aufzubauen bzw. eine Verständigung herzustellen. Es läßt sich bereits erahnen, daß solche Neuerungen in der Alltagspflege kaum umgesetzt werden können. Die alltägliche Pflegepraxis scheint neuen Methoden nur wenig Raum zu geben.

Schließlich kommt neben den Pflegepersonen auch den Angehörigen eine nicht zu unterschätzende Rolle zu, denn von ihrem Engagement hängt es oft ab, ob die Pflege in einer Pflegestation zufriedenstellend verläuft oder nicht. Angehörige können sowohl positiv als auch negativ die Pflege ihrer Verwandten beeinflussen. Sie können durch regelmäßige Besuche die Pflege aktiv begleiten und somit das Pflegeteam ergänzen, oder sie können durch ihre Abwesenheit den Mißmut der Heimbewohner fördern und somit die Pflegesituation verschlechtern. Warum kommt es zur Entscheidung, Angehörige der professionellen Hilfe eines Pflegeheimes zu überantworten? Wie verhalten sich die Angehörigen auf der Pflegestation? Welche Rolle spielt hier Geld- und Besitzdenken?

Um all diesen Fragen eine empirische Antwort zu geben, möchte ich meine persönlichen Erfahrungen mit Pflegestationen darstellen und daraus in Verbindung mit Gesprächen und Expertenmeinungen Schlußfolgerungen ziehen.

Alltag im Pflegeheim

Der Aufenthalt in einem Pflegeheim unterliegt bestimmten Zeitstrukturen. Die Essenszeiten bilden dabei einen zentralen Fixpunkt. Frühstück, Mittagessen und Nachtmahl werden täglich zur selben Zeit serviert. Dazwischen gibt es noch Tee und Kaffee. Für das leibliche Wohl wird meist bestens gesorgt. Doch alte Menschen haben genauso wie junge ein Bedürfnis nach sozialen Kontakten. Nicht immer finden sich in Pflegestationen Gesprächspartner, um sich zu unterhalten. Aus der Sicht der Betroffenen ist es auch nicht leicht, nur mit Gleichaltrigen reden zu können. Mit zunehmendem Alter fallen reden, hören und sehen immer schwerer. Es läßt sich leicht absehen, daß unter diesen Voraussetzungen keine gute Gesprächskultur entstehen kann. Das Lesen, Fernschauen und Radiohören kommt oft aus denselben Gründen ebenfalls nicht in Betracht. Der Alltag im Pflegeheim wird ohne Anregungen von außen sehr langweilig.

In der Pflegestation ist das Verhalten der Pflegeheimbewohner einem bestimmten Wandel unterworfen. Die ersten Tage unterscheiden sich wesentlich von den letzten Tagen. Dazwischen durchleben Heimbewohner verschiedene Phasen, wobei die oft leichthin diagnostizierte Verwirrtheit alter Menschen eine wichtige Funktion erfüllt.

Ein Besuchstag

Heute betrete ich kurz nach 16 Uhr das Zimmer im zweiten Stock des Pavillons. Am Tisch sitzen Frau Veronika L. mit ihrer Katze unter dem Arm, Leopoldine B. ohne Gebiß und ohne Stock und Frau Agatha K. Alle drei sitzen wortlos da. Als sie mich kommen sehen, sagt Frau L.: „Schau, wer da kommt.“ Alle strecken mir freudig die Hand zum Gruß entgegen. Danach wende ich mich an meine Magdalena S., die schlafend im Bett liegt. Ich berühre ganz leicht ihren Handrücken, und schon öffnet sie die Augen:

„Jõ, das ist schön, daß Sie heute zu mir kommen. Da freue ich mich aber. Jetzt habe ich auf den Buben von meinem Bruder gewartet, aber der ist nicht gekommen. Jö, das ist jetzt schön.

Ich habe dem Bruder gesagt, daß wir die Kinder nicht mehr nehmen können. Das kann keine Dauereinrichtung werden. Der Vatern ist jetzt auch schon 70. Der ist auch nicht mehr so gut beieinander, daß wir immer Kinder nehmen können. Da muß er schon selber schaun. Wir können jetzt nicht mehr, das muß doch jeder einsehen. Jetzt hat er extra ein Bett zusammengenagelt, damit wir noch ein Bett für seinen Buben haben. Jeder braucht ein eigenes Bett, sonst geht es ja gar nicht. Lange geht das nicht mehr so weiter."

Ich versuche, ihren Redefluß in Gang zu halten, indem ich ihr zustimme und Ergänzungen vornehme. Hinter dieser Geschichte steht die Tatsache, daß ihre Eltern immer Kostkinder aufgenommen haben. Zum Schluß eben auch die von ihrem Bruder. Einige ehemalige Kostkinder kommen sie ab und zu im Pflegeheim besuchen. Sie stehen an ihrem Bett, halten ihre Hand und reden von der alten Zeit.

Während ihrer Erzählungen macht Magdalena immer wieder Pausen. Heute redet sie von der Belastung, die von den Kindern ausgeht. Nicht einmal schlafen würde sie richtig können. Sie wolle jetzt keine Kinder mehr sehen, sagt sie. Einmal müsse genug sein mit dieser Plackerei. Sie sagt dann, daß ihr das Bett nicht gefalle. Vor allem das Gitter stört sie, denn sie könne nicht jederzeit aufstehen. Außerdem wackle das Gitter, und es sei weiß gestrichen. „Alles ist so kalt, das Bett und das Zimmer", beklagt sie sich.

Sie habe immer gerne gearbeitet und viel gearbeitet, aber jetzt könne sie nicht mehr. Jetzt sei es aus. Das Liegen würde aber mehr müde machen als das Arbeiten, sagt sie dann wieder. Danach setzt sie sich im Bett auf. Nur kurz kann sie sich an mir halten, dann legt sie sich wieder erschöpft nieder und schließt für längere Zeit die Augen.

Ihre Bettnachbarin, Rosa W., ist durch unsere Unterhaltung munter geworden. Sie schaut mich mit großen Augen an und lächelt mir zu. Sie sagt, sie würde mir sehr gerne helfen: „Man möchte so gerne helfen", so formuliert sie es, und dann treten ihr Tränen in die Augen. Ich halte ihre Hände und höre ihr zu. Obwohl ich nicht viel mit ihr rede, sagt sie: „Endlich einer, der mich versteht". Später beim Verabschieden sagt sie noch, daß sie die Hoffnung habe, doch noch helfen zu können. „Die Hoffnung darf man nie aufgeben," und lacht dann über das ganze Gesicht.

Gleich vier Pflegerinnen setzen sich jeden Abend zu den Bettlägrigen und verabreichen Grießbrei. Rosa nimmt lustlos den Brei in den Mund, wendet ihr Gesicht ab und kaut lange herum, als handle es sich dabei um zähes Fleisch. Auch Magdalena wird auf wortkarge Art und Weise die Nahrung verabreicht. Ein Reden würde nur aufhalten. Eine Pflegerin streicht einer sterbenskranken Frau liebevoll über die Wangen. Sie vermag nur wenige Löffel hinunterzuschlucken. Die „Einfuhr“-Menge wird bei ihr genau eingetragen. Da sie sich in einem kritischen Stadium befindet, steht sie unter erhöhter ärztlicher Aufsicht. Nach zehn Minuten sind alle fünf bettlägrigen Damen verköstigt. Die drei sitzenden Damen essen den Brei selbständig. Sie essen, obwohl sie, wie sie mir sagen, keinen Hunger haben.

Veronika L. sagt: „Hoffentlich regnet es morgen nicht.“ Später sagt sie: „Heute regnet es draußen, weil so wenige Leute unterwegs sind.“ Dabei blickt sie von ihrem Sitzplatz im Zimmer hinaus auf den Gang, wo heute nur wenige Bewohnerinnen sitzen. Sie drückt ihre Katze fest an sich und sagt, daß sie jetzt bald wird schlafen gehen müssen. „Die Katze geht schlafen, und ich gehe aus“, sagt sie und lacht über diesen verwegenen Gedanken. Nach wie vor wartet sie auf ihren Sohn, der jetzt bald Arbeitsschluß haben müsse und sie besuchen wird. Später meint sie, daß er heute doch vielleicht nicht mehr kommt. „Kann man nichts machen. Muß ich halt warten.“

Frau Agatha K. sitzt heute nur kurz am Tisch. Sie geht den Gang auf und ab und kommt erst zum Abendessen wieder. Danach setzt sie das Gehen fort. Plötzlich betritt sie das Zimmer und fragt: „Darf ich das hierlassen?“ Dabei weist sie auf die Schlaufen ihres Kleides, die für einen Gürtel vorgesehen sind. Sie streicht sich häufig über die Haare, und auch ihr Kleid streicht sie immer glatt. Der fehlende Gürtel macht ihr Kopfzerbrechen. „Da fehlt doch was“, geht es ihr durch den Kopf. Jetzt will sie wissen, ob sie das Kleid dalassen könne. Sie versucht es aufzuknöpfen, was ihr aber nicht gelingt. Ich sage ihr, daß das Kleid schön sei und sie schön darin aussehe. Das beruhigt sie fürs erste, aber später kommt sie wieder ins Zimmer und wendet sich mit ihrem Problem Leopoldine B. zu. Die Bettnachbarin aber macht kurzen Prozeß und sagt: „Du bist ein fester Trottel“, und reißt ihr die Finger aus der Gürtelschleife. Danach setzt Frau Agatha K. ihre Wanderung im Gang fort. Draußen will sie andere auf ihr Problem aufmerksam machen, aber keine gibt ihr Antwort, sodaß sie ratlos im Korridor stehenbleibt und immer wieder ihr unvollständiges Kleid betrachtet.

Josefa S. begrüßt mich wie immer mit einem vertrauten „Servus“ und strahlt mich an. Wie immer gräbt sie etwas aus der Kriegszeit aus. Heute spricht sie so leise und unverständlich, daß ich ihr kaum folgen kann. Sie hört schlecht, sodaß es sinnlos ist, nachzufragen, denn das wirbelt ihre mühsam geordneten Gedanken total durcheinander. Sie beschäftigt sich mit Soldaten, die am Bahnhof ankommen sollen und mit ihrem Teddy, den sie zu Ostern geschenkt bekommen haben soll. Sie ärgert sich über die schlampige Machart der Jacke, denn die beiden Knöpfe bleiben nicht im zu groß ausgeschnittenen Knopfloch. Diese Unordentlichkeit stört sie. Während ich mich bei Josefa S. aufhalte, höre ich eine der beiden sitzenden Frauen sagen: „Schau, jetzt steht er immer noch bei der am Bett." Wie üblich fragt mich Josefa beim Verabschieden, ob es wieder Zeit zum Einrücken sei. Ich bejahe und dann entläßt sie mich, indem sie salutiert.

In den beiden restlichen Betten liegen schon seit einigen Wochen die beiden Frauen, die besonders häufig intravenös ernährt werden. Heute treffe ich beide ohne Flasche an, dennoch schlafen sie sehr tief. Selbst zum Essen müssen sie wachgerüttelt werden. Ich meine, daß mich eine Frau anschaut und komme zu ihr und begrüße sie, doch sie reagiert nicht auf mich, sondern starrt ins Leere.

Einsam und Verlassen

Die Atmosphäre dieses Zimmers ist nicht leicht zu ertragen. Anfangs war ich ganz schockiert über den weit vorangeschrittenen körperlich wie geistigen Abbau der alten Damen. Ich war schier verzweifelt. Da komme ich in eine Station, weil ich einen Situationsbericht über das Befinden pflegebedürftiger Menschen schreiben will, und dann höre ich nur abgehackte Sätze und muß mich mit Wortfetzen abplagen, deren Sinn ich nicht verstehe. Nur selten bekomme ich auf meine gezielten Fragen Antworten. Meine Fragen erweisen sich sogar als sehr störend. Selbst die Pflegerinnen lassen sich kaum blicken. Nur während der Essenszeiten komme ich mit ihnen ein wenig ins Gespräch.

Erst mit der Zeit lernte ich die Bewohnerinnen verstehen. Sobald ich anfing, sie so zu nehmen, wie sie sind, wurde es für mich immer deutlicher, daß sie gar nicht so verwirrt sind, sondern daß ihre Aussagen Hand und Fuß haben. Freilich, die Eltern der 93jährigen Magdalena sind längst tot, es gibt auch keine Frontsoldaten mehr, die von Bahnhöfen abgeholt werden müssen, im Pflegeheim selbst regnet es auch nicht, aber was macht das schon. Die übrigen Beobachtungen stimmen. Die Belastung mit Kostkindern war in einem ärmlichen Haushalt sicherlich groß, und auch Josefa S. erzählt keine erfundenen Geschichten aus der erlebten Kriegszeit. Ich konnte beobachten, daß eine Heimbewohnerin furchtbare Grimassen schneiden konnte, die Zunge herausstreckte und spuckte, wenn sie nicht ernst genommen wurde, wenn sie als verblödet angesehen und als Kind und nicht als erwachsene Frau behandelt wurde. Rosa W. wiederum drückt mit ihrer Aussage „Man möchte so gerne helfen, wenn man könnte“ ihre Hilflosigkeit aus. Könnte sie helfen, wäre sie gesund. Könnte sie ihre Gliedmaßen halbwegs kontrolliert bewegen, dann könnte sie aktiv am Leben teilhaben. Anfangs sang Rosa W., weil sie eine Sängerin gewesen ist, immer irgendwelche alten Lieder. Doch seit einem halben Jahr hat sie beschlossen, das Singen einzustellen. Den ganzen Tag liegt sie alleine ohne Ansprache im Bett. Niemand hat ihre Lieder gehört, niemand hat mitgesungen, niemand applaudiert. Einmal

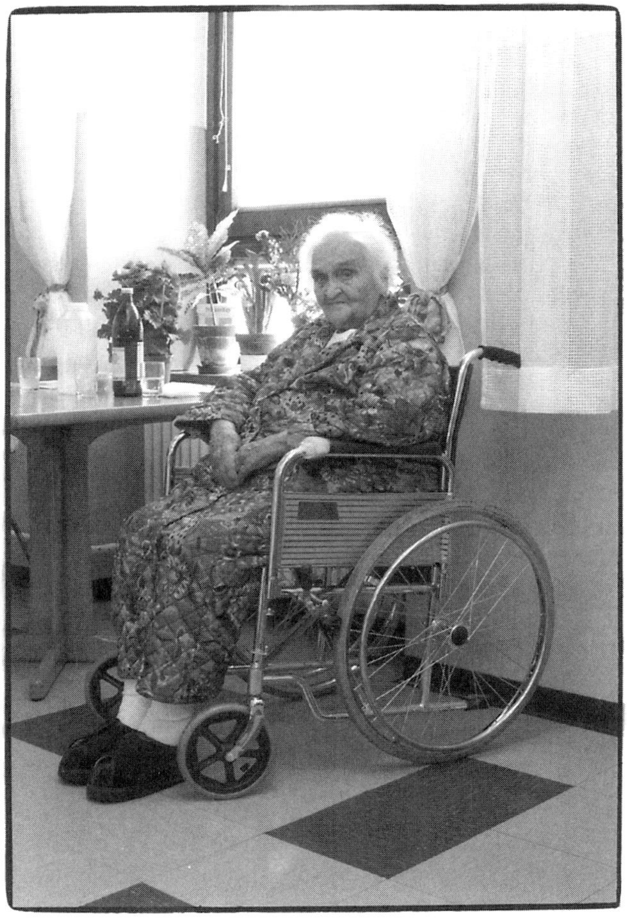

„Jede einzelne Frau müßte regelmäßig Besuch erhalten.“

sang sie das vom Kärntner Liederfürsten Koschat komponierte Lied „Valossn, valossn, valossn bin i, wia da Stan auf da Stroßn, so valossn bin i …“ Nirgends hat das von Rosa W. intonierte Lied eine derartige Stimmigkeit, wie in Zimmer 6 des zweiten Stocks im Pflegepavillon. Einmal meinte sie in einer besonders niedergeschlagenen Stimmung: „Das Volk will uns nicht mehr.“

Eine 87jährige Heimbewohnerin schildert ihre Situation wie folgt:

„Jetzt bin ich eineinhalb Jahre hier, und immer noch kann ich mich nicht auf den eigenen Füßen halten. Hoffentlich komme ich da überhaupt noch raus. Jetzt müssen die Therapeutinnen auf Urlaub sein, denn niemand macht was mit mir. Um 6 Uhr werde ich wach. Gegen 7 Uhr werde ich angezogen, und dann kann ich entweder im Bett liegenbleiben oder mit dem Rollstuhl hinausfahren und mich an den Tisch setzen. Das ist verschieden, denn manchmal gibt es Tage, da fühle ich mich erschlagen. Das werden halt die Medikamente sein, die ich in der Früh, zu Mittag und am Abend bekomme. Am Abend zwischen 7 und 8 Uhr werden wir gewaschen, und für die Nacht bekommen wir ein frisches Hemd. Dann heißt es wieder schlafen.

Das Tragische hier ist, daß ich mit niemandem reden kann. Die anderen Frauen, die da sind, können nicht richtig reden. Da bin ich froh, daß ich es noch kann, aber ohne Ansprechpartner ist es hart, sehr hart, kann ich Ihnen sagen.“

Das Angewiesensein auf andere kann besonders deprimierend sein. Da der Handlungsspielraum aufgrund einer vorliegenden Lähmung sehr eingeschränkt ist, wird die einfachste Sache der Welt, mit anderen Menschen reden, mangels Gesprächspartnern zu einem großen Problem. Das Alleinsein ist quälende Wirklichkeit jeder der Frauen auf der Pflegestation. Jede einzelne Frau müßte regelmäßig Besuch erhalten, der sich ganz allein mit ihr beschäftigt.

Zwischen dem Telefonat mit der Oberschwester und dem eigentlichen Besuchsantritt in der Pflegestation verging einige Zeit. Als ich zum vereinbarten Termin zur Oberschwester kam, war die für mich vorgesehene Dame gerade verstorben. Plötzlich wußte sie nicht, wo noch eine Dame war, die von mir besucht werden könnte. Schließlich meldete sich eine Stationsschwester und teilte mir Magdalena S. zu. Angesichts der hohen Anzahl von alleinstehenden, vereinsamten Bewohnerinnen des Pflegeheimes wunderte ich mich im nachhinein über diesen künstlich erzeugten Engpaß an besuchswürdigen alten Damen.

Der Alltag in den Pflegestationen rennt meist monoton und ohne besondere Anregungen von außen für die Bettlägrigen ab. Die Pflegepersonen minimalisieren ihren Aufenthalt an den Betten, die Angehörigen lassen sich selten blicken, die Mitbewohnerinnen sind oft unansprechbar, und so nimmt die Vereinsamung immer gröbere Formen an. Der Mensch, das soziale Wesen, wird in der Pflegestation seines Fluidums beraubt. Hier erleidet er den sozialen Tod, ehe der physische eintritt.

Vom Warten auf ein Glas Wasser

Weil Frau E. nicht mehr länger auf Hilfe warten wollte, ist sie nach dem Mittagsschlaf alleine aus dem Bett gestiegen. Sie mußte das Gitter überwinden. Die Zimmerkolleginnen konnten ihr nicht helfen. Die eine ist stark sehbehindert, und die andere liegt mit einer Lähmung im Bett. Sie rieten ihr von dieser waghalsigen Kletterei ab, aber Frau E. wollte aus dem Bett und stürzte zu Boden. Die mobile, aber sehbehinderte Zimmerkollegin schlug Alarm. Eine Pflegerin sah dann das Malheur. Frau E. lag mit schmerzverzerrtem Gesicht hilflos am Boden und wurde zur Kontrolle ins Spital eingeliefert. Zum Glück wurden keine Brüche festgestellt, und Frau E. konnte nach drei Tagen Spitalsaufenthalt ins vertraute Pflegeheim zurückkehren. Beim letzten derartigen Versuch hatte sie zahlreiche Rippenbrüche davongetragen.

„Was habe ich angestellt, daß ich so hilflos sein muß?“, beklagt sich Frau E. „Warum muß ich so etwas hier noch durchmachen?“, fragt sie sich voll schweren Kummers.

Um 9 Uhr liegt Frau B., die hier mit ihrem Mann ein Zimmer teilt, immer noch im Nachthemd im Bett. Ihr Ehegatte, der mobil, aber etwas verwirrt ist, kann ihr beim Aufstehen nicht helfen. Sie ist auf fremde Hilfe angewiesen. Heute kommt keine Hilfe. Sie schimpft laut und ist zornig. Sie ärgert sich, daß sie sich nicht selbst helfen kann. „Was ist denn da heute los“, schreit sie, als ich zufällig ins Zimmer komme. „Warum hilft mir heute niemand beim Anziehen? Wo ist denn die Schwester?“, fragt sie mich. Daß diese in einem anderen Zimmer beschäftigt ist, ist ihr kein Trost. Ich biete ihr meine Hilfe an, und sie willigt ein. Ich helfe ihr aus dem Nachthemd, entsorge die nasse Einlage und bringe ihr eine frische, die ich ihr mitsamt einer Netzhose anziehe. Ich lege ihr die Kleider in Griffnähe und dann versucht sie, so gut sie kann, sich selbst anzukleiden. Sie beklagt sich darüber, daß sie sich von mir helfen lassen muß, sie sieht nicht ein, warum nicht eine Pflegerin da ist. Doch ihr Ehrgeiz, endlich aus dem Bett und in den Rollstuhl zu kommen, ist größer als die Scham, sich mir nackt zeigen zu müssen. So schließe ich ihr den BH, und auch das Anziehen der Kniestrümpfe sowie der Schuhe überläßt sie mir. Zum Schluß schiebe ich sie noch ins Bad. Sie setzt sich aufs Klo, wobei ich ihr wieder mit der Einlage helfen muß. Sie wäscht sich selbst so gut sie es vermag, und zum Schluß reiche ich ihr noch die Zähne, damit sie sich endlich ihrem Mann, der verloren auf seinem Sessel sitzt, widmen kann.

Kaum sind wir fertig, kommt die Kollegin und fragt Frau B., ob sie jetzt mit ihr rauf ins Bad fährt. Frau B. fragt leicht verunsichert: „Ist heute Samstag? Nein? Na dann brauche ich heute nicht zu baden, daheim habe ich mich ja auch nur immer am Samstag gebadet." Die Pflegerin versucht erst gar nicht lange, sie von der Notwendigkeit eines Vollbades zu überzeugen, sie schreibt in den Pflegebericht: „Frau B. verweigert das Baden," und eilt davon, denn heute hat sie ohnehin noch viel zu tun.

Die Bewohnerinnen und Bewohner von Pflegeheimen müssen oft sehr geduldig sein. Das Warten gehört zum Pflegealltag wie die Luft zum Atmen. Sie müssen warten auf das Frühstück, auf das Aufstehen, auf die Schüssel, auf ein Glas Wasser und auf das Spazierengehen. Das Warten macht viele traurig. Sie warten auf Trost und auf einen Besuch von ihren Verwandten und Angehörigen und viele warten darauf, wieder nach Hause gehen zu können. „Heute kommt mein Vater und holt mich ab", sagt eine 93jährige Frau, und eine andere bricht plötzlich in Tränen aus, und dann klagt sie schluchzend: „Ich habe solches Heimweh".

Das Warten und die damit verbundene mangelnde Zuwendung zieht sich wie ein roter Faden durch die verschiedenen Pflegesituationen.

Eine Heimbewohnerin erzählte mir, wie schwierig es für sie ist, mit der neuen Hilflosigkeit zurechtzukommen:

„Ich wollte ein Glas Wasser. Das ist etwas, was mir früher selbstverständlich gewesen ist. Aber jetzt muß ich mir überlegen, soll ich deswegen nach der Schwester läuten oder soll ich es selber probieren. Ich versuchte es heute wieder selber, weil ich gesehen habe, daß die Schwestern soviel zu tun hatten. Ich habe mich im Rollstuhl an das Glas herangemacht und dann versucht, den Wasserhahn aufzudrehen. Es ist mir nicht gelungen. Ich mußte dann doch läuten, und nach einiger Zeit ist die Schwester dann gekommen und hat mir flugs das Glas Wasser hergestellt und ist dann wieder davongeeilt. Die einfachste Sache der Welt wird zu einem Problem für mich. Das ist es, was mich so fertigmacht."

Weil pflegebedürftige Menschen nicht länger warten wollen, kommt es häufig zu folgenden unappetitlichen Vorfällen: Ein Heimbewohner, der immer viel von Sauberkeit gehalten hat, mußte schon öfters aktiv werden, weil ihn der Stuhl, den er in die Einlage gemacht hatte, störte. So nahm er denn die harten Würste aus der Einlage und entfernte sie aus seinem Gesichtsfeld, indem er sie ins Nachtkästchen legte. In einem 8-Bett-Zimmer sah ich eine Frau verzweifelt in ihrem Stuhl liegen. Die Einlage hatte sie weggerissen, und ihre kotigen Finger wiesen auf ihre erfolglosen Versuche, den Stuhl wegzuputzen, hin. „Helfen sie mir“, flehte sie mich an. „Ich liege schon stundenlang allein. Bitte helfen sie mir.“ Die von mir herbeigeholten Pflegerinnen machten sich schnell an die Arbeit. Stundenlang könne die Frau noch nicht in ihrem Stuhl liegen, gaben sie an, da sie ihr erst vor einer halben Stunde das Abendessen verabreicht hätten. Doch selbst bloß fünf Minuten im eigenen Kot zu liegen, erscheint zurecht wie eine Ewigkeit.

Eine einzige Heimbewohnerin kann die Pflegesituation einer ganzen Station schwer belasten, weil sie sich nicht verstanden und jedenfalls zuwenig betreut fühlt. So lernte ich im Heim meines Vaters eine Frau kennen, die nichts lieber auf der Welt tun würde als wandern. Da sie in der Vergangenheit des öfteren aus dem Heim entwichen ist und in der Kleinstadt herumirrte, muß das Haus ihretwegen immer abgesperrt werden. Ein problemloses Ein- und Ausgehen ist dadurch nicht möglich, weil erst angeläutet werden muß, um überhaupt ins Haus zu kommen. Da diese Frau sich zurecht eingesperrt fühlt, beschimpft sie alle Mitbewohnerinnen und die Pflegepersonen. Sie geht ruhelos im Haus herum und um ihre schlechte Laune abzureagieren, schleicht sie sich dann und wann in ein Zimmer von bettlägrigen Bewohnern, hockt sich in ein Winkerl und verrichtet all die Dinge, die ansonsten im WC verrichtet werden. Das Personal hat dadurch vermehrte Putzarbeit und die Bewohnerinnen den Gestank. Würde eine Pflegerin jeden Tag mit dieser mobilen Dame einen zweistündigen Spaziergang machen, würde sich ihr Verhalten sicher ändern. Aber die Pflegestation kann es sich nicht leisten, zwei Stunden lang auf eine Arbeitskraft zu verzichten. Das Spazierengehen könnten auch Freiwillige, ehrenamtliche Mitarbeiter übernehmen, aber solche Leute finden sich offenbar nicht. Wahrscheinlich wäre es von den Heimbudgets sogar möglich, diese wichtigen Dienste finanziell abzugelten.

Für pflegebedürftige Menschen ist das Warten im Pflegeheim eine bedrückende Tatsache. Der Tag in einem Pflegeheim ist lang, weil sich nicht viel tut. So fragte mich eine Bewohnerin alle zehn Minuten nach der Uhrzeit. Sie konnte nicht sagen, ob es Vormittag oder Nachmittag ist. Ohne Anregungen dämmern die Bewohnerinnen von einem Tag zum nächsten. So sitzen alte Damen an einem Tisch und dösen vor sich hin und verbreiten im Zimmer eine Friedhofsruhe. Nur wenn wieder einmal die Einlagen gewechselt werden müssen oder ein Essen aufgetragen wird, werden sie in ihrer Ruhe gestört. Tag für Tag, Nacht für Nacht schweigen sie sich gegenseitig an. Zwischendurch gellt wieder ein: „Ich will nicht mehr“ durchs Zimmer, und ab und zu stirbt

Für pflegebedürftige Menschen ist das Warten im Pflegeheim eine bedrückende Tatsache.

eine Frau. Das Bett wird abgezogen, das Nachttischchen und der Kleiderschrank werden ausgeräumt, und es dauert nur wenige Stunden, und eine neue alte Dame hat den Sterbeplatz übernommen. In einer solchen Atmosphäre ist es nicht leicht, gesund zu bleiben.

Vom großen Bedarf nach persönlicher Zuwendung

Immer wieder zeigt sich, daß Heimbewohnerinnen und Bewohner neben Körperpflege und Nahrung persönliche Zuwendung brauchen. Sie möchten sich entspannt unterhalten, einfach zuhören und viele möchten hinaus aus den sie umschließenden Mauern. Sie wollen sich unter die gehfähigen Menschen mischen, einkaufen, Kaffee trinken oder spazierenfahren. Selbst eher unangenehme Arztbesuche erleben sie als willkommene Abwechslung. Einige Tage Aufenthalt in einem Spital, das sie wegen einer Operation oder Kontrolle aufsuchen müssen, bietet für viele Heimbewohnerinnen eine willkommene Abwechslung zu ihrem grauen Alltag. Es gibt ein fast durchgängig anzutreffendes großes Bedürfnis nach persönlicher Zuwendung von Heimbewohnerinen und -bewohnern.

Da ist zum Beispiel „Tante Frieda", wie sie sich selbst nennt. Mit ihr kehre ich öfter als mit anderen Heimbewohnerinnen im Gasthaus ein. Als ehemalige Kellnerin blüht sie in der Atmosphäre eines Gasthauses sichtlich auf. Sie redet fast ununterbrochen und ölt ihre Stimme mit Bier, einem Achterl Wein und manchmal sogar noch einem Achterl, was dann aber eindeutig zuviel ist, denn wenn wir nach Hause kommen, ist ihre Einlage patschnaß und ich muß ihr eine neue reingeben.

Bereits 1974, im Alter von knapp sechzig Jahren, hatte Frieda ihren ersten Schlaganfall.

„Der Arzt hat mir gesagt, daß ich gegen den hohen Blutdruck was unternehmen soll. Na ja, gleich darauf hat es mich eh schon das erste Mal erwischt. Im Abstand von drei Jahren sind dann noch zwei weitere Schlaganfälle dazugekommen. Nach dem ersten konnte ich noch ein wenig gehen, die linke Hand konnte ich gleich nicht mehr gebrauchen, und später konnte ich mich auch nicht mehr auf den Beinen halten.

Die ersten Jahre war ich ja noch daheim in der Wohnung gemeinsam mit meinem Mann. Der war damals schon in Pension und hatte Zeit für mich. Ich gab ihm Anweisungen, was er einkaufen mußte und wie er beim Kochen vorzugehen hatte, und ich habe, so gut es ging, mitgeholfen. Das Kochen ist aber meinem Mann schließlich zu mühsam geworden, und so haben wir Essen auf Rädern bestellt.

Die ersten Erfahrungen mit Heimen habe ich gemacht, während mein Mann unterwegs war. Er war ein begeisterter Fernreisender und hat viele Reisen unternommen, die ihn überallhin gebracht haben. Eine Reise hat er jeweils im Frühjahr gemacht und eine zweite im Herbst. Während dieser vier bis sechs Wochen war ich auch auf Urlaub, aber bloß in einem Heim. Mein Mann hat sich später eine Reisebegleiterin mitgenommen, die dann seine Freundin geworden ist. Als er auch noch eine dritte Reise im Jahr machen und mich auch im Sommer in einem Heim abliefern wollte, habe ich mich gewehrt. Hinter meinem Rücken hat er einfach ein Urlauberbett in einem Heim bestellt. Ich habe dort eigenhändig angerufen und ihnen gesagt, daß ich leider nicht kommen werde, weil ich zu dieser Zeit ins Spital muß. Ich wollte meinen feinen Mann ja nicht blamieren, und deswegen habe ich das mit dem Spitalsaufenthalt erfunden.

Irgendwie habe ich ihn damit aber doch verärgert, denn später ist er nach einer Rückkehr von einer Fernreise nicht gleich am ersten Tag ins Heim gekommen, um mich abzuholen, sondern er hat einige Tage zugewartet. Weil ich viele Freunde habe, wurde mir bald zugetragen, daß mein Mann bereits wieder daheim ist, ich habe ihn angerufen und gesagt, daß er mich wieder abholen kann, denn auch mein Urlaub sei jetzt zu Ende. Ich habe immer alles mit Humor genommen.

Mein Mann hat geraucht wie ein Schlot. Er hat sich regelrecht zu Tode geraucht, und 1986 ist er ganz schnell gestorben. Wir hatten ja keine Kinder, und so war es für mich klar, daß ich endgültig ins Heim gehen mußte. Dieses Haus hier habe ich schon vorher als Urlauberin kennengelernt. Anfangs gab es Zimmer mit zehn Betten. Ich hatte meinen Platz am Fenster. Immer wenn ich das Fenster aufgerissen habe, ist eine andere gekommen und hat es wieder zugemacht. In einem Zehnbettzimmer ist immer was los. Die einen haben gegessen, die anderen haben geschissen.

Eine Freundin hatte ich auch, die war ganz gut beieinander. Sie hatte bloß ab und zu epileptische Anfälle. Eines Tages lag sie im Bett und rührte sich nicht mehr. Der Pfleger wollte ihr gerade Medizin verabreichen, als er merkte, daß sie gar nicht mehr lebt.

Die Schwestern und die Pfleger sind ja alle ganz nett. Einer war halt dabei, der war nicht in Ordnung. Der hat versucht, meinen steirischen Dialekt nachzumachen. Der hat das aber ganz blöd gemacht und eigentlich hat er mich verspottet.

Seit zwei Jahren liege ich jetzt hier im Zweibettzimmer. Die Übersiedlung ins neue Haus war schon schön für mich, aber es hat einige im Haus gegeben, die wollten das alte Haus mit den großen Zimmern gar nicht verlassen. Die haben sich dort sauwohl gefühlt.

Der Arzt, der alle zwei Wochen bei der Tür hereinschaut, ist auch ein Dummkopf. Der will von mir immer einen Witz hören, und ich erzähle ihm einen. Zum Beispiel den: Drei Frauen kommen in den Himmel. Der höchste Richter fragt sie, wie oft sie im Leben untreu gewesen seien. Die erste Frau gibt reuig zur Antwort: siebenmal. Der Richter teilt ihr eine schwarze Wolke zur Weiterfahrt zu. Die zweite Frau muß zugeben, dreimal untreu gewesen zu sein, worauf ihr ein Platz auf einer rosaroten Wolke zugewiesen wird. Die dritte Frau sagt, daß sie nie untreu gewesen sei. Ihr wird der Platz auf einer weißen Wolke eingeräumt, und zusätzlich bekommt sie kurze weiße Flügel. Die treue Frau fragt, ob sie jetzt künftighin ein Engerl sein darf? Nein, sagt der höchste Richter: eine Gans!

Einmal hatte ich immer, wenn ich auf die Schüssel mußte, ein starkes Brennen. Der Arzt beugte sich über mich und flüsterte mir ins Ohr, daß ich Tripper und Syphilis habe.

Hier im Heim geht mir soweit nichts ab. Ich bin eine Frischluftfanatikerin. Ich wohne hier mit einer Frau zusammen, die ebenfalls gerne frische Luft hat, und so kommen wir gut miteinander aus. Vormittags bin ich im Zimmer und schreibe Briefe und Karten.

Nach dem Essen lasse ich mich jeden Tag in den Hof bringen. Bei Regenwetter sitze ich unter einem Dachvorsprung und sonst unter dem Lindenbaum. Einmal in der Woche lasse ich mir zwei Flaschen Bier bringen, und wenn sich die Möglichkeit ergibt, daß mich jemand ins Gasthaus schiebt, bin ich gerne dazu bereit. Gestern bin ich um vier Uhr Früh zum Baden abgeholt worden. Das ist halt schon ein bisserl früh, aber ich habe nicht mehr geschlafen und da hat sich die Schwester gedacht, daß sie mich dann gleich baden kann.

Ich nehme alles mit Humor, und deswegen bin ich hier als recht umgängliche Heimbewohnerin bekannt. Bei mir gibt es kein Jammern. Ich nehm' das Leben wie es ist, beschissen."

„Tante Frieda" hat sich mit den Bedingungen im Pflegeheim mehr oder weniger abgefunden. Die kleinen Ausflüge in die Normalität eines Dorfgasthauses bedeuten ihr viel. Dort erzählt sie fast ununterbrochen aus ihren Leben, aber auch im Heim selbst sorgt sie für Unterhaltung. Ihr Redefluß ist fast nicht zu stoppen. Ihr Bedürfnis nach Zuwendung kommt dadurch deutlich zum Ausdruck.

Genauso wie „Tante Frieda" äußerst mitteilsam ist, was ihre Lebenserfahrungen anlangt, genauso geben andere Heimbewohnerinnen zu verstehen, daß sie es schätzen, wenn ihnen jemand zuhört und mit ihnen redet. Eine 89jährige Heimbewohnerin etwa nützte meine Anwesenheit in ihrem Zimmer, um gleich zweimal aufs Klo zu gehen. Ich bemerkte auch, daß sie in meiner Anwesenheit mehr Appetit entwickelt als sonst.

Die 89jährige erzählte mit wachsender Begeisterung von ihrer schönen Kindheit, die sie in einem abgelegenen Tal zubringen konnte. Der Hof war so abgeschieden, daß sie selbst von den beiden Kriegen nicht viel mitbekommen hat. Sie erzählte vom unbeschwerten Spielen im Wald, von den langen Schulwegen, die nur im Winter in rasender Schlittenfahrt schnell und bequem bewältigt werden konnten. Ihre gesunde Hautfarbe bestätigte ihre Erzählungen vom Aufenthalt unter der Sonne, sommers wie winters. Sie wünschte sich sehnlichst, diese Gegend noch einmal zu sehen.

Die Gespräche mit mir regten sie sichtlich an, und neben dem Erzählen langte sie auch beim Essen zu. Es kam mir so vor, als verband sie die Mahlzeiten im Pflegeheim mit dem Essen im entlegenen Bauernhof.

Frau Ida Q., eine weitere Heimbewohnerin, freute sich, mit mir kleine Ausflüge im Rollstuhl in die nähere Umgebung des Heimes zu machen. Wenn ich sie vormittags im Zimmer aufsuchte, strahlte sie mich mit ihrem schönsten Lächeln an, dann vergaß sie augenblicklich, daß sie gegenüber der Pflegerin über Kopfweh und Bauchschmerzen geklagt hatte. Es konnte ihr nicht schnell genug gehen, aus dem Bett zu kommen und mit mir eine Spazierfahrt zu unternehmen. Da sie zu Hause eine kleine Landwirtschaft hatte, war sie sehr an der Natur interessiert. Sie staunte über die verschiedenen Apfelbäume, die unseren Weg säumten, sie beobachtete das Gedeihen des Kukuruz und der Getreidefelder, und besonders interessierten sie die Gemüsegärten, denn selbst hatte sie auch einen. Es fielen ihr immer Fragen ein, und sie erhielt viele Anregungen, die sie mir mitteilte. Selbst das Gehen, das ihr wirklich schwerfiel, übte sie mit mir. Einmal stolperte sie über ihre eigenen Beine und riß mich langsam zu Boden. Wir landeten sanft auf der Wiese. Nach dem ersten Schreck lachten wir über dieses Mißgeschick. Mit meiner Hilfe rappelte sie sich mühsam wieder hoch.

Frau Q. wartete jeden Tag auf diese Spazierfahrten. Manchmal konnten wir zu ihrer besonderen Freude ein Café besuchen. Ihren 82. Geburtstag feierten wir in einem noblen Seerestaurant. In froher Geburtstagsstimmung bestellte sie eine Torte mit Schlag und ein Viertel Rotwein. Wir haben kräftig auf ihre Gesundheit angestoßen.

Auch hier zeigt sich die besondere Dankbarkeit für persönliche Zuwendung. Diese Heimbewohnerin bemühte sich sogar, Gehversuche zu machen, was nach den Aussagen der Pflegerinnen noch nie da war. Das Leben im Heim gewann an Freude, weil sie ab und zu die Station für wenige Stunden verlassen konnte.

Eine andere sprachlose, weißhaarige Frau, genoß es ebenfalls sichtlich, wenn ich sie im Rollstuhl nach draußen brachte. Je weiter wir uns vom Pflegeheim entfernten, desto mehr lachte sie, wenn wir dann doch wieder zurückkehren mußten, verflog ihre gute Laune. Wenn ich ihr das Frühstück verabreichte, zog sie diese Prozedur in die Länge. Sie bestellte, was sie nach Aussagen der Kolleginnen sonst kaum tat, gleich eine zweite Portion, um mit mir ihre Späße zu treiben. Tränen der Freude schossen ihr in die Augen, wenn ich etwas ihrer Meinung nach ganz Falsches tat oder sagte. Manchmal richtete sie es so ein, nach dem Frühstück die Einlage vollzumachen, um mich mit der deutlichen Aufforderung, sie zu wechseln noch länger an sich zu binden.

Sie brachte mich mit ihrer scharfen Beobachtungsgabe in Bedrängnis, denn sie sah mich mit ein und derselben Heimbewohnerin sowohl vormittags als auch nachmittags einen Spaziergang unternehmen, während andere und auch sie selbst nur zu einer oder manchmal zu keiner Ausfahrt kamen. Die weißhaarige Frau ließ ihren Ärger über diese ungerechte Behandlung nicht mich spüren, sondern sie richtete ihren Zorn direkt auf die bevorzugte Mitbewohnerin, die sie heftig anschrie und aufgebracht mit ihren zittrigen Händen bedrohte. Meine persönliche Zuwendung mußte ich künftighin möglichst gerecht verteilen, was mich in Streß brachte. Oft hörte ich beleidigte Kommentare: „Aha, mit der bist du lange weg und mit mir nur kurz." Immer fragten mich die Bewohnerinnen: „Haben S' heute Zeit für mich?" Nie ging es sich aus, alle Bedürfnisse zu befriedigen. Ich mußte Bewohnerinnen vertrösten ...

Ich lernte, mich möglichst schnell und zielgerichtet im Haus zu bewegen. Schlenderte ich dahin, erweckte ich den Eindruck, nichts Wichtiges zu tun zu haben, wurden mir von stummen Heimbewohnerinnen flehende Blicke zugeworfen, und die anderen Heimgäste luden mich ein, zu ihnen zu kommen, mich mit ihnen zu unterhalten oder gar einen Spaziergang zu unternehmen. Ich mußte Rede und Antwort stehen, und mein Zeitplan wurde dadurch ordentlich durcheinandergebracht. Ich fühlte mich wie ein Feuerwehrmann, der von einem Glutnest zum anderen hetzt, um keinen Großbrand entstehen zu lassen. Einmal genügten wenige Worte, dann wieder mußte ich verbindliche Versprechen abgeben. Die Heimbewohnerinnen freuten sich uneingeschränkt auf Ausfahrten mit dem Auto. Um keine Streitigkeiten aufkommen zu lassen und möglichst alle Heimbewohnerinnen zufriedenzustellen, richtete ich es so ein, einmal in der Woche, gleich nach dem Mittagessen, mit jeweils drei ausgewählten, möglichst transportfähigen Damen, einen Ausflug zu machen. Die Freude auf den bestimmten Tag stieg dadurch unglaublich, und voller Begeisterung setzten sich die Damen in den heimeigenen Pkw, der gerade so geräumig war, um jeweils einen Rollstuhl im Kofferraum unterzubringen. Wir suchten ein gepflegtes Restaurant an einem See auf und kehrten dann über eine andere Route am späten Nachmittag zufrieden ins Heim zurück. Noch viele Tage und Wochen danach wußten die Heimbewohnerinnen von diesen Ausflügen zu schwärmen. So erzählten sie von dem feinen Restaurant und den guten Leckereien, die sie dort gegessen haben, und von der Spannung, die sie erlebten, weil ich aufgrund eines Reifenschadens bei strömendem Regen einen Radwechsel am Fahrbahnrand durchführen mußte, während sie im Auto sitzenbleiben konnten. Die Erwartungen an mich waren jedenfalls belastend groß, sodaß ich die Wochenenden zum Erholen dringend nötig hatte.

Eine Betreuung, die über das Bettenmachen und die Körperpflege hinausgeht, wird freudig angenommen. Mit kleinen Spaziergängen und -fahrten avancierte ich bald zum gefragtesten Betreuer im Haus. Es zeigt sich darin eine große Sehnsucht nach persönlicher Zuwendung.

Als Betreuer konnte ich zumindest die dringlichsten Bedürfnisse schlecht und recht befriedigen. Doch neben diesen flehenden Bitten um Zuwendung gibt es in Heimen auch Gäste, die Betreuung benötigen, es aber nicht sagen, oder vorgeben, keine zu brauchen. Die stillen und scheuen, mit sich selbst beschäftigten Heimbewohner brauchen nicht weniger Zuspruch und Anregungen von außen. So schaffte ich es in den ganzen vier Wochen mit einem Pensionisten mit Down-Syndrom nur ein einziges Mal, in den ruhigen Hof nach draußen zu gelangen. Ein anderer Heimbewohner wiederum hätte unbedingt eine Beschäftigung gebraucht, denn unentwegt rückte er sein Nachtkasterl hin und her, er räumte es um, studierte, was weiters zu tun sei und jedenfalls gab er an, keine Zeit zu haben, nach draußen zu gehen, denn er müsse arbeiten, ob ich denn das nicht sehe.

Die Zeit, die ich investierte, um diese Männer zu einem Spaziergang oder Ausflug zu überreden, ging anderen Heimbewohnerinnen, die es nicht erwarten konnten, mit mir etwas zu unternehmen, wieder ab, so daß ich fortan versuchte, wenigstens die motivierten Damen so gut es ging zu betreuen.

Die persönliche Zuwendung braucht oft gar kein besonders hohes Maß anzunehmen, es muß nicht ein langer Spaziergang sein, es genügt oft schon das Dazusitzen und Zuhören. Noch nie wurde ich bei einer Tätigkeit mit so vielen Komplimenten überschüttet wie beim Betreuen von Heimbewohnerinnen. „Man müßte dich ganz lieb haben, wenn man noch könnte", sagte beispielsweise eine 95jährige alte Dame zu mir. Andere küßten meine Hände, und überhaupt suchten sie beim Reden Körperkontakt, was deutlich auf eine mangelnde Zuwendung schließen läßt. Eine alte Dame wollte, daß ich mich in ihr Bett lege und andere sagten: „Schön, daß sie uns besuchen kommen. Wenigstens einer, der von draußen kommt. Vergessen Sie uns nicht, und schauen Sie nach uns, wenn Sie Zeit haben. Wir freuen uns immer, wenn Sie kommen." Ich war und bin in Altersheimen als Gesprächspartner immer willkommen. Die menschliche Zuwendung fehlt oft an allen Ecken und Enden. Der Alltag in Pflegeheimen vermag nur unbefriedigend den Heimbewohnerinnen menschliche Wärme zu geben.

Ausgegrenzt

In Pflegeheimen befinden sich nicht selten offensichtliche „Fehlbesetzungen". Menschen, die nur aus unglücklichen Zufällen ins Pflegeheim übersiedeln mußten, haben ein besonders großes Bedürfnis nach Zuwendung. Christa F., eine knapp über 50jährige adrett aussehende Rollstuhlfahrerin, hatte mich anfangs gleich mit ihrem besonderen Schicksal beeindruckt. Sie hatte seit ihrer Geburt Probleme mit den Beinen und mußte vorzeitig ins Heim. Anfangs waren es Kinderheime und jetzt ist es ein Altersheim, in dem sie bereits 22 Jahre untergebracht ist. Sie fühlt sich zurecht benachteiligt, als junger Mensch ihr Leben unter zumeist alten, kurz vor dem Tod stehenden Menschen verbringen zu müssen:

„Ich finde das ungerecht. Ich will normal leben und nicht hier in einem Heim bei den alten Weibern. Ich möchte tanzen, ausgehen, was erleben. Ich möchte selbst Geld verdienen. Ich könnte selbst für mich sorgen, wenn man mich hätte etwas lernen lassen. Ich müßte dann nicht hier sein, sondern könnte draußen sein, am besten in der Stadt, denn hier ist es fad, weil ja nichts los ist. Ich hätte heiraten können, einen Mann haben und auch Kinder. Ich möchte nicht auf Almosen angewiesen sein und nicht von meinen Eltern abhängig, denn es gibt immer nur Enttäuschungen. So wollen meine Eltern nicht mehr den Einzelzimmerzuschlag bezahlen. Endlich einmal, das erste Mal in meinem Leben, habe ich ein Einzelzimmer, das einzige in diesem Haus, und jetzt wollen die Eltern nicht mehr zahlen. Kaum geht es mir ein bißchen gut, kommt schon wieder was daher. So geht das immer."

Christa F. fühlt sich zurecht von der Gesellschaft ausgegrenzt. Obwohl ihre einzige Behinderung immer nur darin bestand, nicht gehen zu können, wurde ihr nie die Möglichkeit gegeben, eine Berufsausbildung zu machen und einer Arbeit nachzugehen. Arbeiten habe sie jedoch im Kinderheim müssen, wo sie zuerst im Haus als Putzfrau, später im Garten als Jäterin und zum Schluß in der Wäscherei als Büglerin eingesetzt gewesen sei. Für die Bügelarbeit habe sie wenigstens einen kleinen Geldbetrag erhalten, aber die anderen Arbeiten habe sie unentgeltlich machen müssen, was ihr nicht angenehm gewesen wäre. Die „alten Weiber", wie sie abschätzig sagt, gingen ihr auf die Nerven, obwohl sie sich einiger von ihnen rührig annimmt und ihnen beispielsweise bei der Essenseinnahme hilft. Mir gibt sie jedenfalls deutlich zu verstehen, daß ich sie besonders zu betreuen hätte, und wünschte sich, mit mir allein Ausflüge mit dem Auto zu machen. Am liebsten würde sie erst spät nach Mitternacht mit mir ins Heim zurückkehren. Christa F. forderte eine besondere persönliche Betreuung von mir und war dann nicht sehr erfreut, als sie mit weiteren drei Heimbewohnerinnen im Pkw Platz nehmen mußte, um einen schönen Ausflug an einen Badesee zu machen.

Die meisten Bewohnerinnen sind unfreiwillig an diesem Ort. Immer wieder beklagen sie ihre Situation, in einem Heim leben zu müssen und von der übrigen Gesellschaft ausgesperrt zu sein. Der Heimalltag wird auch von weniger hilflosen Bewohnerinnen als sehr einschränkend erlebt. So beschwerte sich etwa ein Heimbewohner über den Lärm in der Früh. Ihn störte das lärmende Vorbereiten des Frühstücks. Er nahm den Lärmpegel auf Tonband auf und drohte, dieses Dokument einem Ombudsmann zukommen zu lassen. Mit seinem elektrisch betriebenen Rollstuhl war es ihm möglich, das Heim jederzeit zu verlassen. Er nutzte diese Möglichkeit auch gerne, und besuchte verschiedene Gasthäuser in der Umgebung. Diese Ausflüge konnte er allerdings nur in der warmen Jahreszeit durchführen, denn sämtliche Gasthäuser der Umgebung sind mit einem Rollstuhl nicht zugänglich, sodaß er auf die Biergartensaison angewiesen ist. Die eingeschränkten Lebensmöglichkeiten beziehen sich nicht nur auf das Pflegeheim, sondern setzen sich draußen unvermindert fort. Mit Stufen und engen Hauseingängen versperren öffentliche Lokalitäten immer noch Rollstuhlbenützern den Zutritt. Auf Schritt und Tritt wird Pflegebedürftigen signalisiert, daß für sie außerhalb des Pflegeheimes kein Platz ist. Die Ausgrenzung lastet schwer auf ihnen.

Über die verschiedenen Phasen fortschreitender Pflegedauer

Am Anfang einer Pflegeheimeinweisung steht eine mehr oder weniger große Hilflosigkeit. Sind keine Angehörigen da, die die Pflege übernehmen könnten, wird ein Pflegeheimplatz gesucht. Fast alle Neueintretenden sind anfangs überzeugt, nur kurze Zeit im Heim zu bleiben. Viele betrachten die Pflegestation als vorübergehenden Zwischenaufenthalt. In einer weiteren Phase müssen sich die Menschen irgendwie mit den neuen Lebensverhältnissen arrangieren, was häufig mit einer Verwirrung der geistigen Fähigkeiten einhergeht. Insgesamt nehmen die Aktivitäten zum Teil rapide ab. Für die meisten Heimbewohner bedeutet das Pflegeheim den letzten Wohnplatz und Lebensabschnitt.

Schwierige Anfangsphase

Fast allen Heimbewohnern ist der Wille gemeinsam, die Pflegestation sobald wie möglich wieder zu verlassen. Niemand möchte freiwillig unnötig lange im Heim bleiben. Gerade zu Beginn ihres Aufenthaltes entwickeln Pflegebedürftige oft alle Anstrengungen, um wieder nach Hause zu kommen. So lernte ich einige Damen kennen, die trotz ihrer Gebrechlichkeit gegen das unvermeidbare Ende hart ankämpften. Eine 84jährige schwergewichtige Frau beeindruckte mich besonders, denn trotz ihrer angeschwollenen Beine und ihres schlechten körperlichen Gesamtzustandes vermied sie es tunlichst, tagsüber im Bett zu liegen. Als fürchtete sie sich, dann nicht mehr aufstehen zu können, hielt sie sich immer auf Trab. Mithilfe eines Rollators und unter Mithilfe einer Physiotherapeutin war sie meist gehend oder stehend im Gang anzutreffen. Selbst das Essen nahm sie lieber draußen ein als im Zimmer, wo sie sich in der Gesellschaft von Magdalena und Co. offensichtlich nicht wohlfühlte. Nach einer Woche lag sie dann doch im Bett. Ihre Lunge spielte nicht mehr mit. Angehörige kamen, um sich zu verabschieden, und sie starb bald danach.

Auch Magdalena S. soll anfangs gar nicht glücklich über ihren neuen Aufenthalt gewesen sein. Sie wollte wieder nach Hause in ihre Wohnung, in der sie bis zu ihrem Sturz und der darauffolgenden Verwirrung allein lebte.

Als sich eine andere 92jährige Frau nach eineinhalb Jahren Heimaufenthalt eingestehen mußte, nie mehr nach Hause zu kommen, legte sie sich ins Bett und gab sich auf.

Eine 81jährige Frau liegt seit drei Jahren im Pflegeheim. Ein Schlaganfall hat sie gehunfähig gemacht. Sie erzählt, daß sich daheim die Schwiegertochter nicht um sie kümmern wollte und ihr Sohn auch nichts dagegen hatte, seine Mutter im Pflegeheim unterzubringen:

„Der Sohn sagt, wenn ich wieder auf die Füße komme, kann ich wieder nach Hause gehen, aber es ist unmöglich für mich. Ich kann kaum länger stehen. Besuchen könnte er mich wenigstens und mich ab und zu über das Wochenende zur Erholung nach Hause nehmen. Er ist jetzt in Pension und könnte sich Zeit für mich nehmen. Aber er hat das Haus abgerissen, und jetzt habe ich meine Stube nicht mehr. Die Zimmer werden an Gäste vermietet, an Fremde, aber für die eigene Mutter ist kein Platz. Meine Töchter würden mich sicherlich daheim wohnen lassen, aber eine ist mit einem Mann verheiratet, der um zwanzig Jahre älter ist. Die haben immer Streit. Die zweite Tochter ist in Deutschland verheiratet: und die Älteste lebt in Amerika. Einmal im Jahr kommen sie mich besuchen. Dann holen sie mich ab, und ich kann dann einige Tage daheim sein."

Die Familienverhältnisse lassen es hier anscheinend nicht zu, daß diese Mutter weiterhin in ihrer vertrauten Umgebung leben kann. Mit der neuen Situation mag sie sich nicht richtig abfinden. Sie wünscht, wenigstens ab und zu auf Erholung nach Hause gehen zu können, aber ihr Sohn sieht sich ohne Mithilfe seiner Frau offenbar nicht in der Lage, diesen Wunsch seiner Mutter zu erfüllen. Wenn diese Heimbewohnerin länger keinen Besuch bekommt, reagiert sie darauf mit Appetitlosigkeit und sie neigt dazu, im Bett liegen zu bleiben.

Frau Friederike H. wiederum ist mit ihren 93 Jahren noch relativ gut auf den Beinen. Sie gebraucht zwar einen Stock, aber das ist in ihrem Alter wirklich nicht außergewöhnlich. Es fällt ihr nicht leicht, mit der neuen Wohnumgebung zurechtzukommen. So erzählt sie mir auch noch nach einem Monat Aufenthalt im Pflegeheim, daß sie hier nur kurz bleiben will. Sie fühlt sich als Gast und würde demnächst von ihrer Tochter abgeholt. Sie wird dann bei ihr wohnen, denn sie hat ein großes, geräumiges Haus. Da wird sie gut aufgehoben sein, denn ihr Schwager ist ein praktischer Arzt.

Später tendiert sie wieder dahin, in ihr Haus zurückzugehen. Dort sind jetzt der Sohn und die Schwiegertochter eingezogen, aber ihre Stube hat sie immer noch dort, und da kann sie jederzeit hingehen. Die zweite Tochter wohnt zudem auch noch in unmittelbarer Nachbarschaft, was noch besser für sie ist, weil dann sicher immer wer für sie da ist.

Anfangs wehrt sie sich gegen die Gitter, die nachts vor das Bett gehängt werden. Aufgebracht erzählt sie mir dann:

„Da bleibe ich jetzt nicht mehr. Denn die geben da ein Gitter vor, damit ich nicht aufstehen kann. Ich bin mein Lebtag noch nicht aus dem Bett gefallen. Wenn ich aufs Klo gehen muß, kann ich nicht raus. Also das sind ja ganz komische Sachen, die da gemacht werden."

Ab und zu erkennt sie ihre Situation aber ganz genau, sie sagt dann überraschend klar: „Ich bin hier jetzt in einem Altersheim und werde wohl hier bleiben müssen. Man soll halt nicht alt werden. Ich bin halt nichts mehr wert." Der Ausschluß aus dem unmittelbaren Familienverband, das Verlassen der gewohnten Umgebung führt vielfach zu großer Niedergeschlagenheit alter Menschen. Diese neue Situation ohne Probleme zu meistern, ist nahezu unmöglich.

Apathie

Es gibt sehr viele Pflegebedürftige, die sich weder körperlich noch geistig anstrengen. Sie verweigern sich der Realität durch Apathie. Betroffen von dieser lebensverneinenden Reaktion sind vor allem Personen, die sich wider Willen im Pflegeheim aufhalten. So erzählen Pflegepersonen ab und zu von neuen Bewohnerinnen, die

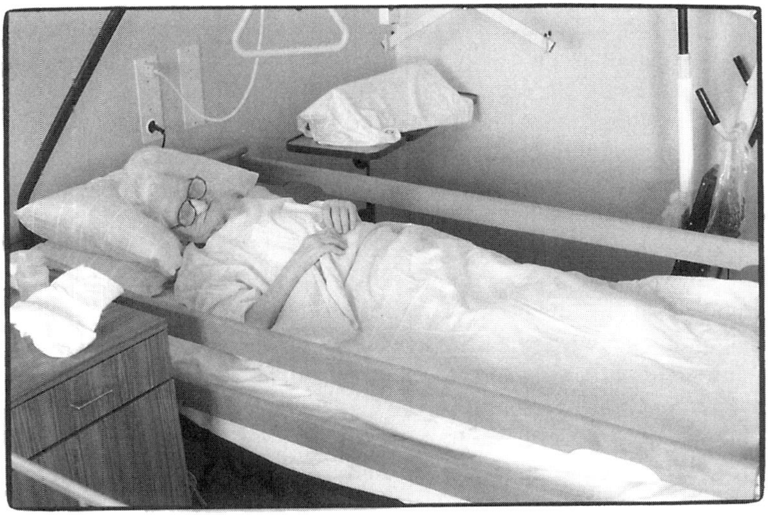

Manche verweigern sich der Realität durch Apathie.

von ihren Angehörigen ohne Vorwarnung im Pflegeheim abgeliefert werden. Anstatt nach einem längeren Krankenhausaufenthalt nach Hause zu kommen, bleiben sie vorerst „zur Erholung“, wie es oft heißt, in einem Pflegeheim. Sobald sie die neue Situation erkennen, und sehen, daß sie nie mehr nach Hause kommen können, verweigern sie sich. Sie nehmen weder Essen noch Getränke an, sodaß eine künstliche Ernährung stattfinden muß.

Eine 87jährige Frau war schockiert vom Zustand ihrer Mitbewohnerinnen. Wenn Veronika L. mit ihrer Katze redete und sie fütterte oder Leopoldine B. eine Reihe von Flüchen ausstieß, weil wieder einmal die „Auf- und Abgehfrau“ im Zimmer umherging und mit ihrem lauten schrillen Lachen die dösenden Frauen erschreckte, oder wenn sie mit Josefa S. ins Gespräch kommen wollte, aber keine Antwort bekam, fühlte sie sich äußerst unwohl in ihrer Haut. „Wenn ich länger dableibe, werde ich auch noch so,“ sah sie in eine schlechte Zukunft. Da sie nicht mehr nach Hause gehen konnte, weil, wie sie mir mitteilte, ihr die Wohnung nicht mehr zur Verfügung stand, wobei sie etwas von einem undankbaren Sohn murmelte, versuchte sie zwar in der neuen Umgebung zurechtzukommen, schaffte es aber nicht. Schon nach einer Woche meinte die mobile alte Dame, daß sie schon ordentlich draufgezahlt habe, denn ihr wertvoller Diamantenring wäre ihr gestohlen worden. Dadurch völlig außer Tritt geraten, hielt sie sich häufig in Bettnähe auf und legte sich auch tagsüber immer häufiger nieder, anstatt im öden Gang auf- und abzuspazieren und sich das sonderbare Verhalten ihrer Mitbewohnerinnen anzusehen. Danach beschloß sie, daß es Zeit wäre zu sterben. Sie legte sich ins Bett und muß seither meist intravenös ernährt werden. Da sie körperlich eher robust ist, dauert ihr Dämmerzustand trotz ihres Sterbewillens schon einige Monate an.

So liegen alte Frauen in den Betten und schließen die Augen, weil sie nichts mehr von dieser Welt sehen und hören wollen. Selbst Besucher registrieren sie kaum. Sie schlafen nicht, weil es unmöglich ist, dauernd zu schlafen, sondern liegen nur tatenlos im Bett. Selbst wenn diese Bewohnerinnen von den Pflegerinnen aus den Betten geholt und an den Tisch gesetzt werden, nehmen sie an ihrer Umgebung nicht aktiv teil. So sitzen immer etliche Heimbewohnerinnen auf ihrem Stuhl, verschränken die Arme und dösen ruhig vor sich hin. Keine Illustrierte blättern sie durch, kein Wort richten sie an ihre Mitbewohnerinnen, und sie sind meist appetitlos. Selbst wenn sie Stuhldrang verspüren, macht ihnen dieser nicht Beine. Eine solche Frau, die sonst immer an ihrem Tisch saß, entdeckte ich einmal beim Spazieren im Gang. Überrascht fragte ich sie, was sie im Gang tue: „Spazieren, – aber unter uns – freuen tut es mich nicht." Freud- und ziellos gehen diese Heimbewohnerinnen in den Pflegestationen umher. Sie lassen alles unter sich und geben sich hilfloser als sie sind. Die Lebensfreude und -kraft ist ihnen gänzlich abhanden gekommen. Pflegeheime bieten meist keine genügenden Anreize, um diese freudlosen Menschen besonders zu aktivieren. Sie werden geputzt, gewaschen und gekämmt und auch das Essen wird vorgesetzt, sodaß sie aus ihrem Zustand der Apathie nie wirklich erwachen müssen. Wenn ich versuche, ihre Hände zu berühren, ziehen sie sie instinktiv zurück. Richte ich ein Wort an sie, kommt keine Antwort, sondern sie starren mich nur wortlos an. Sie leben und sind doch schon tot.

Diese Bewohner, die sich innerlich aufgegeben haben, kürzen den Aufenthalt in einer Pflegestation trotz allgegenwärtiger medizinischer Hilfe ab. Ihre Aufenthaltsdauer liegt weit unterhalb der sogenannten „Verwirrten".

Verwirrtheit als Schutzfunktion

Wenn das Hoffen auf Besuche oder wieder heimzukommen nichts nützt, helfen sich viele alte Heimbewohner selbst. Sie stellen sich vor, daheim zu sein. Sie verlassen Ort und Zeit des Geschehens und leben im Geiste daheim oder überhaupt in einer anderen Zeit. Für Außenstehende gelten diese Menschen als verwirrt. In Wirklichkeit aber schützen sie sich vor einer lebensbedrohenden Umgebung und Realität. Sie sind mit ihrer „Arbeit" noch lange nicht fertig, haben noch viel zu tun und keine Zeit zum Sterben.

„Heute haben wir im Weingarten den Boden durcharbeiten müssen. Jetzt habe ich mich kurz hingelegt. Am Abend werden wir noch ein Schwein schlachten. Ich bin müde und muß mich ein wenig ausruhen." Mit diesen Worten erzählt die bettlägrige 93jährige Heimbewohnerin S. aus ihrem harten Arbeitsalltag. Von ihrer konkreten Situation im Pflegeheim hat sich Frau S. gedanklich verabschiedet. Viel häufiger liegt sie daheim in ihrer vertrauten Wohnung. Sie liegt dort am Sofa und schaut beim Fenster hinaus. Ihr Sparherd ist eingeheizt, und im Rohr ist gerade ein Gugelhupf, der herrlich duftet. Ihr Rückzug aus dem ungewollten Pflegeheim geht so weit, in den anderen Mitbewohnerinnen Passanten zu sehen, die entweder draußen vor dem Haus vorbeigehen oder sich aufs Bankerl setzen oder sogar auf die Gartenbank legen, wie sie mir ab und zu verstehen gibt, indem sie auf die bettlägrige Nachbarin deutet. Mir hat diese Frau die Rolle eines guten Bekannten zugeschrieben, den sie während ihrer häufigen Friedhofsbesuche kennengelernt hat. Sie fragt mich, ob ich auch schon gegossen habe, und ob die Gießkanne wieder an ihrem Platz wäre. Ihr abgearbeiteter Körper ist zwar in der Pflegestation, aber ihr Geist durchbricht immer wieder die Mauern. Mit ihren Gedanken lebt sie zu Hause.

Die Rolle des Friedhofsbekannten wollte ich anfangs nicht akzeptieren, womit ich Frau S. jedoch sehr beleidigte, sie strafte mich mit einem lauten Lachen, das mehr ein Auslachen war als sonstwas. Meine Versuche, diese Heimbewohnerinnen mit den realen Tatsachen des Heimes zu konfrontieren, scheiterten allesamt kläglich. Mit der gegenwärtigen Situation wollten sie nichts zu tun haben.

Die 92jährige Frau K. plaudert meist über eine Zeit, in der sie im Magazin einer Kaserne gearbeitet hatte. Soldaten spielen in ihrem Leben eine große Rolle, und auch ihre Mutter und ihre Schwester leben noch. Sie erzählt von Wohnungsproblemen. Immer wieder muß sie in fremden Betten schlafen. Ihre Mutter gibt acht, daß sie nicht in Zimmern nächtigen müssen, wo auch Männer einquartiert sind. Einmal muß sie deswegen mitten in der Nacht schleunigst ein Quartier verlassen.

Mir hat sie die Rolle eines Frontsoldaten zugeschrieben, der ab und zu nach Hause kommt, weil er Urlaub bekommen hat. Sie fragt mich dann, wie es draußen steht: „Sicher nicht gut“, gibt sie sich dann selbst die Antwort und spricht von schwierigen Verhältnissen auch daheim. Offensichtlich hat sie in einer Fabrik gearbeitet, wo die Arbeitsmoral auch nicht die beste gewesen sein muß, denn es habe immer Ärger mit den Frauen gegeben, die fast nichts geleistet hätten. Einmal überrascht mich Frau K. mit einer heftigen Gefühlsaufwallung. Wie immer komme ich an ihr Bett, doch diesmal streckt sie mir nicht ihre Hand sondern ihren kußbereiten Mund entgegen. Nach einem kurzen Zögern meinerseits wirft sie einen Blick ins Zimmer und meint: „Es schaut eh keiner her“, und so küsse ich sie schnell. „Ich habe ja gewußt, daß du kommst“, erzählt sie voll Überschwang. „Schau her, viele Frauen stehen da am Bahnsteig, und sie haben umsonst gewartet, weil niemand gekommen ist, aber wie ich dich von weitem kommen sah, wollte ich es erst gar nicht glauben. Ist er es, habe ich mich gefragt. Ja du bist es. Auf dich ist Verlaß. Du hast gesagt, du kommst und jetzt bist du wirklich gekommen. Ich bin so froh.“ Durch ein Ausblenden der Gegenwart läßt sich die Realität Pflegeplatz besser überbrücken.

Seit fünf Jahren hält sich die 90jährige Frau L. im Pflegeheim auf. Immer noch ist sie davon überzeugt, daß ihre Eltern leben und sie nur kurzzeitig im Krankenhaus sein muß, weil sie noch nicht auf die Füße kommt. Ihre wichtigste Aufgabe besteht darin, eine Katze zu versorgen:

„Diese Katze ist mir gleich am Anfang zugerannt. Sie ist auf mein Bett gesprungen, und seither ist sie bei mir. Ich muß nur aufpassen, daß das Fenster immer zu ist, denn sonst fällt sie womöglich hinunter. Sie ist ja so neugierig. Zum Essen bekommt sie genug. Mein Sohn bringt immer Katzenfutter mit, wenn er mich besuchen kommt. Auch heute wird er wieder kommen. Er muß lange arbeiten, bis 6 Uhr sicher. Mein Mann kann mich nur am Sonntag besuchen. Der muß noch länger arbeiten. Aber wenigstens habe ich da meine Katze. Jetzt schläft sie gerade."

Mit diesen Worten streichelt Frau L. ihre Katze und deckt sie ordentlich zu.

In Wirklichkeit bekommt Frau L. keinen Besuch, ihr Mann ist schon längst verstorben, und einen Sohn hat hier auf der Station auch noch niemand gesehen. Die Katze ist aus Plüsch. Ohne diese „Verwirrung" müßte Frau L. verzweifeln. Sie möchte ihren Sohn und ihren Mann sehen. Die Katze tröstet sie über diese schlimme Zeit des Wartens hinweg. Da sie nach ihren Angaben erst wenige Wochen im Heim ist und nicht schon über fünf Jahre, hält sie eine gesundheitliche Verbesserung und Entlassung aus dem Heim immer noch für möglich. Hätte sie diese Hoffnung nicht, würde sie etwa klar und nüchtern ihre Situation analysieren, hätte sie sich schon längst aufgeben müssen. Auch hier schützt eine „Verwirrung" vor Enttäuschung und Verlust von Lebenskraft.

Eine andere Heimbewohnerin wollte nicht verstehen, daß ihr Mann, mit dem sie das Zimmer teilte, verstorben ist. Ins Zweibettzimmer kam eine neue Pflegebedürftige und die mußte es sich gefallen lassen, von der Witwe als ihr Mann gesehen und behandelt zu werden. „Sie will das so", zuckte sie gelassen mit den Schultern. Mit ihrem großartigen Einfühlungsvermögen erspart diese Frau der Witwe große Trauer. Sie hat weiterhin jemanden, auf den sie aufpassen muß. Die Lebensenergie bleibt erhalten. Wieder zeigt sich darin die soziale Funktion von Verwirrtheit.

Die Gegenwart in Pflegestationen ist für viele alte Menschen kaum zu ertragen. Wenn es ihnen nicht gelingt, sich wenigstens in Gedanken aus dem pflegebedürftigen Alltag zu verabschieden, krankt der Körper, und bald versagt die Funktion lebenserhaltender Organe.

Der Umgang mit alten zum Teil verwirrten Menschen muß gelernt sein. NAOMI FEIL, die aufgrund ihrer reichen Lebenserfahrung im Umgang mit alten Menschen die Methode der Validation entwickelte, die es ermöglicht, auch mit alten verwirrten Menschen zu kommunizieren, schreibt in diesem Zusammenhang: *„Um die Verluste der Gegenwart überleben zu können, holen die sehr Alten die Vergangenheit zu Hilfe. Durch sie finden sie Wissen und Weisheit.“* (1993, S. 21)

„Ich bleibe da“ – Die schwere Entscheidung der Hedwig W.

Die 82jährige Hedwig W. hat in der ersten Zeit viel nachgedacht. Immer wieder stellte sie Überlegungen an, wie es bei ihrer körperlichen Verfassung vielleicht doch noch möglich wäre, nach Hause zu gehen. Drei Wochen brauchte sie, um sich mit der Tatsache anzufreunden, für immer im Heim bleiben zu müssen.

Anfangs wunderte sie sich, hier im Heim besser zu schlafen als zu Hause. Selbst das Essen schmeckte ihr und sie ißt hier mehr, als sie je daheim gegessen hätte. Hedwig W. fühlt sich im Heim aller Sorgen entledigt. Solange sie als Bäuerin für die ganze Wirtschaft verantwortlich war, fand sie keinen Schlaf, und auch das Essen blieb oftmals unberührt.

Ihr Mann soll treu und lieb gewesen sein, aber insgesamt nicht sehr selbständig. So mußte Frau W. die Arbeit machen und die Familie aus dem kleinen bäuerlichen Betrieb ernähren. Das altersschwache Bauernhaus mußte renoviert und umgebaut werden. Das wurde ihr klar, als die Familie eines Tages beim Mittagstisch saß und plötzlich auf den Eßtisch frisches Regenwasser tropfte.

Immerzu hat sie gearbeitet, was ihr leicht zu glauben ist. Sie hatte sich kaum schonen können. Krank war sie praktisch nie. Mit den Füßen hat es angefangen. Die waren anfangs immer gerötet und schließlich waren sie offen. Frau W. half sich mit Kräutern und Tinkturen, die sie selbst herstellte und ging dazu über, die Füße regelmäßig einzubandagieren. Erst als sie nicht mehr aufstehen konnte, ließ sie den Arzt holen, und da sie letztendlich ein Pflegefall wurde, setzte sich der Arzt dafür ein, in einem Heim mit gutem Ruf ein Pflegebett für sie zu bekommen.

Der Rest ist schnell erzählt. Frau W. hat zwei Kinder, eine Tochter, die ab und zu auf Besuch kommt, und einen Sohn, der nie Zeit hat. Der Sohn lebt mit seiner Frau in Scheidung, und die Tochter lebt in einer anderen Stadt in einer kleinen Wohnung. Für die Mutter gibt es nirgends einen Platz, und Frau W. hat sich damit abgefunden, im Heim zu bleiben.

Anfangs stellte sich Frau W. vor, daß sie mit ihrer geringen Mobilität doch auch zu Hause leben könnte. Sie würde sich auf den Balkon setzen und in ihrer Stube wohnen. Die Nachbarin, die sie als Pflegerin vorgesehen hatte, wollte diese Aufgabe dann aber doch nicht übernehmen, und Frau W. meint, daß sie es auch nur schwer aushalten würde, wenn sie mitansehen müßte, wie ihr Haushalt und die ganze Wirtschaft unter ihren Augen mehr und mehr verwahrlosen würde.

Was sie allerdings kränkt, sind die seltenen Besuche ihrer Kinder. Frau W. ist ein ruhiger und mit sich selbst höchst zufriedener Mensch. Laut und anklagend wird sie nur, wenn sie nach einem Monat immer noch keinen Besuch bekommt, obwohl ihr Bauernhaus nur zwanzig Kilometer vom Heim entfernt liegt.

Letzte Phase

Nach dem Arrangieren mit der Situation im Pflegeheim kommt es irgendwann zum letzten Tag und zur letzten Stunde. Pflegeheimbewohner können sich kaum vorstellen, hier in der fremden Umgebung, weit weg von daheim sterben zu müssen. Die meisten Pflegebedürftigen können sich mit diesem Gedanken einfach nicht anfreunden. So meinte eine Bäuerin in diesem Zusammenhang:

„Ich werde jetzt nach Hause gehen. Das ist ja kein Machen mehr. Ich habe daheim gearbeitet und den Hof bewirtschaftet. Daheim ist Arbeit, aber hier ist keine. Ich muß heimgehen, denn sonst sterbe ich hier womöglich noch früher. Das kann doch nicht sein. Wenn mich keiner abholt, gehe ich zu Fuß. Ich habe ja meinen Stock, und in ein paar Tagen komme ich sicher heim."

Die Vorstellung, im Pflegeheim womöglich zu sterben, wird von den Heimbewohnerinnen meist nicht in Erwägung gezogen, aber letztlich passiert es doch hier.

„Für mich ist es aus. Da draußen warten schon die nächsten auf das Bett. Jeder kommt einmal dran, der eine früher, der andere später. Jetzt bin ich bald an der Reihe. Hoffentlich bringe ich es gut hinter mich." Mit diesen klaren Worten teilte mir eine Heimbewohnerin ihren Wunsch mit. Ihr Wunsch, bald zu sterben, ging nach vier Monaten Heimaufenthalt tatsächlich in Erfüllung.

Das Ende wird meist nicht so deutlich herbeigeredet, es wird eher erahnt. So wünschte sich zum Beispiel eine sterbenskranke Frau, daß ich sie noch einmal hinaus in die Natur bringen sollte. Ich kam ihrem Wunsch gerne nach, und fuhr mit ihr in den Garten, wo ich sie an einem sonnigen Plätzchen abstellte. Frau K. ergötzte sich an der Natur. Sie saugte jeden Windstoß, das Gezwitscher und den Flug der Vögel, die duftenden Blumen in sich hinein, sie bewunderte die Farben der Sträucher und den besonderen Wuchs der Bäume. Später erfuhr ich, daß sie mit meiner Hilfe zum letzten Mal in der freien Natur gewesen war. Beim letzten Händedruck ließ sie mich nicht los. Sie schaute mir lange tief und unverwandt in die Augen. Beide wußten wir, daß es ein Abschied für immer sein würde. In der drauffolgenden Nacht verschied Frau K.

Frau K. bereitete sich auf den Tod vor. Im nachhinein läßt sich dieser Abschied klar rekonstruieren. So verabschiedete sie sich zuerst von der Natur und dann von den Menschen, die bei ihr waren. Das Lesen stellte sie erst in den letzten drei Tagen ein. Bis zum Schluß war sie geistig sehr rege, nur körperlich erschöpft. Besonders deutlich wurde mir ihr nahendes Lebensende auch dadurch, daß sie auf meine Frage, ob sie gedenke, bald wieder nach Hause zu gehen, die Antwort schuldig blieb, was sie vorher nie getan hatte. Sie hatte sich also auch von ihrem Zuhause verabschiedet.

Frau Rosa W. war beim letzten Besuch ziemlich unruhig. Sie deutete mit lächelndem Gesicht auf die Zimmerdecke. Dort sah sie ihren Vati. „Schau, schau. Da ist er er.“ Sie winkte ihm zu und freute sich, endlich zu ihm zu kommen.

Zum Verhältnis Pflegepersonen – Heimbewohner

Der letzte Lebensabschnitt im Pflegeheim wird von Pflegepersonen begleitet. Es gibt viele Anzeichen, daß Pflegerinnen und Pfleger dieser besonderen Anforderungen nicht gewachsen sind. Aus der Sicht der Heimbewohner haben die Schwestern wenig Zeit, sodaß sie von ihnen meist nur die notwendigsten Hilfestellungen erwarten können.

Eine 89jährige Heimbewohnerin: „Ich sage Ihnen, es ist so unangenehm, wenn man auf fremde Hilfe angewiesen ist. Immer muß ich bitte und danke sagen. Die Schwestern sind ja nett, aber sie haben halt keine Zeit. Wenn ich läute, ist immer wer da. Da kann ich mich nicht beschweren. Erst ein einziges Mal konnte ich es nicht mehr zurückhalten, weil niemand gekommen ist. Dann war alles naß. Das war mir sehr unangenehm. Die Schwester hat aber nichts sagen können, weil ich ja geläutet habe."

Eine andere Heimbewohnerin hat ebenfalls Verständnis für die vielbeschäftigten Pflegerinnen, wenn sie sagt: „Die Schwestern gehen mir nur auf die Nerven, wenn sie mich drängen, mehr zu trinken. Ich bringe nicht mehr hinunter. Ich habe nie viel getrunken. Wenn ich in ihren Augen zu wenig trinke, drohen sie mir mit dem Bomber, so nenne ich die Infusionsflasche. Wenn ich an der hänge, werde ich immer so müde und ich darf mich nicht rühren. Das ist eine wirkliche Strafe für mich."

Die Schwestern werden von dieser Heimbewohnerin als sehr beschäftigt erlebt. Ihre Aufgabe besteht darin, die von den Ärzten vorgeschriebenen Therapien gewissenhaft durchzuführen. Ihr besonderes Interesse gilt den „Ein-" und „Ausfuhrmengen", dem Blutdruck und den Blutzuckerwerten. Wenn die Werte nicht stimmen, wird Alarm geschlagen und entgegen dem Willen von Heimbewohnerinnen werden Infusionsflaschen angehängt. Auch mein Vater bleibt von diesen therapeutischen Maßnahmen nicht verschont. Wenn niemand auf Besuch ist, werden ihm während dieser Prozedur die Hände an das Bettgitter gebunden, um seine Versuche, diese Therapien eigenhändig abzubrechen, zu unterbinden.

Infusionsflaschen und Sauerstoffgeräte werden, wie ich beobachten konnte, vor allem in den letzten Lebenswochen vermehrt zum Einsatz gebracht. Zur ungeliebten Pflegeheimatmosphäre kommen noch ungeliebte medizinische Therapien, die allesamt den Heimbewohnern ihren letzten Lebensabschnitt vermiesen.

Dem Essen und Trinken wird von den Pflegepersonen ein weitaus höherer Wert zugemessen als von den Betroffenen selbst. Manchmal setzen Pflegerinnen und Pfleger die Leute unter Druck. So lockt etwa ein Pfleger eine Heimbewohnerin, die liebend gerne mit ihm nach Hause gehen würde, mit folgenden Worten: „Wenn du nicht ißt, darfst du nicht mit mir nach Hause gehen. Mit einer Dürren kann ich nichts anfangen. Also schau dazu, daß du das jetzt wegbringst, weil sonst mußt du dableiben." Frau B. würgt daraufhin den Brei hinunter und wartet darauf, vom Pfleger abgeholt zu werden, aber der kümmert sich nicht mehr um sie.

Frau L., deren wichtigste Sorge ihrer Katze gilt, wird die Katze entwendet, wenn sie nicht richtig ißt. Lieblos wird die, für Frau L. lebendige, Katze aufs Bett geworfen. Die Pflegerinnen versprechen ihr zwar, daß sie die Katze wiederbekommt, wenn sie alles aufgegessen hat, vergessen aber dann, dieses Versprechen auch einzulösen.

Mit dem Mittel der Erpressung wird überhaupt häufig Druck auf die Pflegebedürftigen ausgeübt. So sagte eine Pflegerin zu einer Frau, die nicht viel gegessen hatte, daß sie das ihrem freiwilligen Besucher sagen werde. Der wird dann bestimmt nicht mehr so oft kommen. Mit allem, was den Bewohnerinnen lieb und teuer ist, wird Druck ausgeübt.

Solche und ähnliche Drohungen sind Verletzungen der Menschenwürde, Nadelstiche, die insgesamt dazu führen, sich unwohl, verlassen und gedemütigt zu fühlen.

Immer wieder kommt es in Pflegestationen, wo bekanntermaßen viele alte, kranke Menschen leben, zum Tod eines Insassen. Für viele Pflegepersonen sind solche Vorfälle längst Routine. So konnte ich mitverfolgen, wie tote Bewohnerinnen aus einem Zimmer entfernt werden. Während eines Besuches fiel mir auf, daß eine der bettlägrigen Frauen keine sichtbaren Lebenszeichen mehr von sich gab. Ich wollte meine Beobachtung gerade einer Schwester mitteilen, als die Stationsschwester mit der Ärztin das Zimmer betrat. „Die macht es nicht mehr lange“, war ihr Kommentar. Doch bald stellte sich heraus, daß der Tod bereits eingetreten war. Daraufhin wurde die Verstorbene samt Bett in den Waschraum geschoben. Ein Pfleger ging umgehend daran, den Nachttisch und den Kleiderschrank auszuräumen. Wertgegenstände wie eine Uhr und Bargeld von 48 Schilling wurden von unbrauchbaren Gegenständen aussortiert. Schuhe, zerschlissene Kleider und ein alter Mantel landeten in einem Müllsack. Die Bilder wurden von der Wand genommen und ebenfalls zum Erbgut gegeben. Im Kleiderschrank fand der Pfleger noch ein Gebiß der Verstorbenen. Er klapperte mit den Zähnen und fragte die Damen im Raum, ob jemand von ihnen diese Zähne brauchen könne.

Die Bewohnerinnen dieses Zimmers konnten diesem Angebot nichts, aber schon gar nichts abgewinnen. Ihre Gedanken waren bei der Verstorbenen, und eine sagte stellvertretend für die anderen: „Jetzt hat sie es überstanden. Sie ist friedlich eingeschlafen. Hoffentlich ist uns auch so ein schmerzfreier Tod gegönnt.“

Selbst das Sterben von Heimbewohnerinnen wird mit viel Routine bewältigt. Von den Mitbewohnerinnen kommt jedenfalls oft mehr Anteilnahme als von abgebrühten Pflegepersonen.

Zur Kommunikation zwischen Pflegenden und Pflegebedürftigen

Besonders aufschlußreich im Umgang zwischen Pflegepersonen und Pflegebedürftigen ist die Sprache zwischen diesen beiden Gruppen. Die Heimbewohner teilen ihre Sorgen und Nöte den einzigen Menschen mit, die regelmäßig Kontakt zu ihnen pflegen. Das sind nicht die Angehörigen, nicht ihre Kinder und Enkel, sondern die Pflegerinnen. Ihnen gegenüber lassen sie ihrem Unbehagen freien Lauf, ihnen erklären sie ihre komplizierten Familienverhältnisse, und ihnen gegenüber beklagen sie sich über die spärlichen Besuche und geben ihrer Enttäuschung Ausdruck, daß sie nicht daheim in ihrer vertrauten Wohnung sein können, sondern hier im Pflegeheim das Leben beenden müssen. Viele alte, pflegebedürftige Menschen fühlen sich im Heim entwurzelt und abgeschoben. Leider müssen die Angestellten die Kommunikation mit ihren Anvertrauten auf die Zeit der körperlichen Betreuung beschränken. Die Gespräche mit den Heimbewohnern werden oft auf ein Minimum reduziert. Andererseits muß ich zugeben, daß auch ich mich oft lieber mit einer jungen Kollegin als mit einer schwerhörigen alten Patientin unterhalten habe. Es fällt nicht leicht, eine Gesprächsbasis zu den Leuten im Pflegeheim herzustellen, denn zum Teil hören sie schlecht, sind verwirrt, reden immer dasselbe und sind oft an den tagesaktuellen Geschehnissen nicht mehr interessiert.

Die Kommunikation zwischen Pflegenden und Gepflegten ist oft weit von einer partnerschaftlichen entfernt. Allzuoft hört man: „Na mein Schatzilein, gehn wir badi, badi, damit wir wieder sauber sind.“ Oder: „Schatzi jetzt tu brav essen. Noch einen Löffel und noch einen. Ja, so bist du brav. Wenn du den auch noch nimmst, kriegst du als Belohnung einen Schoko. Brav warst.“

Unter den Pflegepersonen gibt es in Sachen Kommunikation mit den Patienten graduelle Unterschiede. Eine lange Berufserfahrung wirkt sich eher negativ in der Wahl des richtigen Umgangstones aus. So fiel mir ein berufserfahrener Pfleger in einer Station auf, der seine ihm anvertrauten Heimbewohnerinnen ständig lächerlich machte. Wenn er gegen zwölf Uhr mittags mit dem Essen ins Zimmer kam, sagte er: „Guten Morgen! Prost! Mahlzeit!“ Dann ging er zu einer Bettlägrigen und weckte sie auf: „Frau Weinwurm, das Essen ist da. Wurmi komm raus, ham, ham.“ Die 93jährige Frau wurde bei diesen Worten unsanft in die Sitzlage katapultiert. Das Ganze ging für sie viel zu schnell, so daß sie richtig erschrak. „Wurmi, das Ham,

Ham ist da", wiederholte der Pfleger. Die 93jährige Frau, die ansonsten nur schwer einen Satz herausbringt, gab dem groben Pfleger die passende Antwort und sagte: „Sie sind ein kalter Mensch".

„So, jetzt gehn wir heidi. Schön zugedeckt und schlaft brav. Gute Nacht", heißt es wiederum häufig am Abend. Wie verbreitet diese Redensarten von Pflegepersonen sind, zeigt auch die folgende Beobachtung: „Micky Mausi, Hallo Micky Mausi, jetzt kriegst du ein frisches Hosi." R. geht und holt vom Wäschewagen eine neue Einlage. Dann nimmt sie das Steckgitter auf einer Seite des Bettes runter, dreht die Patientin, die sehr klein und abgemagert ist und zusammengekrümmt im Bett kauert zur Seite, reinigt ihr Gesäß und sagt: „Ist Micky Mausi brav?" „Ja". Darauf R. wieder: „Ja, ganz brav." Dann legt sie die neue Einlage ein, dreht die Patientin zur anderen Seite und spricht: „Micky Mausi, komm zu mir rüber, ja, ganz brav". Sie macht das Bett fertig. (Schrems 1994, S. 146)

Diese sprachlichen Umgangsformen stellen die Verhältnisse völlig auf den Kopf. Die Heimbewohnerinnen und Bewohner, die Mutter, Vater, ja Großeltern der sie pflegenden Personen sein könnten, werden von den jungen Frauen und Männern, den Pflegepersonen, wie Kinder behandelt. Die Verwirrtheit der alten Leute wird durch diese Umgangsformen sicher nicht geringer.

Häufig wird in der Wir-Form gesprochen. „Komm, gehn wir baden." „Jetzt tun wir schön brav essen." Aber nicht die Pflegerin geht baden und ißt den Brei, sondern die Pflegebedürftige. Solche Redeweisen, die sich sehr häufig auf Pflegestationen finden, stehen in einer alten Tradition der Bevormundung und Infantilisierung alter, verwirrter Menschen. Alle neuen Pflegeansätze stellen dieses grundverkehrte verbale Verhalten stark in Frage und fordern angemessene Umgangsformen. Die alten festgefahrenen Redeweisen lassen sich jedoch nicht so ohne weiteres aus dem Pflegealltag verbannen. Nach wie vor wird in vielen Pflegeheimen die Eltern- und Großelterngeneration wie Idioten behandelt.

Häufig wird gefordert, daß Pflegerinnen und Pfleger geschult werden, um der Notwendigkeit der Kommunikation mit den alten Leuten gerecht werden zu können. Doch vielfach reicht es auch, wenn man Menschen zuhört. Zum Zuhören aber haben Pflegepersonen meist keine Zeit, und vor allem wird diese wichtige Funktion in vielen Pflegestationen nicht als Aufgabe angesehen, wodurch die Heimbewohner automatisch vernachlässigt werden.

Ich habe erlebt, daß ein Pfleger aus den Philippinen sich mit geringen Sprachkenntnissen sehr gut auf die verschiedenen Pensionistinnen einstellen konnte, während andere Pfleger es mit ihrer Art des distanzlosen Duzens und Infantilisierens jeden Respekts gegenüber den alten Menschen fehlen ließen.

Manche Pfleger sehen das anders: „Also ich habe nichts gegen Ausländer, um das gleich einmal vorweg zu sagen, aber hier auf der Station sind sie doch ein wenig fehl am Platz. Ein Arzt hat zum Beispiel einmal zu einem Inder gesagt, er soll schnell eine Nierenschüssel bringen. Der Inder hat höflich genickt, aber keine Schüssel gebracht. Das sind Schwierigkeiten, die bei uns öfter auftreten. Die Inder oder Philippiner und neuerdings auch die Chinesen können wohl ein bißchen Deutsch, aber sie haben noch lange nicht den Schmäh drauf, den die Alten haben wollen. Da können die Ausländer nicht mit uns mithalten. Sie beherrschen die Pflegearbeit, da gibt es nichts zu sagen, aber während des Essens sollen die Alten ein wenig aufgeheitert werden. Das geht nicht, daß man nur sagt, Frau Sowieso. Die wollen ja das Pupperl hören und das Schatzi und den Schmäh."

Nach meiner Erfahrung wollen Bewohnerinnen von Pflegestationen vor allem ernstgenommen werden, sie wünschen sich einfühlsame Menschen, die normal mit ihnen reden und sie nicht mit „Schatzilein, Vati, Puppi ..." anreden. An der Aussage dieses „erfahrenen Hasens" zeigt sich ein falsches Selbstverständnis im Umgang mit alten, pflegebedürftigen Menschen, die sich durch eine nicht wirklich witzige Kommunikation in ihrer Subjektivität übergangen fühlen. Wie sagte doch unsere 93jährige Heimbewohnerin zum schmähführenden Pfleger: „Sie sind ein kalter Mensch".

Naomi Feil nennt vier Gründe, warum es wichtig ist, Pflegebedürftige zu verstehen: Erstens, damit alle Menschen mit Alten und Hochbetagten umzugehen lernen. Dabei geht es um Einfühlung. *„Sie werden den Verwirrten zuhören, mit ihnen sprechen lernen, anstatt sie festzugurten oder wie Kinder zu behandeln. Sie werden lernen, sie zu respektieren."*

Zweitens ist die Kommunikation wichtig für alle Pflegenden, um Freude für ihre Arbeit zu bekommen. *„Die Pflegerin singt mit der alten Frau ein bekanntes Wiegenlied. Die alte Frau weiß zwar nicht, wie die Pflegerin heißt, aber sie liebt sie. Die Pflegerin empfindet Freude, weil sie geliebt wird, und weil sie die alte Frau ein Stück weit wieder zum Leben erwecken kann. Die Interaktion dauert drei Minuten."*

Drittens bedeutet die Beschäftigung mit Pflegebedürftigen für uns, die ein hohes Alter erreichen wollen, die Zusammenhänge von Verwirrtheit verstehen zu lernen. *„Wir können lernen, unsere un-*

gelösten Lebensaufgaben zu erkennen und JETZT zu lösen, bevor sie ein hohes Alter erreicht haben.“

Und viertens führt eine Verbreitung des Verständnisses für verwirrte Menschen letztlich dazu, daß wir selbst einmal von einfühlsamen Menschen betreut werden. *„Wenn einmal unsere Kontrollen nachlassen, wenn wir unsere Wunden entblößen, wenn unsere Gefühle genauso inkontinent werden wie unsere Blasen, dann wollen wir nicht medikamentös ruhiggestellt werden. Wir wollen nicht als ‚alte Missetäter‘ etikettiert werden. Wenn lange unterdrückter Zorn plötzlich ausbricht – in der Endphase unseres Lebens statt in der Pubertät – dann wollen wir Eure Einfühlung.“* (Feil, 1993, S. 21f)

Mit dem Gebiß einer eben verstorbenen Mitbewohnerin herumzuklappern und mit dem subtil eingesetzten Mittel der Erpressung zu arbeiten und die alten Damen wie Kinder zu behandeln, steht jedenfalls allen Regeln der Validation, des Ernstnehmens und Würdigens pflegebedürftiger Hochbetagter entschieden entgegen.

Nicht nur die Kommunikation zwischen Pflegepersonen und Hilfsbedürftigen ist oft gestört, sondern auch die Gesprächskultur zwischen dem Pflegeteam. So wurde etwa im Lainz-Skandal die Sprachlosigkeit der Pflegepersonen untereinander einer breiteren Öffentlichkeit bekannt, und mit Gesprächsrunden und Supervision werden mancherorts Möglichkeiten des notwendigen Gedankenaustausches angeboten. Doch diese zusätzlichen Verpflichtungen passen oft gar nicht in den arbeitsintensiven Alltag von Pflegerinnen, und viele sträuben sich nach wie vor gegen eine Supervision. So erzählte mir eine Stationsschwester, daß ihre Kolleginnen sich standhaft weigern, eine neutrale Person von außen als Supervisionsleiter zu akzeptieren. Die Gesprächsrunden laufen ohne Leitung mit allen damit verbundenen Nachteilen ab. Eine besondere Schwierigkeit besteht auch darin, einen Termin zu finden, der allen Beteiligten genehm ist. Niemand hat Interesse, wegen einer Besprechung später nach Hause zu gehen, oder gar deswegen extra von zu Hause anzureisen.

Zusammenfassend läßt sich sagen, daß die pflegebedürftigen Bewohnerinnen von Pflegestationen nicht nur an einer mangelnden Kommunikation leiden, die oft unhöflich, arrogant und infantil ist, sondern auch an einem Mangel an Kommunikation überhaupt. Die Pflegepersonen sind meist sehr damit beschäftigt, die Grundbedürfnisse ihrer Anvertrauten zufriedenzustellen. Sie sehen es nicht als ihre Aufgabe, sich einfach einmal zwischendurch zu einem Menschen zu setzen, ihm die Hände zu halten und mit ihm zu reden. Die Angehörigen sind aufgerufen, diese Lücken zu füllen. Deswegen haben die meisten Pflegeheime auch lange Besuchszeiten, denn jeder Besuch ist willkommen, der mithilft, den Mangel an Kommunikation auszugleichen.

Tiere als Ersatz für fehlende Zuwendung

Ein Mangel an Zuwendung für Bewohner von Pflegestationen ist augenfällig. Schon kleinste Abweichungen vom grauen Alltag werden mit besonderem Interesse verfolgt. So kommen in einem Zimmer regelmäßig Spatzen über die gekippte Oberlichte ins Zimmer, weil sie dort reichlich Nahrung finden. Sie picken die Brosamen auf, und eine Bewohnerin hat sogar eine Tränke installiert. Die Besuche dieser Vögel kommen überraschend, aber wenn sie da sind, erfreuen sie alle Heimbewohnerinnen. In einigen Heimen ergibt sich die Möglichkeit, freilaufende Katzen zu füttern, und somit haben einzelne Heimbewohner das Gefühl, gebraucht zu werden.

In manchen Stationen wird versucht, den Mangel an Zuwendung entweder durch den Einsatz von Freiwilligen, oder eine Erhöhung des Personals bzw. eine Reduktion der Bettenanzahl auszugleichen, um den Gästen eine möglichst optimale Betreuung zukommen zu lassen. Im Wissen, wie wichtig es für alte Menschen ist, trotz ihrer Hilflosigkeit und Pflegebedürftigkeit, gebraucht zu werden und eine

Therapie mit Tieren

Aufgabe zu haben, gibt es zaghafte Bestrebungen, Haustiere in die Pflegestationen zu holen. Ein Pfleger führte mich durch seine Station und erzählte mir von seinen Erfahrungen mit Tieren in der Pflegestation:

„Die ärztliche Leiterin dieser Station hatte die Idee mit den Tieren. Die Leute hier sollten Haustiere um sich haben, die sie pflegen und betreuen, damit sie eine Aufgabe haben. Gleich stellte sich ein sichtbarer Erfolg ein. Wir hatten eine Patientin, die total verspannt war. Die konnten wir einfach nicht mehr dehnen, ihre Hände waren total verkrampft. Die Verspannung und Verkrampfung dieser Frau lösten sich augenblicklich, sobald wir ihr ein Meerschweinchen in die Hände gaben. Plötzlich streichelte die alte Frau das Tier und war ganz locker und gelöst dabei.

In einem Zimmer haben wir einen Käfig mit Singvögeln. Eine Frau, der wir gar nicht mehr zugetraut haben, daß sie auch nur irgend etwas noch wahrnimmt, weil sie immer im Bett liegt und meist schläft, beobachtet die Vögel ganz genau. Wenn wir einmal vergessen, den Vögeln Wasser zu geben und sie zu füttern, schlägt sie Alarm. Anfangs wußten wir nicht, was das soll, bis wir draufgekommen sind, daß sie sich um die Vögel sorgt. Einmal hat ein Kollege zwei Vögel aus dem Käfig geholt und in einen Käfig in ein anderes Zimmer gebracht. Als er nach zwei Tagen wieder Dienst hatte und ins Zimmer kam, hat die Frau Krach geschlagen. Sie hat mit ihrer Schreierei alle zusammengetrommelt, und irgendwie hat sie zu verstehen geben können, daß dieser Kollege ein

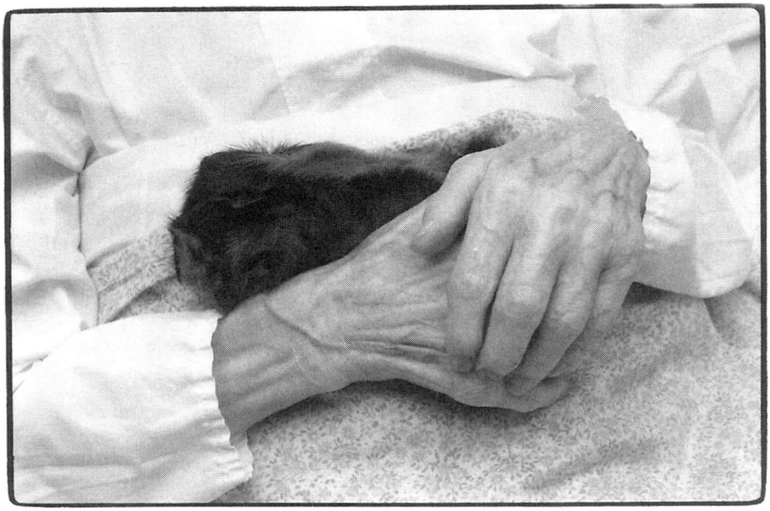

Die Verspannung und Verkrampfung lösen sich.

Vogeldieb sei. Das sind Fähigkeiten, die da mobilisiert werden, die erstaunlich für uns sind. Diese Frau hat die Aufgabe eines Vogelwärters übernommen, sie schaut auf ihre Lieblinge, sie hat dadurch eine Aufgabe und wieder einen Lebenssinn gefunden, und seitdem ist sie ziemlich stabil.

Die Tiere bekommen wir von verschiedenen Tierhändlern. Bevor sie ihre Kleintiere im Zoo abgeben, wo sie den Schlangen zum Fraß vorgeworfen werden, bringen sie sie lieber hierher. Wir müssen halt schauen, daß sie immer was zum Fressen haben, daß ihre Stallungen sauber und trocken sind und sie auch sonst gesund bleiben. Wir haben selbst die Käfige gebastelt. Die Leute, die mobil sind, können jetzt jederzeit ein Tier herausholen und streicheln."

Tiere sind ein wichtiges therapeutisches Mittel, die die geringe menschliche Zuwendung in den Pflegestationen ein wenig ersetzen sollen. Es zeigt sich deutlich, daß Pflegepersonen am Wohlbefinden ihrer zu betreuenden alten pflegebedürftigen Menschen interessiert sind. Sie wollen mehr als nur die Körper waschen, die Alten mit Essen versorgen und die Betten herrichten, sie wollen, daß sich die alten Menschen auf der Station halbwegs wohlfühlen. Zufriedene Bewohner lassen sich leichter betreuen als unzufriedene, wenn da Tiere eine Hilfe sind, wird diese Aufgabe gerne zusätzlich übernommen.

Ein höherer Arbeitseinsatz müßte eigentlich auch dementsprechend honoriert und anerkannt werden. Zusätzliche therapeutische Hilfestellungen und Ausfahrten müßten mit einer Zulage, wie das in anderen Berufssparten auch der Fall ist, abgegolten werden. Daß dem leider nicht so ist, davon erzählen die folgenden Geschichten.

Arbeitsbedingungen im Pflegeheim

Ganze vier Wochen hatte ich als freiwilliger Mitarbeiter in einem Pflegeheim die Möglichkeit, einerseits pflegebedürftigen Menschen zu helfen und andererseits die Arbeitsbedingungen von Pflegerinnen hautnah kennenzulernen. Da meine pflegerischen Kenntnisse eher gering waren, wurde mir die Aufgabe zugewiesen, mit den ausgehwilligen Bewohnerinnen des Pflegeheims Spaziergänge zu unternehmen und Ausflüge zu arrangieren, damit die betagten Gäste einmal aus dem Haus kommen und etwas anderes sehen konnten. Wenn Not am Mann war, baten mich die Kolleginnen, ihnen bei der Körperpflege und der Essensverabreichung behilflich zu sein.

Mein typischer Arbeitstag

Meine Arbeit begann um 7 Uhr mit dem Vorbereiten des Frühstücks. Für fünfzig Hausgäste gilt es, den individuellen Frühstücksvorlieben weitgehend gerecht zu werden. Die eine will eine Semmel mit Margarine und Honig, eine andere verlangt Wurstbrot ohne Rinde. Die einen brauchen Diabetiker-Marmelade, und wieder andere essen zum Frühstück am liebsten Eingebrocktes. Die komplizierten Vorbereitungsarbeiten nehmen eine knappe Stunde in Anspruch. Die Medikamente hat bereits die Kollegin vom Nachtdienst auf das jeweilige mit einem Namen versehene Tablett gestellt.

Nach dem Austeilen des Frühstücks helfe ich zumindest einer, oft auch zwei Frauen beim Essen, denn es gibt im Haus etliche Bewohnerinnen, die völlig hilfsbedürftig sind.

Bereits gegen acht Uhr kann ich mit ausgehwilligen Frauen eine kleine Morgenrunde machen. Manchmal muß ich sie vor dem Ausgang erst waschen und anziehen, aber meist erledigen das meine professionellen Kolleginnen und Kollegen. Ich teile mir die Zeit so ein, daß wir um halb neun wieder im Hause sind, denn ab diesem Zeitpunkt sitzen alle Pflegerinnen und Pfleger eine halbe Stunde beim Frühstück.

Ständig müssen während der Kaffeepausen Kolleginnen aufstehen, um einzelnen Heimbewohnern Hilfestellungen zu geben. Während des Frühstücks wird besprochen, wer nach dem Essen durchgehend bis 17 Uhr arbeitet und wer sich zwei Freistunden nimmt, um anschließend bis 19 Uhr durchzuarbeiten. Es kommt öfters vor, daß eine Kollegin mit mir allein den Nachmittag bestreitet, meist aber finden sich doch zwei professionelle Hilfen für den Nachmittag und eine Besetzung von zumeist fünf Betreuerinnen für den Abenddienst, ehe eine einzige Fachkraft den Nachtdienst antritt.

Nach dem Frühstück suche ich Bewohnerinnen auf, die entweder laut Anweisung des Arztes einen Spaziergang brauchen oder selbst ein starkes Interesse haben, aus dem Haus zu kommen. Ich muß dabei aufpassen, daß möglichst alle auf ihre Rechnung kommen. Es stellt sich heraus, daß diejenigen, die von mir erst überredet werden müssen hinauszugehen, weniger oft drankommen als diejenigen, die geradezu versessen darauf sind, mit mir einen Spaziergang zu unternehmen. Noch seltener kommen diejenigen Frauen und Männer zu ihrer täglichen Gehgymnastik, die zu zweit gestützt und geführt werden müssen, denn ich finde nur selten eine Partnerin, die mir dabei hilft.

Wenn ich mobile Frauen ausführe, muß ich sehr auf der Hut sein, denn sie sind oft recht unsicher auf den Beinen, und ich muß achtgeben, daß sie nicht stolpern und hinfallen. Bequemer habe ich es mit den Rollstuhlfahrerinnen. Denn bei ihnen kann ich das Tempo und die Richtung weitgehend selbst bestimmen. Sobald ich alle Bewohnerinnen, die es wünschen, in den Lindenhof gebracht und je nach Vorliebe auf ein sonniges oder schattiges Fleckerl plaziert habe, starte ich mit ein bis zwei Frauen eine Tour über Feldwege zum nächstgelegenen Dorf. Manchmal geht es sich aus, in einem Café Rast zu machen, dann trinken die Frauen Kaffee und naschen Torte oder Kuchen dazu und fühlen sich sichtlich wohl dabei. Ich muß zusehen, um halb zwölf zum Mittagessen wieder im Pflegeheim zu sein.

Wieder geht es darum, beim Essen behilflich zu sein, das Geschirr abzuräumen und schließlich selbst zu Mittag zu essen. Viele Heimbewohnerinnen legen sich nach dem Essen ins Bett, manche eine halbe Stunde, andere eine ganze und etliche sogar zwei Stunden. Sobald ich mit dem Essen fertig bin, warten schon wieder Frauen im Rollstuhl, damit ich sie ein wenig an die frische Luft führe. Auch zu Mittag sitzen wir im Dienstzimmer zusammen. Unser Essen und die Unterhaltung wird wieder vom Geläute der Hausgäste unterbrochen.

Es gibt weniger hektische Tage und sehr hektische. Nie läßt sich im voraus bestimmen, wie ein Arbeitstag verlaufen wird. Die Mondphasen werden ebenso als Einflußfaktoren angesehen wie ein plötzlicher Wetterumschwung. Dann verlaufen die Dienste in jedem Fall turbulenter als an anderen Tagen, wollen erfahrene Pflegerinnen wissen.

Nach dem Essen schiebe ich häufig Frauen in Rollstühlen zu einem nahegelegenen schattigen Gastgarten. Dort sitzen wir lange beisammen, und bei Kaffee und Kuchen, aber auch Bier und Wein, erzählen sie aus ihrem Leben. Voll Dankbarkeit begleichen sie sogar meine Zeche, was mir richtig unangenehm ist. Sie sind froh, ein wenig „unter die Leute zu kommen", wie sie sagen. Hier mitten unter einheimischen Wirtshausbesuchern und Touristen fühlen sie sich wohler als im abgeschiedenen Heim mit seinen festen Regeln und eintönigen Zeitabläufen. Es gefällt ihnen aber auch, daß ich ihnen zuhöre und sichtlich bemüht bin, sie zu verstehen.

Um halb vier, wenn die Kolleginnen von ihrer Zimmerstunde zurückkommen und wieder im vollen Umfang ihre Arbeit aufnehmen, wird es für mich Zeit zu gehen. Immer gehe ich am frühen Abend mit dem Gefühl aus dem Heim, mir für die verschiedenen Bewohnerinnen und Bewohner des Hauses nicht genug Zeit genommen zu haben. Mit einer Vielzahl von Eindrücken und mit einem etwas schlechten Gewissen, wieder nicht alle Erwartungen der Hausgäste erfüllt zu haben, verlasse ich das Pflegeheim.

Pflegepersonen im Dauereinsatz

Genauso, wie ich es nicht geschafft habe, alle Wünsche und Erwartungen der Heimbewohner zu erfüllen, schaffen es auch die Pflegerinnen und Pfleger nicht, die Tag und Nacht, jahraus, jahrein ihren Beruf ausüben.

„Heute ist wieder ein schrecklicher Tag. Ich hatte noch nicht einmal Zeit, aufs Klo zu gehen. Immer kommt was dazwischen. Ich habe Frau F. gewaschen, angezogen und wollte sie gerade in den Rollstuhl setzen, als sie plötzlich großen Stuhl hatte. Wieder mußte ich mit der Arbeit von vorne anfangen. Die R. wollte nicht baden, ich mußte erst lange auf sie einreden. Die K. hat heute unbedingt ein Zäpfchen haben wollen, weil sie schon zwei Tage keinen Stuhl hatte und bei Herrn J. ist das ganze Bett geschwommen. Alles mußte ich wechseln. Frau U. hat mich dazwischen immer wieder gebraucht, denn sie war mit ihrer Lagerung nicht zufrieden. Einmal mußte ich sie auf die linke Seite lagern, dann wieder auf die rechte, und die Polster mußten genau unter dem Knöchel liegen und dann doch wieder nicht. Die kostet noch meine letzten Nerven. Jetzt bleibt mir nur wenig Zeit, um die Medikamente für Mittag herzurichten. In der Freistunde werde ich mich hinlegen und ausspannen, um für den Aberddienst gerüstet zu sein. Wahrscheinlich wird es auch heute wieder halb acht, bis ich heimgehen kann. Bei dieser Arbeit wird einem nie fad," merkt diese Pflegerin noch an.

„Bei dieser Arbeit wird mir nie fad", ist eine häufige Antwort, wenn es um die Beschreibung des Arbeitsalltages geht. Hinter dieser Antwort steckt sowohl ein positiver als auch ein negativer Aspekt. Positiv ist, daß die Arbeit im Pflegeheim nie eintönig wird. Negativ schlägt die dauernde Unsicherheit, was die Umsetzung des Arbeitszieles anlangt, zu Buche. Es ist nicht gesichert, daß all jene, die gebadet werden sollten, auch tatsächlich an die Reihe kommen, und es geht sich ziemlich sicher nicht aus, mit denjenigen Heimbewohnerinnen, die es am nötigsten haben, täglich wenigstens einmal den Gang hinauf- und hinunterzugehen.

Ein Sturz oder eine unvorhergesehene Verschlechterung des Zustandes einer pflegebedürftigen Person bewirkt oft von einer Minute auf die nächste ein völliges Abgleiten vom vorgesehenen Arbeitszeitplan, und öfter als erwünscht muß an die Stelle von routinierter, gründlicher Arbeit, überhastete Improvisation treten.

Die besondere Arbeitsbelastung der Pflegepersonen ergibt sich meist aus einer notorischen Unterbesetzung. Zusätzlich sind sie den Schwankungen des Gesundheitszustandes ihrer Patientinnen ausgeliefert.

Schnelle Körperpflege

Während meiner regelmäßigen Aufenthalte in Pflegestationen wurde ich immer wieder Zeuge, wie schnell Pflegerinnen und Pfleger ihre Arbeit verrichteten. Möglichst rasch werden die einzelnen Bewohner gewaschen, schnell wird das Essen aufgetragen, und eilig wird abserviert.

Die meisten Pflegerinnen entwickeln im Laufe der Zeit eine unglaublich schnelle Arbeitsweise. So konnte ich öfters miterleben, wie zwei Pflegerinnen innerhalb von nicht einmal zehn Minuten acht Bewohnerinnen „durchwickelten", wie sie sagen. Die sitzenden Frauen werden von ihren Plätzen gescheucht, und im Stehen wird die nasse Einlage abgenommen und die trockene befestigt. Diese Arbeit wird bei Bettlägrigen zu zweit gemacht, um ebenfalls schnell fertig zu werden.

Das Waschen selbst beansprucht längere Zeit, denn dazu muß das Nachthemd ausgezogen werden, dann wird der Körper mit einem feuchten Lappen abgewischt, getrocknet, gecremt, die Zähne werden eingesetzt, und auch auf das Frisieren wird nicht vergessen. Männer müssen zudem noch rasiert werden. Das Ankleiden nimmt ebenfalls geraume Zeit in Anspruch, denn je nach Grad der Hilflosigkeit muß von der Unterwäsche bis zum Überrock alles von den Pflegerinnen angezogen werden.

Ich habe anfangs bei der Körperpflege einige Fehler gemacht. So habe ich etwa den Waschlappen in zu kaltes Wasser getaucht, was mein Patient mit einem fröstelnden Schaudern quittiert hat. Danach war es ihm wieder zu heiß. Vor allem hatte sich der Waschlappen mit dem Wasser so vollgesogen, daß er tropfte und die Bettwäsche naß machte, sodaß ich ein neues Leintuch aufspannen mußte. An diesen Fehlern läßt sich erkennen, wie routiniert geschulte Pflegerinnen bei ihrer Arbeit vorgehen, denn solche Pannen kommen bei ihnen längst nicht mehr vor. Das Wasser hat die richtige Temperatur, der Waschlappen tropft nicht, und das Waschen erfolgt in der optimalen Reihenfolge. Zuerst kommen Gesicht, Arme, Hände und Oberkörper dran, dann die Beine bis zu den Zehen.

Beim Ankleiden gilt es ebenfalls, die Wäschestücke richtig vorzubereiten und möglichst zeitsparend vorzugehen. Das Zuknöpfen der Bluse oder des Hemdes, das viele Bewohnerinnen noch selbst, langsam aber immerhin, zuwegebringen, wird von den flinken Pflegerinnen häufig selbst übernommen. Der Zeitdruck lastet oft so schwer auf den Pflegepersonen, daß den Bewohnerinnen auch die letzten eigenständigen Tätigkeiten abgenommen werden.

Durch strukturell angelegten Zeitmangel, hervorgerufen durch Personalknappheit und Routine, verwandeln sich Pflegestationen mitunter in Arbeitsplätze mit Akkord- und Fließbandcharakter.

Pflegepersonen, die schnell sind, gelten als tüchtig. Andere, die mit der Körperpflege in Verzug geraten, sich verplaudern und es in der knapp bemessenen Zeit nicht schaffen, ihre Aufgaben fertigzubringen, gelten als wenig geschätzte Kollegen. Während es die Pflegeheimbewohner schätzen, wenn sie sich mit einer Pflegeperson unterhalten können, wird dies von den Kollegen eher als ein Drücken vor der Arbeit angesehen. Weil ich mich mit einer Bewohnerin gut unterhielt, mußte meine Kollegin das Geschirr allein in den Geschirrspüler geben und den Nachmittagskaffe allein zubereiten. Die Struktur einer Pflegestation fordert ein kollegiales Verhalten, das letztlich in Widerspruch zu den Interessen der Heimbewohner steht.

Die Körperpflege der Pflegeheimbewohner nimmt im Arbeitsalltag eines Pflegers gewöhnlich die meiste Zeit in Anspruch. Auch das Baden bindet tagsüber oft zwei Pflegepersonen. Die übrige Zeit ist mit Essensvorbereitungen und Verabreichungen, Medikamentenzuteilung und Dokumentation ausgefüllt. Jeder Stuhlgang muß im Pflegebericht vermerkt werden. Das Bringen der Leibschüsseln oder das Begleiten aufs Klo oder in den Waschraum gehört ebenfalls zum Arbeitsalltag von Pflegepersonen. In der Regel sind fünf Pflegerinnen für die unmittelbare Arbeit für rund 40 Heimbewohnerinnen abgestellt. Bei einem 10-Stunden-Arbeitstag haben Pflegerinnen täglich nur 15 (!) Minuten für jede Bewohnerin Zeit.

Dieses knappe Zeitbudget könnte bei entsprechender Schulung im Sinne der Validation dennoch genützt werden. Zeitaufwendiger ist es, nach dem Konzept BÖHMS zu arbeiten, das da lautet: Alles, was ein Bewohner oder eine Bewohnerin selbst zu tun in der Lage ist, soll er oder sie auch tun. Es gibt nicht selten Situationen, wo zwei, drei Pflegerinnen eine ganze Pflegestation versorgen müssen:

„Auf meiner Männerstation sind 39 Patienten, und oft sind nur zwei Kolleginnen da, mit denen ich alles machen muß. Die Abteilungshelferinnen kann ich nicht dazu zählen, denn die dürfen ja bei Patienten nichts machen, die dürfen sie ja nicht einmal frisieren, sondern nur beim Essen helfen und beim Wegräumen natürlich. Sie sind keine wirkliche Hilfe, wenn es um das Wohl der Patienten geht. Wir sollen unter diesen Voraussetzungen reaktivierende Pflege machen, aber das ist nicht gut möglich, denn das heißt danebenstehen und nur unterstützend beim Waschen helfen. Also wenn ich unter Zeitdruck bin und sehe, daß sich der Patient dreimal die Hose falsch anzieht oder das Hemd falsch zuknöpft, dann ist es einfach nicht möglich, nur danebenzustehen und mitanzusehen, wie langsam das alles geht, dann greife ich automatisch ein, denn sonst werde ich nie fertig. Wenn die Leute selbständig sind, dann schon, aber bis sie dahin kommen, das dauert. Außerdem kann es immer wieder einen Rückschlag geben. Ein Sturz – und wir können wieder von vorne anfangen.“

Das „Helfen mit den Händen in den Hosentaschen“ ist bei der üblichen Anzahl von Pflegepersonen auf den Stationen kaum durchzuführen. Das Selber-tun-Lassen und das Reden mit den Hausgästen braucht Zeit. Die knapp bemessenen Pflegepersonen haben alle Hände voll zu tun, um die Routinearbeiten zu erledigen. Zum Experimentieren und Plaudern bleibt kaum Zeit. Langfristig schreitet durch die behende Hilfestellung der Pflegepersonen der Prozeß der Hilflosigkeit weiter voran. Mit der Zeit müssen ehemals mobile Hausgäste im Rollstuhl sitzen, und selbst die Esseneinnahme, die sie noch selber bewerkstelligen konnten, ist ihnen dann ohne Hilfestellung nicht mehr möglich. Magdalena S. konnte bis vor wenigen Monaten noch selbst die breiige Kost löffeln. Sie kleckerte und patzte dabei, aber sie brachte es zuwege. Jetzt wird sie „gefüttert“. Der Vorteil für die Pflegerinnen liegt auf der Hand. Sie sind in weniger als fünf Minuten fertig, können das Geschirr gleich mitnehmen, brauchen nicht das Nachthemd oder sogar die Bettwäsche zu wechseln, sie brauchen die schmutzigen Finger und das Gesicht Magdalenas nicht zu reinigen und haben insgesamt weniger Arbeit. Anstatt so lange wie möglich die zunehmende Hilflosigkeit hintanzuhalten, werden in Umkehrung einer wichtigen Forderung ERWIN BÖHMS noch immer viele Bewohnerinnen hilfloser gemacht als notwendig.

Zunehmende Pflegebedürftigkeit

„Unter den 38 Patientinnen sind nur fünf, mit denen wir reden können. Die anderen sind alle dement und verwirrt. Als ich vor dreißig Jahren hier angefangen habe, lag das Durchschnittsalter bei 60 Jahren. Von diesen Leuten konnten sich viele noch selbst versorgen und mithelfen. Da hatten wir 71 Patientinnen auf der Station, und dennoch kann ich nicht sagen, daß die Arbeit anstrengender als heute gewesen wäre. Heute haben wir hier 8-Bett-Zimmer, und das Durchschnittsalter liegt bei 90 Jahren. Bei uns liegt eine Frau, die schon seit 1958 hier ist. Sie ist schon länger auf der Station als ich. Diese Frau hat früher gut mitgearbeitet. Ihr hat ja auch nichts weiter gefehlt, sie hatte nur niemanden mehr, der sich um sie kümmerte, deswegen ist sie hierher in das Versorgungsheim gekommen. Wenn heute wer kommt, ist er meist bettlägrig oder ganz schlecht beieinander, sodaß wir alles selber tun müssen.“

Mit diesen Worten schildert ein Pfleger die dramatische Veränderung in seinem Beruf. Die Verschlechterung des Allgemeinzustandes der Heimbewohnerinnen führte zunächst dazu, daß die Betten in den Stationen bei gleichbleibendem Personalstand reduziert wurden, trotzdem ist die Arbeitsbelastung gestiegen. Die sehr pflegebedürftigen Menschen werden von gerade so vielen Personen betreut und versorgt, daß die notwendigsten Bedürfnisse befriedigt werden können.

Die Zunahme dementer und verwirrter Personen auf Pflegestationen bedeutet eine neue Herausforderung. Dies läßt sich leicht den folgenden Äußerungen einer Pflegerin entnehmen:

„So müssen wir auf eine Frau aufpassen, die oft zur Nachbarin geht und an ihrer Magensonde herummanipuliert. Einmal hat sie den Regler so verstellt, daß die künstlich ernährte Frau erbrechen mußte. Jetzt läutet sie immer, wenn die gefährliche Nachbarin kommt, dann müssen wir schnell Nachschau halten. Wenn wir die Frau darauf ansprechen, sagt sie glatt, nichts Schlechtes im Sinn gehabt zu haben.

Dann haben wir eine Frau, die zu Hause völlig verwahrlost ist. Sie war inkontinent und hat zuerst ihre Wohnung und dann auch noch das Stiegenhaus verdreckt, so daß die Parteien sich gewehrt haben. Sie ist dann zu uns gekommen. Jetzt will sie immer nach Hause. Wir sagen ihr, daß sie ruhig gehen soll, aber sie ist der Meinung, daß wir ihr Gewand gestohlen hätten, obwohl es in ihrem Schrank hängt. Sie klagt über Herzschmerzen, obwohl ihr Herz in Ordnung ist und bringt Unruhe in die Station. Immer wieder schafft sie es, andere Frauen so zu provozieren, daß es zu einer Rauferei kommt und wir einschreiten müssen. Also ich will damit sagen, daß die Arbeit hier ziemlich anstrengend ist."

Verwirrte Bewohner, die herumgehen und Unfug treiben, werden als zusätzliche Belastung erlebt. Die Versuchung ist groß, derartige „Störenfriede" ruhigzustellen. Um die Arbeitsbelastung in einem erträglichen Rahmen zu halten, werden solche Bewohner nach Angaben von Pflegepersonen mit Medikamenten beruhigt, und nicht wenige Pflegestationen verabreichen mit dem Abendessen Schlafmittel, um der einzigen Pflegeperson einen halbwegs ruhigen Nachtdienst sicherzustellen.

Wie erwähnt, kommen immer gebrechlichere und pflegeintensivere Menschen in Heime. Eine Durchmischung mit selbständigen und mobilen Bewohnern ist immer weniger gegeben. Dadurch kommt den Pflegepersonen eine wichtige Unterstützung abhanden, denn aktive Pflegeheimbewohner können das Geschirr abservieren, bei der Essensausgabe helfen, die Blumen pflegen und für Unterhaltung sorgen. Jetzt lastet die ganze Arbeit auf den Pflegepersonen, und sie müssen die Routinearbeiten möglichst effizient und schnell durchführen. Die Folgen für die Bewohner lassen sich leicht absehen, denn sie bekommen weniger Zuwendung und fühlen sich als Belastung, wenn sie wegen einem Glas Wasser nach der Schwester läuten.

Der hohe Arbeitsdruck, der auf den Pflegepersonen lastet, geht eindeutig auf Kosten der psychischen Betreuung der Pflegeheimbewohnerinnen. Aus diesem Grund kommt es auch zu selbstgefährdenden Aktionen. Es kommt zu Unfällen, weil Gelähmte plötzlich gehen wollen, und es kommt automatisch zu einer von Pflegepersonen geförderten Hilflosigkeit, weil die wenigen Handgriffe, die die pflegebedürftigen Menschen noch selbst erledigen können, durch behende Hilfestellung systematisch abgewöhnt werden.

Sparprogramm und Effizienzsteigerung – In der B-Station

In Pensionistenwohnhäusern gibt es Pflegestationen, die oft als B-Stationen bezeichnet werden. B steht für Betreuung. Hierher gelangen pflegebedürftige Bewohner aus dem Wohnbereich, die nicht mehr in der Lage sind, sich selbst zu versorgen. Von der Struktur her unterscheiden sich diese B-Stationen nicht von Pflegestationen. Auch hier müht sich eine kleine Anzahl von Pflegepersonen für eine ständig wachsende Zahl Pflegebedürftiger ab.

Einerseits steigt die Zahl der Pflegebedürftigen, andererseits wirkt sich das Sparprogramm der Krankenkassen nachteilig auf die Pflegearbeit aus. So werden etwa die teuren Decubitus-Matratzen nicht mehr ohne weiteres zur Verfügung gestellt. Ebenso wird der praktische Pflegeschaum nicht bewilligt, und Inkontinenzeinlagen dürfen nur von einer bestimmten Firma bezogen werden, die zwar billig anbietet, aber schlechtere Qualität liefert. Auch diese Sparmaßnahmen bedeuten Mehrarbeit für die Pflegepersonen.

Wegen steigender Kosten und steigender Rezeptgebühren ist es erforderlich, sogenannte Patientenkassen anzulegen, um die notwendigen Kosten abdecken zu können. Pflegepersonen müssen sich jetzt vermehrt um organisatorische Dinge kümmern. Bleiben Angehörige mit dem Einzahlen säumig, müssen sie Anrufe tätigen, sich rechtfertigen, bitten und betteln. „Ich komme mir schon vor wie ein Inkassobüro“, beklagt sich eine Schwester über diese neue undankbare Aufgabe.

Auch für die Aufräumerinnen gibt es jetzt schlechtere Arbeitsbedingungen als noch vor zehn Jahren. Jeden Tag müssen die Appartments kontrolliert und aufgeräumt werden. Die Bewohnerinnen sind auch hier schlechter als früher in der Lage, einen erforderlichen Mindeststandard an Reinlichkeit aufrechtzuerhalten.

Die Arbeit wird mehr, das Personal aber weniger. So erzählt eine Pflegerin eines Pensionistenheimes:

„Früher waren unsere Putzfrauen für einen Stock zuständig. Sie hatten guten Kontakt untereinander, zu uns und zu den Pensionären. Bei der Saalreinigung haben immer alle zusammengeholfen und hatten dabei ihren Spaß. Da war ein Zusammenhalt spürbar. Aber heute kommen verschiedene Frauen von Reinigungsfirmen, die oft nicht Deutsch sprechen. Dadurch entsteht keine Kommunikation so wie früher, und es gibt keine Gemeinschaft mehr.

Noch eines finde ich nicht in Ordnung: Auf der B-Station gibt es acht diplomierte Pflegerinnen und Pfleger und noch einmal soviele Schülerinnen oder Pflegehelfer. Es handelt sich also im wesentlichen um qualifiziertes Personal. Der Chef des Hauses, also der Verwalter des ganzen Hauses, aber hat keine besondere Qualifikation. Die Physiotherapeuten, die Ergotherapeuten, die Sozialarbeiterin, alle haben eine spezielle mehrjährige Ausbildung machen müssen, aber Verwalter kann hier offenbar jeder sein. Er ist sehr freundlich, aber ich sehe keine fachlichen Voraussetzungen, die ihn als Leiter dieses großen Hauses befähigen würden."

Diese Betreuerin weist hier auf einen Mißstand in der Personalauswahl von Führungspersonen hin. Vielen Verwaltern geht es vorrangig darum, ein Haus möglichst personalsparend zu führen. In diesem Zusammenhang wurde einmal der absurde Versuch unternommen, die Essenszuteilung möglichst rationell zu gestalten. Die Portionen wurden der Reihe nach auf einen Wagen gestellt, und damit wurde von Appartement zu Appartement gefahren. Die Zeit vom Verlassen der Küche bis zur Rückkehr sollte möglichst kurz ausfallen. Die Betreuerinnen mußten also effizient arbeiten: Sie traten ins Zimmer, knallten das Tablett mit dem Essen auf den Tisch und eilten zum nächsten Bewohner. Dieser tatsächlich durchgeführte Versuch einer Effizienzsteigerung zeigt die ganze Absurdität einer rein quantitativ ausgerichteten Geschäftsführung.

Auch bei der Körperpflege wird, wie bereits hingewiesen werden konnte, möglichst zeitsparend agiert. Die Beschäftigung mit den Pflegebedürftigen wird möglichst kurz gehalten. Das zeigt sich auch immer wieder beim Essen. So wird während dem löffelweisen Verabreichen die Kost mit den Pflegebedürftigen nur wenig geredet. Es wird getrachtet, daß in kurzer Zeit möglichst viel gegessen wird. „Ein Löfferl für mich, ein Löfferl für den Papa, ein Löfferl für die Mama", munterte eine Pflegerin ihre hilfsbedürftige Frau auf. Das Reden ist sachbezogen und auf das Ziel ausgerichtet, möglichst schnell die Speiseteller zu leeren. Offene Fragen werden vermieden, um bei den Pflegebedürftigen ja keinen Redefluß in Gang zu setzen und dadurch mit der Arbeit völlig ins Hintertreffen zu geraten.

Der große Arbeitsdruck zwingt die Pflegepersonen zu „Effizienz". Das Ergebnis: Ein für beide Seiten unmenschlich durchorganisiertes Arbeitsprogramm im Pflegeheim.

Arbeitszeit und Entlohnung

„Zu den besonders belastenden Faktoren, unter denen die Pflegepersonen leiden, gehören seit den Anfängen der berufsmäßigen Krankenpflege die überaus langen Dienstzeiten." (Seidl 1993, S. 98)

Eine besondere Belastung stellen die Wochenarbeitszeiten von meist über 40 Stunden in der Tat dar. Durchschnittliche wöchentliche Arbeitszeiten von 45 Stunden sind keine Seltenheit auf Pflegestationen. Dazu kommt noch die Belastung durch Nachtarbeit und Wochenenddiensten, wodurch sich automatisch unregelmäßige Dienstfolgen ergeben. Die schwere körperliche Arbeit ergänzt noch die insgesamt große Belastung.

Krankenschwestern und -pfleger sind im Durchschnitt 27 Tage pro Jahr krank, andere Berufsgruppen bringen es nur auf 15 Tage.

„Freie" Diensteinteilung

Die Diensteinteilung spielt in den Pflegestationen eine große Bedeutung. Zufriedenheit und eine gute Atmosphäre in einem Pflegeteam hängen oft entscheidend mit einer geglückten oder weniger geglückten Diensteinteilung zusammen. Zumeist wird versucht, die Diensteinteilungen wirklich kollegial zu gestalten und auf die persönlichen Wünsche Rücksicht zu nehmen. Kommt es trotzdem zu Überschneidungen, versuchen die Betroffenen, untereinander den Dienst zu tauschen, was wiederum Kollegialität und gute Zusammenarbeit fördern kann.

Im Vergleich zu anderen Berufsgruppen gibt es im Pflegeberuf eine breite Palette von flexiblen Diensten, die allerdings in Summe meist über 40 Stunden pro Woche ausmachen. Außergewöhnlich sind aber auch die langen durchgehenden Dienste von bis zu zwölfeinhalb Stunden. Die Nachtdienste müssen meist ebenso wie die Tagdienste in einem zwölfstündigen Nonstop-Arbeitseinsatz bewältigt werden. Seit Anfang dieses Jahrhunderts gibt es den Zweischicht-Dienst im Krankenpflegeberuf, und es sieht so aus, als ob diese anachronistische Diensteinteilung auch noch im 21. Jahrhundert gang und gäbe sein würde, denn rund 80 Prozent der Pflegepersonen wünschen sich den 12-Stunden-Arbeitstag.

Die Dienste werden von Haus zu Haus verschieden gestaltet. In manchen Stationen gibt es eine starre Einteilung mit genau festgelegten Tag- und Nachtdiensten und freien Tagen. So gibt es etwa das „5er-Radl" oder das „6er-Radl". Das „5er-Radl" bedeutet drei

Tage Arbeit und zwei Tage frei. Der Vorteil dieser Lösung ist die Regelmäßigkeit des Dienstes und die Vorhersehbarkeit der freien Tage. Man kann auf Monate, ja sogar auf Jahre voraussagen, wann man Dienst hat.

Daneben etablieren sich zunehmend flexiblere Dienstteinteilungen. Dabei wird etwa ein bestimmter Rahmen vorgegeben, zum Beispiel ein Wochenenddienst pro Monat, ein Nachtdienst pro Woche und nicht mehr als sechzig Wochenstunden. Reihum können die Pflegerinnen ihren Dienst frei eintragen, wobei eine genaue Reihenfolge eingehalten wird: „Wenn ich als erste dran bin, nehme ich zwei Tage, und eine Nacht, und den Rest der Woche habe ich frei. Bin ich die letzte, muß ich die Restdienste nehmen, die noch offen sind. Jede ist einmal letzte und hat keine freie Auswahl mehr. Aber am Anfang stehen dann mehr Möglichkeiten offen. Für uns ist diese Diensteinteilung in Ordnung“, erzählt eine Pflegehelferin.

Andere Pflegepersonen schwärmen wiederum von ihrer Diensteinteilung nach Wunsch: Jede gibt bekannt, welches Wochenende sie arbeiten und wann sie Nachtdienst machen will. Ebenso gibt sie frühzeitig bekannt, wann sie im kommenden Monat freihaben will. Die Stationsschwester berücksichtigt diese Wünsche bei der Diensteinteilung und klärt eventuell auftretende widersprüchliche Interessen mit den Betroffenen, um eine Betreuung der Pflegebedürftigen rund um die Uhr sicherzustellen.

Die Dienste müssen mit der jeweiligen privaten Situation weitgehend in Einklang gebracht werden. Pflegepersonen, die ihren Wohnsitz zum Beispiel außerhalb Wiens haben, aber in einem Wiener Pflegeheim arbeiten, sind an langen Dienstzeiten interessiert, da sie dadurch nur wenige Tage in der Woche pendeln müssen.

Weiters spielt es natürlich eine Rolle, ob, die Pflegerinnen Kinder haben oder nicht. Eine Oberschwester:

> „Die jungen Kolleginnen, die aus der Schule kommen, machen sehr gerne Nachtdienst. Da verdienen sie mehr, weil sie viele Zulagen bekommen. Das gibt sich aber dann meist nach drei, vier Jahren, wenn die Kolleginnen dann Kinder haben, sind sie an Tagdiensten von Montag bis Freitag interessiert. Die Arbeitszeit richtet sich nach den Kindergarten- und Schulzeiten. Am Wochenende wollen sie Zeit für ihre Partner haben.“

Kinderlose Pflegerinnen und Pfleger und solche mit selbständigen Kindern sind meist vollbeschäftigt. Pflegerinnen mit Kindern aber arbeiten oft zwischen 20 und 30 Wochenstunden. Dadurch schaffen sie es eher, Hausarbeit und Kinderbetreuung unter einen Hut zu bringen. Die kinderlosen Pflegepersonen und Pflegerinnen mit Kindern bilden nicht selten zwei konkurrierende Gruppen. Die einen sind für Wochenendarbeit eher nicht zu haben, die kinderlosen Pflegerinnen aber müssen in den sauren Apfel beißen und diese Dienste vermehrt akzeptieren. Konflikte ergeben sich auch aus der Urlaubsplanung. Die Familienfeste Weihnachten und Ostern können von Pflegerinnen mit Kindern eher in Anspruch genommen werden als von den alleinstehenden Kolleginnen. Ebenso verhält es sich mit dem Urlaub in den Ferienmonaten.

Pflegeteams vertragen oft nur eine kleine Anzahl von Pflegerinnen mit Kindern, um keine großen Konflikte wegen der gleichen Interessenslagen aufkommen zu lassen. Ist es den Pflegerinnen möglich, die Arbeit weitgehend nach den persönlichen Bedürfnissen abzustimmen, dann findet sich eine hohe Arbeitszufriedenheit.

Eine flexible Arbeitszeit, die weitgehend selbst gestaltet werden kann, zeichnet das Pflegepersonal als eine der mündigsten Berufsgruppen aus. Doch dieser Vorteil wird durch mehrere Gründe verspielt, weil folgende Faktoren zusammenkommen:
- eine Wochenarbeitszeit von mehr als 40 Stunden,
- eine Tages- und Nachtarbeitszeit von je zwölf Stunden,
- Personalknappheit.

Zur Personalknappheit

Eine zufriedenstellende Arbeitssituation ist nur gegeben, wenn genügend Personal da ist. Genügend Personal ist jedoch in den Pflegeheimen, wie bereits klar gezeigt werden konnte, kaum vorhanden. Fast immer haben die Betreuerinnen und Betreuer das Gefühl, wieder nicht allen Bewohnerinnen alles recht gemacht zu haben. Die notorische Personalknappheit führt dazu, daß viele Pflegerinnen auch an ihren freien Tagen abgerufen werden. Selbst im Urlaub läutet das Telefon, und manche machen es sich zur Angewohnheit, an freien Tagen nicht zu Hause zu sein, um keine bösen Überraschungen zu erleben.

Oft sind laut Dienstplan fünf Pflegerinnen für rund 40 Heimbewohnerinnen zuständig, doch bei näherem Hinsehen fällt die Stationsschwester und ihre Stellvertreterin für die Arbeit an den Patienten weg, und es bleiben nicht selten nur mehr drei Pflegerinnen übrig, die alles machen sollen. Immer wieder kommt es aufgrund einer Krankheit zu Ausfällen beim Pflegeteam. Auch Fortbildungskurse halten sie oft vom Dienst fern. Ohne Ersatz muß sich nun der

Rest des Pflegeteams um das Wohl der Heimbewohnerinnen kümmern. Da die Verwaltungen von Pflegeheimen kaum mehr Pflegepersonen beschäftigen als unbedingt notwendig, wurde in einigen Stationen die „Stationssekretärin" geschaffen. Diese übernimmt die vielfältigen Schreibarbeiten, und ermöglicht es daher einer diplomierten Pflegekraft, sich wieder direkt um die Patienten zu kümmern. Doch diese Lösungen schaffen noch lange keine ausreichende Betreuungsintensität, weil in allen Pflegestationen geschulte Pflegekräfte fehlen.

Bei Personalknappheit werden arbeitsintensive Tätigkeiten verschoben. So entfällt etwa das Baden, was oft zwei Pflegerinnen bindet. Es kommt auch vor, daß der Nachmittagskaffee nicht serviert wird. In der Nacht werden Schlaftabletten verabreicht, um die Belastung für eine Pflegekraft für rund 40 Personen in Grenzen zu halten.

Aus Personalknappheit kommt es vor, daß die Bewohner erst gar nicht aus den Betten geholt werden, denn auf diese Weise brauchen sie auch nicht wieder langwierig ins Bett gelegt werden. Aus Personalmangel kommt es dazu, daß in einigen Pflegeheimen schon um 2 Uhr morgens mit dem Waschen angefangen wird. Eine Pflegehelferin: „Wir müssen im Nachtdienst Leute waschen. Um 2 Uhr fangen wir damit an. Freilich schlafen die Leute, aber da sie ja auch tags-

Die knappe Anzahl von Pflegepersonen im Pflegeheim führt zu einer minimalen Zuwendungszeit pro Heimbewohnerin.

über schlafen können, ist das nicht so ein großes Problem. Wir machen nicht das große Licht an, sondern gehen zum Bett, waschen, ziehen sie an und danach schlafen sie mit der Tagdecke wieder weiter."

Aus Personalmangel wird auch „Tante Frieda" ab und zu um 4 Uhr morgens ins Bad geholt und gebadet, denn dann komme der Tagdienst besser mit der Arbeit zurecht, wird argumentiert. Aus Personalknappheit muß eine Heimbewohnerin zwei Stunden hilflos im Bad verbringen, und eine andere steigt über das Gitter und stürzt zu Boden. Aus Personalknappheit geht der Verfall der weitgehend unbetreuten alten Bewohnerinnen schnell voran, sodaß die Pflege immer schwieriger statt leichter wird. Die knappe Anzahl von Pflegepersonen in Pflegeheimen führt nicht nur zu einer minimalen Zuwendungszeit pro Heimbewohnerin, sondern auch zu einem vermehrten Arbeitsstreß. Wenn der Arbeitsplan unabhängig vom Befinden der Hausgäste durchgezogen werden muß, führt dies automatisch zu Spannungen zwischen Pflegepersonen und Gepflegten. Aus Personalknappheit kommt es schließlich dazu, die „lästigen" Bewohnerinnen von den „angenehmen" zu unterscheiden und die Gäste so zu erziehen, daß sie möglichst wenig läuten und damit nicht unnötig den Arbeitsablauf stören.

Die Personalkosten sollen möglichst niedrig gehalten werden, weshalb zum Nachteil der Arbeitssituation in Pflegestationen nur eine geringe Zahl von Betreuerinnen engagiert wird. Der Intensivpatient ist unserer Gesellschaft eine voll ausgebildete Pflegerin rund um die Uhr wert, die an Alzheimer erkrankte alte Frau in einer Langzeitpflegestation kann bloß mit rund 15 Minuten Zuwendung und Betreuung pro Tag rechnen. Damit ist der Wert oder besser die Geringschätzung gegenüber unserer alten hilflosen Generation deutlich zum Ausdruck gebracht. Das Pflegepersonal ist dennoch angehalten, die Grundbedürfnisse der alten Menschen in Pflegestationen zu befriedigen, und die Wünsche und Beschwerden der Heimbewohnerinnen ernst zu nehmen, ein, unter dem Vorzeichen von Personalknappheit, nahezu unmögliches Unterfangen.

Der 12-Stunden-Rhythmus

In keiner anderen mir bekannten Branche ist der Wunsch, 12-Stunden-Dienst zu machen, so groß wie im Pflegeberuf. Der Vorschlag eines 8-Stunden-Dienstes findet meist kein Gehör, ja er wird rundweg abgelehnt. Eine Pflegerin, die kleine Kinder hat, drückt das so aus:

„Wenn ich acht Stunden arbeite, komme ich genauso müde nach Hause wie wenn ich elf oder zwölf Stunden durcharbeite. Komme ich etwa um zwei Uhr nachmittags nach Hause, verläßt mich die Oma und überläßt mir die Kinder und den ganzen Haushalt. Mein Mann erwartet dann auch, daß ich ihm eine warme Mahlzeit zubereite. Das heißt, die Arbeitszeit daheim wird für mich länger und insgesamt die Belastung größer."

Diese Krankenschwester spricht hier tatsächlich einen wichtigen Punkt an. Arbeitet sie wie bisher elf oder zwölf Stunden durch, kommt sie müde nach Hause. Die Kinder aber schlafen schon, und der Partner kann von ihr nicht mehr eine warme Mahlzeit verlangen. Der nächste freie Tag gibt ihr die Möglichkeit, allen Verpflichtungen nachzugehen.

Ein wesentlicher Einwand gegen eine 8-Stunden-Lösung zielt weiters auf die psychische Belastung ab. Die Pflegerinnen und Pfleger brauchen freie Tage:

„Würde ich jetzt nur täglich acht Stunden arbeiten, müßte ich fünfmal die Woche hereinkommen, um auf die 40 Stunden zu kommen. Da komme ich gar nicht mehr zum Abschalten. Wenn ich wie jetzt drei Tage daheim bin und wieder zwei Tage arbeite, gehe ich richtig gerne wieder herein."

Durch den häufigeren Dienstwechsel würde es zu Problemen bei der Dienstübergabe kommen, wird weiters gegen ein Drei-Schicht-Modell ins Treffen geführt. Am wenigsten können die Pflegerinnen und Pfleger mit einer Nachtschicht von 22 Uhr bis 6 Uhr früh etwas anfangen, denn ein solcher Abend wäre gänzlich verdorben.

Es gibt also schwerwiegende Gründe, die gegen eine Umstellung auf dreimal acht Stunden vorgebracht werden. Als besonders nachteilig wird eine Unterbrechung der Arbeitszeit empfunden. So ist es in einigen Pflegeheimen üblich, während des Vormittags die schwere Pflegearbeit zu leisten, dann drei oder vier Stunden zu pausieren und am Abend wieder tatkräftig beim Abendessen und beim Niederlegen der Heimbewohnerinnen mitzuhelfen. So empört sich eine Hilfspflegerin, daß sie in der neuen Station plötzlich einen Dienst von 7 Uhr früh bis Mittag und dann wieder von 16 bis 19 Uhr akzeptieren mußte. „Die Zimmerstunden kann ich überhaupt nicht nutzen, da ich 25 Kilometer von der Pflegestation entfernt wohne und ein Hin- und Rückfahren mehr Spesen und Streß als Entspannung bringen würde. So bleibe ich auf der Station und arbeite unentgeltlich weiter, weil mir ja sonst fad ist."

Solche Argumente wurden mir von sehr vielen Pflegepersonen präsentiert. Beim ersten Hinhören sind sie alle plausibel, und es spricht tatsächlich alles gegen die geteilten Dienste. Eine Antwort eines erfahrenen Pflegers hat mir dennoch zu denken gegeben, denn er meinte: „Ob ich jetzt zwei Stunden mehr oder weniger arbeite, ja vier oder fünf, das spüre ich gar nicht. Spüren tu ich das nur am Geldbörsel, wo dann weniger drinnen ist."

Dort, wo die 40-Stundenwoche noch nicht obligat ist, geht es bei der Debatte um ein 8-Stunden-Modell weniger um eine insgesamt leichter zu bewältigende Tagesarbeitszeit oder um weniger freie Tage, sondern eher um die Angst, insgesamt auf eine 40-Stundenwoche reduziert zu werden und damit weniger Geld zu verdienen.

Durch die zum Teil massiv vorgetragenen Bedenken gegen eine 8-Stunden-Lösung hellhörig geworden, habe ich dieses Thema bei allen Gelegenheiten immer wieder angesprochen, und bald fand ich ebenso glühende Befürworter dieses Modells. Eine Pflegerin:

„Acht Stunden Dienst sind nicht zwölf Stunden Dienst. Es ist ein Unterschied, ob ich acht Stunden in der Station bin oder noch vier Stunden länger. Ich habe früher selbst den 12-Stunden-Dienst gehabt und ich muß sagen, so fertig wie damals gehe ich jetzt nicht mehr nach Hause. Ich kann mit der Zeit daheim noch was anfangen. Ich muß mich nicht gleich hinlegen und mich zurückziehen, weil mir alles zuviel ist. Das wichtigste aber ist für mich, daß ich jetzt wieder meine sozialen Kontakte pflegen kann, denn früher war ich ja nur mehr mit meinen Kolleginnen zusammen. Wenn ich daheim war, arbeiteten meine Bekannten und wenn sie Zeit hatten, war ich im Dienst."

Was für diese junge Pflegerin gilt, ist auch für Pflegerinnen mit Kindern gültig. Sie kommen nach acht Stunden ausgeruhter nach Hause und können den Kindern mehr bieten als nach einem 12-Stunden-Dienst. Ebenso ist es einem Familienleben nicht abträglich, wenn die Abende regelmäßiger und ausgeruhter verbracht werden können.

Ich selbst hatte nach acht Stunden Dienst im Pflegeheim nie das Gefühl, noch besonders viel Reserven für weitere vier Stunden zu haben. Im Gegenteil: Ich war froh, die Station nach acht Stunden wieder verlassen und ausgeruht am nächsten Tag wieder betreten zu können.

Die lange Wochenarbeitszeit

Die Argumente, die gegen einen 8-Stunden-Tag ins Treffen geführt werden, haben, wie bereits hingewiesen werden konnte, vielfach einen finanziellen Hintergrund.

Die stärksten Widerstände gegen die Einführung der 40-Stunden-Woche gibt es dort, wo die Strukturreform direkt auf das Einkommen abzielt. Die Reduktion der Wochenarbeitszeit auf ein verträgliches Maß führt zu einer massiven Lohneinbuße bei Pflegepersonen: „Jetzt haben sie uns von 48 Stunden auf 46 Stunden runtergekürzt", beschwert sich in diesem Zusammenhang ein 56jähriger Pfleger. „Gleichzeitig hat die Gewerkschaft eine Nullohnrunde ausgehandelt, weil es ja das Sparpaket gibt. Ich verdiene jetzt genau 1.500 Schilling weniger im Monat. Mit meinen 25 Dienstjahren habe ich jetzt 21.000 Schilling netto. Ich bekomme weniger Lohn, aber das Leben ist deswegen nicht billiger geworden und die Arbeit nicht leichter. Überstunden dürfen wir auch keine mehr machen. Mit 40 Stunden würde man schließlich nur mehr 15 000 Schilling im Monat verdienen. Da brauchen sie sich nicht zu wundern, wenn diese Arbeit nur mehr die Ausländer machen."

In diesem Zusammenhang ist zu bedenken, daß sich viele Krankenpflegepersonen sowieso nicht ausreichend für ihre schwere Arbeit bezahlt fühlen: *„Der Lohn ist der Arbeitsleistung keineswegs angepaßt, denn wenn ich in diesem Beruf 40 Stunden ohne Feiertag, Wochenende und Nachtdienst arbeite, verdiene ich nicht mehr als eine Aufräumerin."* (Seidl 1993, S. 264)

Auch die altgedienten Pflegepersonen sehen die Verlockungen der größeren Freizeit, doch der Preis ist ihnen eindeutig zu hoch. Für das neue Personal, das mit 40 Stunden verpflichtet wird, stellt diese Stundenanzahl kein Problem dar. Hier überwiegt eine positive Einstellung, doch dort, wo es um ein Eingreifen in bestehende Strukturen geht, setzen sich die Betroffenen zur Wehr.

Um eine akzeptable Lösung dieses Dilemmas zu erreichen, müßten die alten Verträge unangetastet bleiben, oder es müßte ein finanzieller Ausgleich zum Lohnverlust geschaffen werden. In wenigen Jahren könnte bereits durchgängig mit der neuen 40-Stunden-Wochen-Regelung gearbeitet werden, denn es sind vor allem diejenigen, die nur mehr wenige Jahre vor der Pensionierung stehen, die zu Recht ein Interesse daran haben, sich den finanziellen Polster für den Ruhestand nicht schmälern zu lassen.

Zum Unterschied zwischen privaten und öffentlichen Pflegeheimen

Die bisher angesprochenen Mängel finden sich in allen Pflegeheimen unabhängig davon, ob es sich dabei um private oder kommunale Einrichtungen handelt. Dennoch lassen sich einige Punkte bestimmen, die eher typisch für private Trägerorganisationen sind und weniger die gemeindeeigenen Pflegestationen betreffen.

Private Einrichtungen sind meist durch besondere Sparsamkeit charakterisiert. Gespart wird, wie könnte es anders sein, am Personal. Private Pflegeheime rühmen sich beispielsweise ihrer liebevollen Schwestern, die sich rund um die Uhr um die Patientinnen kümmern, doch gleichzeitig mußte ich erleben, wie eine solche Schwester während einer Führung durch das Haus andauernd angepiepst wurde und sichtlich überlastet war. Die Heimbewohnerinnen konnten erst um 10 Uhr vormittags aus den Betten geholt werden, weil ein überlastetes Betreuungsteam mit der Körperpflege in argen Rückstand gekommen war. In einem anderen Heim, das sich rühmt, gleich „eine Krankenpflegerin für vier Patienten" abgestellt zu haben, konnte ich während meines Besuches keine einzige Pflegerin zu Gesicht bekommen, obwohl ich durch alle Pflegestationen geführt worden bin. In manchen privaten Heimen verrichten Pflegerinnen noch zusätzlich Hausarbeiten, weil es etwa keine Abteilungshelferinnen wie in kommunal geführten Pflegestationen gibt. So werden Pflegerinnen mitunter mit Bügelarbeiten während der Nachtdienste beschäftigt, und es kommt auch häufig vor, daß die geleisteten Arbeitsstunden nicht genau abgerechnet werden. Nachtdienste gelten etwa als Bereitschaftsdienste mit entsprechend niedrigerer Bezahlung.

Besonders auffällig ist die Personalknappheit an den Wochenenden. Ab Samstag bis Sonntag und an Feiertagen finden sich spürbar weniger Pflegerinnen in den Stationen ein als werktags. Am Wochenende kommen daher viele Heimbewohner erst gegen 10 Uhr aus den Betten. Am Sonntag wird das Essen schon eine halbe Stunde früher aufgetragen, die Bewohner kommen dann früher zum Nachmittagsschläfchen. Aus Personalmangel kommen sie erst ab 14 Uhr wieder aus den Betten. Zweieinhalb Stunden später wird das Abendessen serviert, und um 17 Uhr liegen die meisten schon wieder. Aus finanziellen Überlegungen wird an den Wochenenden an Personal gespart, um weniger Wochenendzuschläge auszahlen zu müssen. Dasselbe gilt für die Nachtdienste. Eine einzige Pflegerin steht nicht selten für ein ganzes Pflegeheim mit 50 Bewohnern im Einsatz.

Öffentliche Einrichtungen sparen am Wochenende kaum an Personal. Dort fehlen nur die Therapeutinnen, die ihre Arbeit von Montag bis Freitag machen. Auffällig ist auch der Unterschied hinsichtlich der Qualifikation der Pflegepersonen. Für die Pflege steht in öffentlich geführten Pflegestationen durchwegs geschultes Personal im Einsatz. Pflegehelferinnen und Pflegehelfer überwiegen zwar eindeutig gegenüber diplomierten Pflegekräften, dennoch finden sich hier auch Diplomkrankenschwestern, die weder als Stationsschwester noch als Stellvertreterin agieren, sondern wie Pflegehelfer direkt mit der Pflegearbeit betraut sind. Zusätzlich gibt es in öffentlichen Pflegeheimen die hilfreichen Abteilungshelferinnen und einige Zivildiener, die beim Essen behilflich sind und etwa zwischendurch auch schon einmal den Boden aufwischen, wenn es notwendig ist.

In privaten Pflegeheimen findet sich, wieder aus Kostengründen, wenig diplomiertes Personal. Eine ausgebildete Pflegekraft stellt dort die Pflegeleitung, daneben gibt es noch eine ebenso qualifizierte Vertretung. Die Pflegearbeit selbst aber liegt hier in den Händen von Pflegepersonen, die oft nicht einmal die einjährige Ausbildung einer Pflegehilfe besitzen. In privaten und religiös geführten Pflegeheimen finden sich auch vermehrt Zivildiener, die kurz eingeschult werden und je nach Talent eine mehr oder weniger geeignete Pflegekraft darstellen.

Das heißt, in privat geführten Pflegeheimen regiert der Rechenstift. Es wird vielfach versucht, mit einer möglichst geringen Anzahl von fachlich ausgebildeten Pflegepersonen das Auslangen zu finden. Trotz dieser Tendenz läßt sich nicht sagen, daß private Pflegeheime schlechtere Pflegearbeit leisten als öffentliche. Gute oder schlechte Pflegearbeit hängt vielfach vom jeweiligen Pflegeteam ab. In allen Pflegeheimen kann es ausgebrannte Pflegepersonen geben, die schlecht arbeiten, man denke nur an den Fall Lainz. Die Schilderungen der Mißstände in einem Pflegeheim jener Frau, die sich heute noch Vorwürfe macht, zuwenig für ihren Vater getan zu haben, stammen aus einem kommunal geführten Pflegeheim. Auch leitende Ärzte von Pensionsversicherungsanstalten, die die Pflegebedürftigkeit im Zuge des Pflegegeldgesetzes von Vertrauensärzten beurteilen lassen und einen guten Überblick über alle Pflegeheime in Österreich haben, teilen diese Einschätzung. Es gibt privat geführte Pflegeheime, die keine Pflegedokumentation vorweisen und auch die Betreuung minimalisieren, und dann gibt es wieder Häuser, die genauere Pflegeberichte vorlegen als öffentlich geführte Pflegestationen.

Für die Pflegepersonen selbst bieten öffentlich geführte Pflegeheime in der Regel die besseren Arbeitsbedingungen. Hier werden die Verträge eingehalten, und die Bezahlung erfolgt nach allgemein vereinbarten Regeln. In einigen privaten Pflegeheimen kommt es zu Problemen. So werden oft Überstunden nicht als solche anerkannt, und die Abrechnung ist oft fehlerhaft.

Die Führung eines Pflegeheimes ist mit Kosten verbunden. Jede Pflegekraft, die eingespart werden kann, trägt zu einer Kostensenkung bei. Die monatlichen Kosten für einen Pflegeplatz betragen momentan zwischen 20.000 und 40.000 Schilling. Je mehr Bewohner in einem Pflegeheim, umso höher die Auslastung, desto größer die Einnahmen. Je geringer die Ausgaben, also niedrige Personalkosten, desto höher der Gewinn.

Privat geführte Pflegeheime versuchen auch die Kosten zu drücken, indem sie großteils zugewanderte Pflegepersonen einsetzen, die sich auch mit niedrigeren Löhnen zufriedengeben. So arbeitet ein Pflegeheim in Niederösterreich mit gut ausgebildeten Pflegerinnen aus der ehemaligen DDR. Diese Frauen erfüllen beste sprachliche Voraussetzungen, sind gut ausgebildet und geben sich doch mit einem niedrigeren Lohn als gleich qualifizierte Inländerinnen zufrieden.

Doch auch in öffentlich geführten Pflegeheimen findet sich ein hoher Prozentsatz von Pflegepersonen aus dem Ausland. Hinsichtlich der Bezahlung werden hier allerdings keine Unterschiede gemacht. Die Unterschiede liegen hier eher in den Positionen. Inländerinnen können eher damit rechnen, Stationsschwester oder Stellvertreterin zu werden als ausländische Kolleginnen.

Auch öffentlich geführte Pflegeheime stehen unter dem Druck, Pflegestationen nach Kosten-Nutzen-Kriterien zu führen. Auch dort gibt es Personalmangel, doch eines ist besonders auffallend: neue Entwicklungen nehmen weniger von privat geführten Heimen ihren Ausgang, als vielmehr von kommunal geführten Häusern. In kommunalen Pflegeheimen gibt es etwa im Gegensatz zu privaten die Einrichtung der Übergangspflege. Dabei wird alles versucht, um die Neueintretenden innerhalb von wenigen Wochen wieder so weit zu mobilisieren, daß sie weiterhin daheim leben können. Die Wohnung wird adaptiert, daß sie möglichst große Selbständigkeit gewährleistet. Die Entlassenen werden in der ersten Zeit vom Pflegeheim aus durch regelmäßige Kontrollbesuche betreut. Anträge auf einen Pflegeplatz werden von öffentlich geführten Pflegestationen zuerst geprüft. Ein Heimleiter einer kommunal geführten Einrichtung etwa stellt die Frage: „Warum wollen Sie ins Pflegeheim? Geht es daheim in Zusammenarbeit mit ambulanten Diensten nicht auch?“ Solche Fragen stellen privat geführte Pflegeeinrichtungen nicht. Ihnen geht es nicht darum, einer vorteilhaften häuslichen Pflegesituation das Wort zu reden, sondern sie sind froh über jeden Pflegefall, denn er bringt Geld.

Bei meinem Versuch, meinen pflegebedürftigen Vater in einem privaten Pflegeheim unterzubringen, fühlte ich mich heiß umworben. Alle versprachen sie, sich gut um meinen Vater zu kümmern. Eine Pflegeheimleiterin wunderte sich, daß ich mir vorher den Platz anschauen wollte und meinen Vater nicht gleich mitgebracht und den Vertrag unterschrieben habe, der monatliche Kosten von 35.000 Schilling verursacht hätte. Mich wunderte, daß fast alle privaten Heime mir prompt einen Pflegeplatz anbieten konnten. Mit einer durchschnittlichen Pension plus Pflegegeld läßt sich ein Gutteil der anfallenden Pflegekosten für immer mehr Pflegebedürftige finanziell abdecken. Zumindest im Raum Wien kann von zuwenig Pflegeplätzen keine Rede sein. Es ist verführerisch leicht, pflegebedürftige Menschen in privat geführten stationären Einrichtungen unterzubringen.

Von Stationsschwestern und Pflegehelfern

Die Leitung und Stellvertretung der Stationen liegt meist in den Händen einer diplomierten Pflegekraft, doch die eigentliche Arbeit leisten Pflege- und Altenhelferinnen. Zivildiener sind ebenso im Einsatz wie junge Frauen, die einen freiwilligen Sozialdienst leisten. Darüber hinaus gibt es noch Praktikantinnen aus Krankenpflegeschulen und aus Heimhelferinnenausbildungskursen.

Meist geben bereits verschiedene Adjustierungen Auskunft über Rang und Rolle von bestimmten Pflegepersonen.

Während die diplomierten Kräfte eher administrieren, also den Dienstplan erstellen und dafür Sorge tragen, daß genügend Medikamente und Hygieneartikel auf der Station sind und den pflegerischen und gesundheitlichen Zustand der Heimbewohnerinnen überwachen, lastet die schwere Arbeit der Körperpflege, des An- und Ausziehens, des Bettenmachens, also alle Handlungen, die den Heimbewohnerinnen unmittelbar zugute kommen, auf den Schultern der Pflegehelferinnen, Praktikantinnen und Zivildiener. Eine Pflegehelferin nahm diesen Umstand zum Anlaß, ebenfalls das Diplom zu machen:

„Wir putzen den Hintern aus, und die Diplomierten tragen dann ein Stricherl ein. Wir machen die Drecksarbeit und sie die Schreibarbeit. Wir müssen bei zwölf Stunden Arbeit oft noch Überstunden machen, und sie haben den 8-Stundentag. Sie verdienen noch dazu mehr Geld. Ich komme mir wirklich blöd vor, wenn ich weiterhin nur den Dreck wegputze."

Diese Pflegehelferin fühlt sich in mehrerer Hinsicht benachteiligt. Die diplomierten Pflegerinnen und Pfleger haben sich in Pflegestationen von der reinen Körperpflege weg hin zu administrativer und organisatorischer Tätigkeit orientiert. Sie erstellen den Dienstplan, sehen zu, daß genügend Pflegerinnen auf der Station sind, koordinieren Urlaube und Krankenstände und haben jedenfalls alle Hände voll zu tun, eine gute Betreuung mit genügend Personal und ausreichenden Pflegebedarfsartikeln zu ermöglichen. Darüber hinaus stehen die Diplomierten eng mit den Ärzten in Verbindung und veranlassen die richtige Medikation und die jeweiligen Therapien. Von seiten der Angehörigen gelten Stationsschwestern als beliebte Ansprechpartnerinnen, denn sie wissen über die jeweilige Befindlichkeit ihrer Pflegebedürftigen bestens Bescheid.

Eine wichtige Aufgabe der Stationsschwester ist es auch, ihre Mitarbeiterinnen zu guter Arbeit zu motivieren. Junge Stationsschwestern haben es oft gar nicht leicht, gegen das alte Routineverhalten erfolgreich anzukämpfen:

„In den Beruf habe ich mich erst langsam hineinfinden müssen. Die alten Pflegerinnen haben gesagt, daß wir alle ja nur diplomierte Hinternputzerinnen seien und sonst nichts. So niedrig haben sie unseren Beruf bewertet. Dementsprechend niedrig war auch das Image.

Die meisten haben nach Schema F gearbeitet. Sie haben den Job gemacht, wie sie ihn gelernt haben. Sie haben den Bewohnerinnen kein Besteck gegeben, damit sie sich nicht wehtun können. Sie haben die Schnaberlhäferln verwendet, damit sie sich nicht schmutzig machen. Auf manchen Stationen gab es nicht einmal einen Waschlappen. Sie haben einfach das Nachthemd genommen, damit haben sie die Leute gewaschen. Erst langsam ist eine Diskussion entstanden, und so langsam ist es zu einer Veränderung gekommen.

Im Mittelpunkt der Auseinandersetzungen stand oft das Essen. Um 7 Uhr früh bekamen die Bewohnerinnen das Frühstück, um 10 Uhr das

Gabelfrühstück und um halb zwölf ein dreigängiges Menü. Die Frauen konnten das einfach nicht aufessen.

Dieses Hineinstopfen habe ich nie verstanden. Die Schwestern sehen es auf vielen Stationen immer noch als Erfolg, wenn alles aufgegessen worden ist."

Verfolgt eine Stationsschwester keine neuen Pflegekonzepte, bleibt alles beim alten. Dann gibt es zwar keine heftigen Auseinandersetzungen, aber auch keine befriedigende Arbeitssituation.

Während die Stationsschwester einen Überblick über alle Bewohner der Station hat und auch die verschiedenen Eigenheiten der Pflegerinnen und Pfleger kennt, ist eine Pflegehelferin enger mit den Kollegen, aber auch mit den Pflegebedürftigen vertraut. Durch das tägliche Waschen und die ganzheitliche Betreuung kommt es mitunter zu engen emotionalen Bindungen. Die Pflegehelfer nehmen, wenn sie sich nicht genügend abgrenzen können, die Sorgen und Nöte der Pensionisten mit nach Hause. Es kann aber auch zu einem Abblocken kommen, zu einem kühlen Umgang mit den Pflegebedürftigen. Ein Pfleger, der daheim seiner Frau und seinen Freunden ständig über das Auf und Ab des gesundheitlichen Zustandes seiner Anvertrauten berichtete und oft aus Sorge nicht schlafen konnte, mußte nach eineinhalb Jahren den Beruf aufgeben, weil er den Beruf, wie er selbst angab, psychisch nicht mehr bewältigen konnte. Eine gewisse Abgrenzung zu den Pflegebedürftigen aufzubauen ist im Sinne von Eigenwohl und einer längerfristigen Berufsausübung von großer Wichtigkeit. Viele Pflegepersonen haben dabei Probleme, entweder sie gehen zu weit auf Distanz und machen bloß ihren Job, oder sie sehen ihre Arbeit als Berufung, hilflosen Menschen unbedingt zu helfen. Die Strukturen in den Pflegeheimen sind meist so angelegt, nur mit einer weitgehend distanzierten Arbeitsweise längere Zeit in diesem Beruf „überleben" zu können.

Zur Kommunikation in der Pflegestation

Die Beziehung der Patienten zum Betreuungsteam ist in vielen Krankenstationen nicht ungetrübt. Viele, die schon in Krankenstationen gelegen sind, können ein Lied von der gestörten Kommunikation zunächst einmal zwischen dem Kranken und dem Arzt singen. Vielerorts haben sich die Ärzte einige Regeln zur Angewohnheit gemacht, um von vornherein den direkten Kontakt zu den Patientinnen möglichst zu minimieren. So setzen sie sich etwa bei einer

Visite kaum zum Patienten, sondern reden stehend von oben herab, umgeben von einem Rattenschwanz von Medizinern und Pflegepersonen, viele lateinische Ausdrücke verwendend, auf den eingeschüchterten Patienten ein. Es wird geradezu künstlich Distanz aufgebaut, die es dem Kranken im Bett kaum ermöglicht, seine Probleme mitzuteilen. Die Fragen der Mediziner sind meist geschlossene Fragen: „Tut es hier weh? Und hier?“ Sie geben sich mit Ja-, Nein-Antworten zufrieden und vermeiden Ergänzungsfragen: „Wie geht es Ihnen heute?“ Offenbar haben sie Angst, dadurch einen Redefluß in Gang zu setzen, der sie wertvolle Zeit kostet.

Die Krankenschwestern und Pfleger, die ebenfalls den Anweisungen der Mediziner unterstehen, kopieren vielfach diesen distanzierten Umgangston. Auch sie sprechen von „Positionen“ und bezeichnen die Bettlägrigen nach ihrem medizinischen Befund und nicht nach ihren Namen. Sie lernen, den Aussagen der Patienten kein hohes Gewicht beizumessen. Nicht die Meinung des Patienten zählt, sondern die ihres vorgesetzten Arztes.

Pflegepersonen, die sich allzusehr von den Patienten beeinflussen lassen, und ihre Meinungen zur Krankheit und zum Krankheitsverlauf ernstnehmen, kommen nicht selten in Konflikt mit der ärztlichen Leitung. Wenn sie beobachten, daß sich ein Medikament offenbar schlecht auf die Psyche eines Kranken auswirkt, wird ihnen oft kein Glauben geschenkt. So müssen sie trotz innerer Zweifel die vom Arzt verschriebene Therapie „gewissenhaft“ durchführen.

Grundsätzlich ist es so, daß sich Pflegepersonen weniger Schwierigkeiten auf einer Station einhandeln, wenn sie den Anweisungen der Ärzte willig Folge leisten, wenn sie sozusagen mehr auf die Mediziner als auf die Patienten hören. Die relativ kurzzeitigen Aufenthalte von Patienten im Akutspital führen oft dazu, die Beziehungen zu den Stationsgästen nicht allzusehr zu vertiefen. Die Kranken verlassen die Station wieder, die ärztlichen Vorgesetzten bleiben. Schon um einen möglichst reibungslosen Arbeitsalltag sicherzustellen, ist es daher für die Pflegepersonen von Vorteil, sich völlig dem Ärzteteam zu unterstellen und mehr oder weniger blind ihren Anweisungen Folge zu leisten. Eine Diplomkrankenschwester bezeichnet dieses Verhalten als „Erziehung zur Unmündigkeit“.

Ärzte kommunizieren am ehesten mit den ranghöchsten Pflegepersonen. Diese geben die Anweisungen an ihre Pflegehelfer weiter. Eine Pflegestation ist oft ein klassisches Abbild einer streng hierarchisch organisierten Gruppe. Die Oberen schaffen an, die Unteren führen aus. Es gibt nicht wenige Pflegepersonen, die unter der streng hierarchisch organisierten Struktur leiden und aus diesem Grund die Stationen wechseln oder überhaupt den stationären Einrichtungen den Rücken kehren:

„Wenn der Arzt gesagt hat, diese Salbe muß ich nehmen, dann mußte ich sie auch verwenden, obwohl sich keine Besserung eingestellt hat. Oder, was auch vorkommt: Der Stationsarzt sagt, diese Salbe soll ich verwenden, dann kommt der Oberarzt und schimpft, weil ich die falsche verwende und unbedingt eine andere nehmen muß, und zum Schluß kann der Primar noch einmal alles verwerfen und wieder einen Befehl erteilen. Viele Schwestern denken bei der Arbeit daher nicht mehr mit. Sie schmieren stupid ihre Salbe, melden dem Arzt, daß sie die und die Auswirkungen haben, und nehmen die neuen Befehle geduldig entgegen. Wenn ich als Schwester den Vorschlag mache, eine Salbe zu versuchen, von der ich glaube, daß sie was bringt, habe ich keine Chance, ernstgenommen zu werden, denn da würde den Göttern in Weiß ja ein Stein aus der Krone fallen, wenn sie einer kleinen Schwester Wissen zubilligen. Wissen Sie, wie das frustrierend ist, wenn man sieht, daß dem Kranken nicht richtig geholfen wird. Nicht der Arzt, der sich nur kurz auf die Patienten einläßt, muß sich dann die Klagen anhören, sondern wir. Ich habe das nicht ausgehalten und bin deswegen in die Hauskrankenpflege gegangen, wo ich mehr oder weniger freie Hand habe. Ich habe viele verschiedene Stationen kennengelernt, aber überall war es das gleiche. Wir Schwestern waren die Dummen und die Ärzte die Gescheiten.“

Eine Vielzahl der Probleme resultiert aus einer gestörten Kommunikation zwischen Arzt – Pflegepersonen, Arzt – Patient und Pflegepersonen – Patient. Leider kennen viele Krankenstationen keine partnerschaftliche Kommunikation. Dieser Mangel setzt sich von der Intensivstation über die allgemeine Station bis hin zur Pflegestation zum Nachteil der Patienten, aber auch zum Nachteil des ärztlichen Teams wie der Pflegepersonen fort.

Das Verhalten Angehöriger

Angehörige von pflegebedürftigen Menschen spielen eine bedeutende Rolle. Sie sind es, die letztlich eine Übersiedlung von zu Hause in ein Pflegeheim in die Wege leiten, wenn sie sich den besonderen Belastungen, die mit einer Betreuung von Pflegebedürftigen einhergehen, nicht gewachsen fühlen. Die Gründe für die Überantwortung der Pflege an ein Altersheim sind sehr unterschiedlich. Angehörige haben zwar manchmal ein schlechtes Gewissen, doch insgesamt sehen sie in ihrem Verhalten keinen groben Fehler. Sie begründen nachvollziehbar, warum es für ihre hilflosen Angehörigen besser ist, im Heim als zu Hause zu sein.

Während die Angehörigen viele Gründe finden, die einen Aufenthalt im Heim unabdingbar machen, finden sich unter den Heimbewohnern selbst wenig glühende Anhänger dieser Idee, die letzten Lebensjahre bis zum Tod unter fremden Menschen und an einem fremden Ort verbringen zu müssen.

Pflegerinnen und Pfleger sehen es als positiv, wenn die Angehörigen regelmäßig kommen und ihre Heimbewohner aktiv begleiten. Angehörige, die nur sporadisch kommen und den körperlichen Verfall ihrer Verwandten den Pflegepersonen ankreiden, sind eher gefürchtet und eine zusätzliche Belastung. Was das typische Verhalten von Angehörigen anlangt, kommt den Pflegepersonen eine besondere Bedeutung zu, denn als neutrale Beobachter vermögen sie am besten die charakteristischen Verhaltensweisen zu beschreiben.

Aus der Sicht von Heimbewohnern

Heimbewohner hängen mit ihren Gedanken oft ihrem Zuhause nach. Sie denken an ihre Kinder und an den Ort, mit dem sie verwurzelt sind. Im Pflegeheim fühlen sie sich einsam, verlassen und abgeschoben. Den Angehörigen schieben sie meist die Schuld zu, den letzten Lebensabschnitt hilflos in einer Pflegestation verbringen zu müssen. Um diese Problematik noch einmal kurz zu verdeutlichen, lasse ich eine 86jährige Heimbewohnerin, die seit vier Jahren in einem schönen, aber von ihr ungewollten Pflegeheim die letzten Lebensjahre verbringen muß, zu Wort kommen:

„Vor vier Jahren hatte ich eine schwere Gallenoperation. Ein halbes Jahr lag ich schwer darnieder und hätte in dieser Zeit den Haushalt nicht allein führen können. Meine Nichten haben dann entschieden, daß ich zur Erholung in dieses Pflegeheim komme. Hier habe ich mich nach einigen Monaten wieder gut erholt. So wie heute konnte ich mich waschen, Ordnung halten und mich selbst versorgen. Nachdem ich mich also erholt hatte, wollte ich wieder in meine Wohnung zurückkehren, doch die Rückkehr zögerte sich immer weiter hinaus. Schließlich mußte ich erfahren, daß meine Wohnung in der Zwischenzeit aufgelassen und verkauft worden war. Ich fiel aus allen Wolken, kann ich Ihnen sagen.

Meine Nichten meinten, daß ich in der eigenen Wohnung ohne Aufsicht nicht allein bleiben könnte, bei ihnen im Haus haben sie mich aber auch nicht aufgenommen. Beide sind berufstätig. Ich schlug vor, eine andere Wohnmöglichkeit für mich draußen zu finden. Ich würde auch gerne in einem fremden Haus in Untermiete wohnen, aber leider unterstützt mich da keine von meinen Verwandten.

Ich will jetzt keinen Streit mehr anfangen. Das zahlt sich für die paar Jahre, die ich noch leben kann, gar nicht mehr aus. Ich mache ihnen auch keine Vorwürfe, denn sonst kommen sie mich auch nicht mehr besuchen. Den Schmerz trage ich tief drinnen in meinem Herzen, den behalte ich in mir.

Meine Nachbarin und Freundin kommt mich oft besuchen, aber bei ihr kann ich auch nicht wohnen, weil ihr Mann dagegen ist. Wir machen schöne Ausflüge. Wir gehen ins Kaffeehaus und lassen es uns gutgehen. Vielleicht ergibt sich doch noch eine Möglichkeit, von hier wegzukommen."

Die Tränen treten dieser Dame in die Augen, wenn sie von ihrem unfreiwilligen Aufenthalt im Heim erzählt. Sie schminkt sich, trägt Schmuck und mit ihrer gepflegten Kleidung und Frisur macht sie einen sehr vitalen Eindruck. Diese alte Dame wird im Heim, wie alle übrigen Bewohnerinnen, nach besten Kräften unterstützt, aber wohl fühlt sie sich hier trotzdem nicht. Oft bleibt diese Frau in ihrem Zimmer und zählt die Autos, die auf der Landstraße in beiden Richtungen vorbeifahren. In zwei Stunden kommt sie manchmal auf über fünfhundert. Während dieser Beschäftigung vergißt sie am ehesten ihren unfreiwillig gewählten Alterssitz. Die Angehörigen kommen sie ab und zu besuchen, aber insgesamt läßt der Besucherstrom zu wünschen übrig.

Diese Heimbewohnerin befindet sich auf Initiative ihrer Angehörigen in einer Sackgasse. Ihre Wohnung wurde aufgelassen. Zwar stünde es ihr jederzeit frei, das Heim wieder zu verlassen, aber mit 86 Jahren gegen den Willen ihrer Verwandten eine solche Entscheidung zu treffen, und in einer fremden Wohnung ein neues selbständiges Leben zu beginnen, verlangt eine große Portion Wagemut. Oft wird die Wohnung von Heimbewohnern auch von den Angehörigen selbst übernommen. Es gibt Angehörige, die es nicht erwarten können, ihre alte Mutter oder ihren Vater oder beide Elternteile in einem Pflegeheim oder Pensionistenwohnhaus unterzubringen, um ihre eigenen Wohnbedürfnisse auf günstige Art und Weise befriedigen zu können.

Sobald jemand in ein Pflegeheim aufgenommen wird, verbleiben lediglich 20 Prozent der Pension und 10 Prozent des Pflegegeldes auf dem Konto, auf das die Verwandten oder der Pensionist selbst Zugriff hat. Dazu kommt noch der 13. und 14. Pensionsauszahlungsbetrag. Den Rest holt sich das Pflegeheim.

Obwohl oft nicht mehr viel Taschengeld übrigbleibt, setzt um die verbleibenden Tausender mitunter ein unwürdiger Kampf ein. Angehörige bleiben mit der Bezahlung von Rezeptgebühren, der Zeitung oder von Ausflügen dem Heim gegenüber im Rückstand. Die Probleme, die Pflegerinnen haben, um die sogenannte „Fremdgeldkassa" auf Gleichstand zu bringen, sprechen Bände.

Wie weit pflegebedürftige Menschen wehrlos den Forderungen ihrer Angehörigen ausgesetzt sein können, zeigt folgender Vorfall: Ein Sohn besuchte seine Mutter im Wohnheim und forderte die Herausgabe von Geld. Da die alte Frau nicht hören wollte, mußte sie

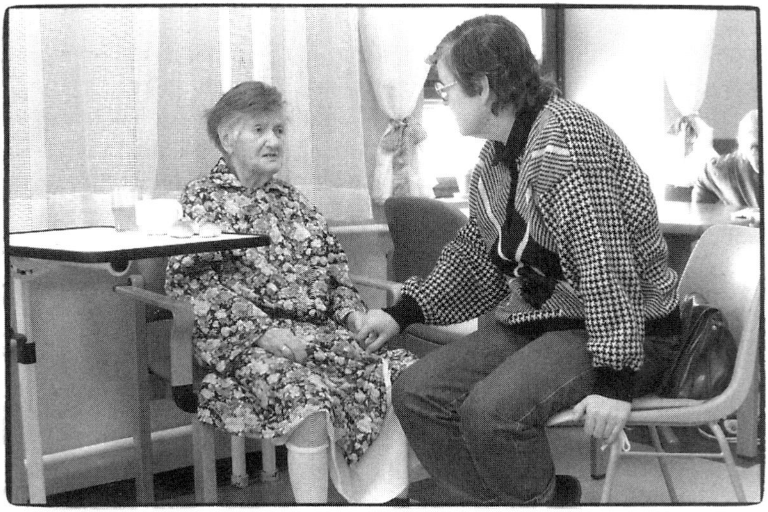

Stationäre Pflegeplätze werden zu einem gewissen Grad immer eine Notwendigkeit bleiben.

fühlen. Die blauen Flecken und Würgemale fielen später ihrer Freundin auf. Als sie nachfragte, woher die Verletzungen stammen, gab sie unter Tränen den gewalttätigen Übergriff ihres Sohnes zu. Sie schämte sich für das Verhalten ihres Sprößlings und hätte lieber Stillschweigen darüber bewahrt.

Das An-den-Rand-gedrängt-Werden der alten, hilflosen Generation kommt im beschämenden Verhalten mancher Angehöriger deutlich zum Tragen. Angehörige, die für die alten, gebrechlichen, verwirrten und inkontinenten Menschen schöne Heime suchen, sie dort überforderten Pflegepersonen überantworten und sich ansonsten von der Betreuung verabschieden und nur an dem noch vorhandenen Besitz- und Geldvermögen Interesse zeigen, stellen sich ein trauriges Zeugnis aus.

Angehörige aus eigener Sicht

„Schaun Sie, unsere Mutter kann daheim nicht mehr alleingelassen werden. Die ist inkontinent und verwirrt. Da müßte rund um die Uhr jemand für sie dasein. Wir haben uns ein halbes Jahr bemüht, aber es wurde immer schlechter. Meine Frau hat in der Nacht immer aufstehen müssen. Sie konnte nicht mehr schlafen, und das geht natürlich nicht lange, wenn man wie sie berufstätig ist und eine Familie hat. Auf die Heimhilfen ist kein Verlaß, und wer läßt schon gerne fremde Leute ins Haus. Außerdem akzeptierte die Mutter keine fremden Leute, die durften sie nicht anrühren. Das Pflegeheim war der einzige Ausweg aus dem Dilemma."

Solche und ähnliche Argumente werden vorgebracht, wenn Angehörige ihre Handlungsweise rechtfertigen. Die Gründe sind durchaus nachvollziehbar und einsichtig. Pflegearbeit ist nicht nur für ausgebildete Pflegepersonen ein hartes Stück Arbeit, sondern auch für Familienangehörige eine große Belastung. Die familien- und gesamtgesellschaftlichen Verhältnisse sind immer weniger darauf ausgerichtet, pflegebedürftige Menschen innerhalb der privaten, häuslichen Atmosphäre zu betreuen. Stationäre Pflegeplätze werden zu einem gewissen Grad immer eine Notwendigkeit bleiben.

Die Gründe für eine Überantwortung der Pflege an ein geschultes Pflegeteam sind durchaus nachvollziehbar, das geringe weitere Engagement der Angehörigen aber nicht. Pflegepersonen wundern sich immer wieder über das Verhalten Angehöriger, die nur sporadisch vorbeischauen. Solche Angehörigen nehmen etwa einen Ombudsmann in Anspruch, finden es aber nicht der Mühe wert, sich über die wirklichen Bedürfnisse ihrer pflegebedürftigen Verwandten zu informieren. So hat etwa eine Tochter den Patientenanwalt eingeschaltet, um zu verhindern, daß ihre Mutter immer nur Püree serviert bekommt. Eine Rückfrage hatte dann ergeben, daß die betreffende Heimbewohnerin Püree über alles liebt und es deshalb sehr häufig serviert bekommt.

Ein Sohn besucht zwar seine Mutter im Pflegeheim, doch die meiste Besuchszeit verbringt er damit, die Stationsschwester über das Wohlbefinden seiner Mutter zu befragen, und er sucht auch den Hausverwalter auf, mit dem er sich lange unterhält. Die persönliche Zuwendung für seine Mutter ist im Vergleich dazu sehr gering.

Da Angehörige es sich kaum vorstellen können, selbst einmal Heimbewohnerin oder -bewohner einer Pflegestation zu sein, plagt sie oft ein schlechtes Gewissen. Entweder kommen sie nicht auf Besuch, um sich nicht andauernd daran zu erinnern, oder sie reagieren mit Interventionen und scharfer Kritik, wenn sich Gelegenheit dazu bietet. *„Wenn meine pflegebedürftigen Eltern und Großeltern schon in einer Pflegestation sein müssen, dann soll es ihnen dort wenigstens gutgehen, und sie sollen gut behandelt werden“,* sagen sie sich.

Regelmäßige Besucher stehen in ständigem Kontakt zum Pflegeteam. Durch die erhöhte Kommunikation können Wünsche und Anregungen leichter geäußert werden. Wenn zum Beispiel die Pflegetabletten für die Reinigung der Zähne zur Neige gehen, können Verwandte rechtzeitig für Nachschub sorgen, oder wenn der Rasierapparat nicht mehr für eine glatte Rasur sorgt, kann ein neuer besorgt werden.

In meiner Funktion als regelmäßiger Besucher in Pflegeheimen merkte ich immer wieder, wie hilfreich ich sein kann. Im 8-Bett-Zimmer redete ich, soweit es möglich war, mit allen Bewohnerinnen. Der einen brachte ich Wasser, einer anderen half ich aus der Jogginghose und wieder eine andere führte ich auf den Gang hinaus oder begleitete sie ins Zimmer.

Wesentlich sind die regelmäßigen Gespräche, die persönliche Zuwendung, die kleinen oder größeren Ausflüge, die das eintönige Leben in einem Altersheim ein wenig leichter ertragen lassen. Gerade in diesem wichtigen Bereich der seelischen Betreuung können Angehörige einen unersetzbar wichtigen Dienst für die Heimbewohner selbst aber auch für das Betreuungsteam leisten. Zufriedene Bewohnerinnen und Bewohner lassen sich leichter pflegen als unzufriedene. Es macht eben einen Unterschied, ob eine Bewohnerin von sich aus die Zähne zur Reinigung aus dem Mund gibt, oder ob sie mehr oder weniger gezwungen werden muß. Es macht auch einen Unterschied, ob sich jemand gerne das Essen verabreichen läßt oder durch abwehrende Gesten das Essengeben zur Tortur macht.

Besucher sind dann angenehm, wenn sie dazu beitragen, das Wohlbefinden der Pfleglinge sicherzustellen. Grundvoraussetzung aber sind regelmäßige Besuche. Interessanterweise kommt es entweder zu regelmäßigen oder zu gar keinen Besuchen von Angehörigen. Ein Dazwischen gibt es kaum. Der Anteil derjenigen, die regelmäßig kommen, ist im Vergleich zu denen, die nur sporadisch oder nie kommen, eine Minderheit.

Die Sicht der Pflegepersonen

Aus der Sicht der Pflegerinnen und Pfleger gibt es angenehme Besucher und Besucherinnen, weniger angenehme und gänzlich unangenehme Angehörige. Oft ist es den Pflegepersonen lieber, wenn sie sich nicht mit lästigen Angehörigen auseinandersetzen müssen. Ein Beispiel soll verdeutlichen, welche Probleme Angehörige machen können. Eine Stationsschwester kommt sofort auf die Angehörigen zu sprechen:

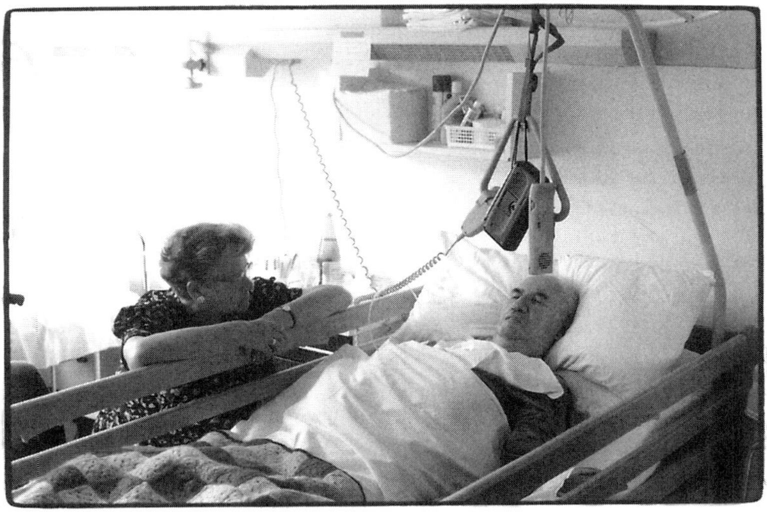

Angehörige sind für Heimbewohner eine unersetzbar wichtige Stütze.

„Die Angehörigen stellen ein Problem dar. Sie kommen und geben Anweisungen. Dadurch erleichtern sie uns nicht die Arbeit, sondern machen sie noch schwieriger. Momentan plagen wir uns mit einer Frau, die in unregelmäßigen Abständen ihre Frau Mutter besucht. Die Bewohnerin ist ganz und gar ein Pflegefall, sie ist verwirrt und inkontinent. Die Tochter aber hat es sich in den Kopf gesetzt, daß ihre Mutter trotz alledem immer modisch gekleidet sein soll. Dagegen ist ja nichts einzuwenden, aber diese Besucherin bringt oft teure, aber unpraktische Seidenwäsche mit. Die wird natürlich schmutzig und läßt sich nicht optimal reinigen. Wenn sie nun sieht, daß es immer noch leichte Schmutzflecken gibt, oder wenn ihre Mutter einen Rock trägt, der ihrer Meinung nach nicht zum Oberteil paßt, dann beschwert sie sich lautstark: Das ist würdelos, was wir da mit ihrer Mutter aufführen, sagt sie: ‚Sehen sie nicht, daß das nicht zusammenpaßt?'

Wenn wir ihr vorschlagen, die heikle Wäsche selbst zu waschen, lehnt sie das als Zumutung ab. Sie sagt, daß der Heimplatz 35 000 Schilling im Monat kostet, und da müßte es schon drin sein, daß wir die Wäsche ordentlich waschen, bügeln und schön in den Kleiderkasten einräumen. Allerdings zahlt diese Besucherin von den 35 000 Schilling überhaupt nichts, denn mit der Pension und dem Pflegegeld geht sich die Endsumme nicht ganz aus, sodaß die Gemeinde den Rest dazuzahlt. Also da fällt es uns nicht leicht, trotzdem höflich zu bleiben. Eine Kollegin hat sich einmal hinreißen lassen zu sagen, daß sie doch ihre Frau Mutter mit nach Hause nehmen soll, wenn sie glaubt, daß sie hier zu schlecht behandelt werden würde. Dafür mußte sich die Kollegin später vor dem Verwalter und der Oberin entschuldigen.

Seit Lainz ist das Ansehen unseres Berufes ziemlich gesunken. Die Angehörigen treten uns oft mit großem Mißtrauen entgegen. Ich meine, daß wir genauso ein Anrecht auf eine freundliche und gute Behandlung von seiten der Angehörigen haben. Wir sind hier nicht der Schmutzkübel frustrierter und vom schlechten Gewissen geplagter Angehöriger. Leider ist es heute so, daß jeder noch so lächerlichen Beschwerde und Anschwärzung von Angehörigen nachgegangen wird. Die Leute beschweren sich ja gleich beim Bürgermeister, und dann geht das weiter in die Pflegedirektion, und von dort kommt es dann zu uns. Es kommt zu einer unangemeldeten Pflegevisite. Die Oberin und noch ein paar von der Verwaltung kommen, schauen uns kritisch bei der Arbeit zu, und wir wissen gar nicht, aus welchem Anlaß sie da sind. Am Ende werden wir dann mit einem bestimmten, von einem Angehörigen zur Anzeige gebrachten Vorfall konfrontiert, und wir müssen uns rechtfertigen. Wir möchten uns auch über Angehörige beschweren können. Wir möchten eine Instanz haben, die uns schützt. Müssen wir uns das alles gefallen lassen?

Eine Kollegin aus Indien mußte sich von Verwandten sagen lassen: ‚Na, bei solchen Leuten kann ja keine gute Arbeit geleistet werden.

Schaut euch die kleine Verbrannte an.‘ Die Kollegin konnte sich nicht wehren, sie kam ins Zimmer und weinte. Da pflegen wir die alten Angehörigen, und dann bekommen wir noch als Dank beleidigende Worte zu hören. Also in solchen Fällen wünschte ich mir, daß der Verwalter diese Angehörigen bittet, solche Äußerungen zu unterlassen und sich zu entschuldigen.“

Die Aussagen dieser Stationsschwester veranschaulichen klar, welche ungünstige Rolle Angehörige oft spielen, und es ist tatsächlich nicht einzusehen, warum den unhöflichen Besuchern nichts entgegengehalten wird.

Dort, wo es berechtigte Beschwerden gibt, wo es sich um offensichtliche Nachlässigkeit und Vernachlässigung der pflegerischen Arbeit handelt, können Angehörige oft einwirken und tatsächlich eine Art Kontrollfunktion ausüben, aber wenn es darum geht, spezielle Anweisungen zu geben und zusätzliche Aufgaben zuzumuten, überschreiten Angehörige ihre Kompetenzen und verwechseln ein Pflegeheim mit einem Hotelbetrieb.

Insgesamt betrachtet, kommt den Angehörigen bei der Pflege im Heim eine wichtige Bedeutung zu. Wenn sich jedoch Besucher zu Kontrollorganen aufschwingen, werden Angehörige zu einem zusätzlichen belastenden Arbeitsfaktor von Pflegepersonen.

Mit einem solchen Verhalten wollen sich Angehörige darüber hinwegtäuschen, daß ein Heim für alte Menschen ein fremder Platz bleibt und mit der vertrauten Wohnung nicht konkurrieren kann. Das Heim gilt in den Augen vieler Angehöriger als Hort der Sicherheit für alte Menschen. Sie stehen unter ärztlicher Aufsicht und werden von professionellen Pflegekräften betreut. Die Verantwortung liegt nicht mehr bei ihnen, sondern bei den Menschen im Pflegeheim. Selbst ein regelmäßiger Besuch erübrigt sich für viele.

Die immer kleiner werdenden Familien machen die Betreuung zu Hause zu einem schier unlösbaren Problem. Die ambulanten Dienste sind zu wenig ausgebaut, und es gibt immer noch viele Gemeinden, die nichts, aber schon gar nichts für ihre alten Mitbewohner tun, außer dafür zu sorgen, daß sie in einem weit entfernt gelegenen Altersheim Unterschlupf finden.

Von der Betreuung bis zum Tod

Die meisten Menschen wünschen sich im Kreis der Familie, im eigenen Bett zu sterben. Dieser Wunsch geht immer seltener in Erfüllung, immer mehr Menschen sterben im Spital oder in einem Pflegeheim.

Das Sterben erfolgt in Pflegestationen oft unbemerkt. Die immer flacher werdende Atmung setzt aus, und es kann geraume Zeit vergehen, bis der Tod tatsächlich festgestellt wird. Viele Pflegepersonen fürchten, allein einen Nachtdienst zu machen, weil sie Angst haben, den Tod eines Bewohners zu übersehen oder ihm unvermittelt gegenüberzustehen.

Sobald ein Mensch schwer krank in eine Intensivstation kommt, wird alles unternommen, um auch noch so aussichtslose Fälle zu therapieren. Handelt es sich um alte Menschen, zeigt sich ein geringerer Einsatz höchstens darin, daß Anfängerinnen an diesen „Positionen" ihren Dienst versehen, während die versiertesten Pflegekräfte für jüngere Menschen zur Verfügung stehen. Den schwerkranken Menschen jedenfalls wird kaum die Möglichkeit gegeben, ohne mitunter qualvoller Gegenwehr das Leben zu beenden.

In England bekam in diesem Zusammenhang das mittelalterliche Hospiz, aus dem sich die Hospitäler, die heutigen Spitäler entwickelten, eine neue Bedeutung. *„Hospiz – das heißt, Menschen, die im Sterben liegen, nicht mehr mit Therapien zu quälen, die sowieso zu spät kämen, sondern ihnen Wärme in jeder Hinsicht zukommen zu lassen."* (Wanschura, S. 152) Die letzten Lebenswochen lassen sich vor allem bei Krebskranken ziemlich genau bestimmen. Jetzt wird versucht, die Wahrheit anzunehmen und einen nach den jeweiligen Bedürfnissen der sterbenskranken Menschen schönen Abgang aus der Welt zu gestalten.

Ich besuchte eine Hospizstation in einem Pflegeheim der Stadt Wien und möchte die Stationsschwester zu Wort kommen lassen, die mit ihrem Team für die bedürfnisgerechte Pflege der krebskranken Menschen verantwortlich zeichnet.

Die Hospizstation unterscheidet sich schon rein äußerlich von anderen Pflegestationen. Es fehlen die nüchternen Türschilder mit den Namen der verschiedenen Zimmerbewohner. Hier findet sich eine liebevoll gestaltete Tafel aus Keramik mit der entsprechenden Zimmernummer.

„Das hat mich schon immer gestört, daß es diese Namen an den Zimmertüren gegeben hat. Die Besucher sind gekommen und haben sich die Taferln durchgesehen, und wenn sie dann den richtigen Namen gefunden haben, sind sie ins Zimmer gegangen. Hier müssen die Besucherinnen und Besucher erst uns fragen. Da können sie sich nicht einfach in ein Zimmer schleichen. Wir wollen ja wissen, wer auf die Station kommt, wer wen sucht, wer er ist und was er will. Also mit diesem einfachen Trick stelle ich hier schon Kommunikation her, was sehr wichtig ist und was sonst überall fehlt.

Ich habe als Abteilungshelferin begonnen und alle Stationen bis zur Stationsschwester durchgemacht. Ich war bei den Säuglingen, in verschiedenen medizinischen Stationen, und jetzt bin ich hier in der Hospizstation.

Besonders schlimm und unangenehm habe ich immer den Umgang mit Sterbenden erlebt. Wenn jemand im Sterben lag, haben wir ihn ins Bad gebracht, damit sich die anderen Mitbewohner nicht aufregen. In Wirklichkeit hat sich niemand je darüber beschwert, wenn jemand im Zimmer gestorben ist. Das war also unser Problem und nicht ein Problem der Heimbewohner.

Hier bei uns versuchen wir alles so zu machen, wie der Gast es wünscht. Die Leute haben ja keine großen Wünsche. Sie wünschen sich, zu einer bestimmten Uhrzeit geweckt zu werden oder daß sie das Brot ohne Rinde bekommen, oder Schokolade. Viel mehr Wünsche haben sie nicht.

Hier versuchen wir die Wünsche und Bedürfnisse der Gäste zu respektieren und ernstzunehmen. Ihre Bedürfnisse stehen im Mittelpunkt, nicht unsere. Das Baden muß nicht in der Früh erfolgen, das kann auch am Nachmittag sein oder ganz ausfallen. Wir als Schwestern müssen da umdenken. Wir müssen die pflegebedürftigen Menschen ernstnehmen, wir müssen ihre Biographie berücksichtigen und nicht irgendein Programm durchziehen. Die Generation der heute 80 bis 100jährigen ist das Baden nicht gewöhnt, auch haben sie andere Hygienemaßstäbe, die wir akzeptieren müssen.

Viele Ärzte betrachten den Tod als größten Feind. Als ein Arzt gesehen hat, daß die Werte einer unserer Patientinnen lebensbedrohend wurden, hat er die Medikation verdoppelt und die Anzahl der Infusionen erhöht. Die Patientin aber hat die Spritze herausgerissen und sich gegen die erhöhte Dosis gewehrt. Die Frau konnte nicht so schnell sterben, wie sie das gewollt hätte und war zutiefst unglücklich.

Solche Erlebnisse haben mir gezeigt, daß mit sterbenskranken Menschen nicht richtig umgegangen wird, und so haben wir uns bemüht, im Pflegeheim eine Hospizstation einzurichten. Wir haben eine Station zur Verfügung gestellt bekommen. Die mußten wir erst nach unseren Vorstellungen umbauen lassen.

In England kommt auf einen Bewohner einer Hospizstation eine Pflegeperson. Bei uns war dieser hohe Personalschlüssel nicht durchzubringen. Ich verstehe es auch, denn neben uns ist eine normale Station mit dem üblichen Mißverhältnis von fünf Pflegepersonen für 40 Bewohnerinnen. Die verstehen dann nicht, warum es bei uns um soviel Leute mehr geben soll. Anfangs hatte ich wirklich ein schlechtes Gewissen den anderen Kolleginnen gegenüber, aber jetzt habe ich diese Angst abgelegt, denn sie sollen eben auch mehr Personal verlangen und versuchen, etwas zu ändern. Vielleicht werden sie durch unser Beispiel angespornt, in diese Richtung mehr Energie zu entwickeln.

Die Leute, die zu uns kommen, müssen ansprechbar sein und über ihren Gesundheitszustand Bescheid wissen. Ein Arzt und eine Schwester führen mit den Patienten Gespräche, und danach entscheidet ein Team, ob eine Aufnahme stattfindet oder nicht. Leider haben wir nur ab und zu Männer da. Eine gute Durchmischung wäre besser. Wir haben gesehen, daß es da bessere Erfolge gibt.

Hier wird keine Intensivmedizin gemacht. Die Ärztin hält das nicht immer aus und verordnet dennoch ab und zu eine Infusion. Sie hat etwa Angst, daß eine Patientin verdursten könnte, aber wenn die Patientin davon nichts wissen will, haben wir das zu akzeptieren. Einmal hat ein Mann interveniert. Er wollte, daß wir seiner Frau Infusionen geben. Da seine Frau eingewilligt hat, haben wir ihr sie gegeben, und es war auch gut so. Es ging ihr besser damit. Also es kommt wirklich immer auf den besonderen Fall an.

Wir arbeiten hier nur mit Schmerztherapie. Wir verwenden bestimmte Medikamente, die wir alle vier Stunden verabreichen, wobei wir natürlich immer beobachten, wie der Patient darauf reagiert. Wir haben oft gute Erfolge. Frauen, die in den letzten Jahren nur mehr im Bett gelegen sind, stehen auf und gehen hinaus in den Garten und setzen sich auf die Bank. Heute feiert zum Beispiel eine Frau im größeren Freundeskreis Geburtstag. Es wird gelacht, und es ist eine schöne Feier.

Bei uns gibt es die Sitzvisite, also wir gehen nicht durch die Zimmer, sondern wir reden über die einzelnen Patienten im Besprechungszimmer. Bei uns müssen die Leute nicht bleiben. Sie sind sozusagen nur zu einer Kurzzeitpflege bei uns. Viele können daheim sterben. Wenn sie hier sterben wollen, sorgen wir auf Wunsch dafür, daß die Angehörigen rund um die Uhr bei ihnen sein können. In der letzten Phase lassen einige nicht los. Da ist etwas, was sie noch erledigen wollen. Oft ist es ein bestimmter Angehöriger, den sie noch sehen wollen. Eine 38jährige Mutter mit Gehirntumor wollte noch mit ihren beiden Töchtern Weihnachten feiern. Wir haben alles darangesetzt, damit ihr Wunsch in Erfüllung gehen konnte. Am 28. Dezember ist sie dann gestorben."

Die Ausführungen dieser Schwester weisen auf neue Wege in der Pflege hin. Es wird auf einer Hospizstation versucht, die letzten Lebenswochen und Monate möglichst angenehm zu gestalten. Mit einem entsprechenden Personalschlüssel ist das auch möglich.

Neue Wege in der Betreuung

Neben der Validation von NAOMI FEIL und der aktivierenden Pflege von ERWIN BÖHM, die kurz erwähnt wurden, gelten auch Hospize als neue Wege in der Betreuung alter, sterbenskranker Menschen. Darüber hinaus werden viele Therapien und Anregungen in der Altenbetreuung angeboten. Die biographisch orientierte Pflege etwa versucht, Anknüpfungspunkte zur spezifischen Erlebnis- oder Berufswelt eines Heimbewohners zu knüpfen. Eine ehemalige Schneiderin etwa bekommt Stoffe und Nähwerkzeug, womit sie zwar nicht mehr viel anfangen, aber viele Gedanken zur Vergangenheit herstellen kann, eine andere alte Frau, die in ihrer Jugend Wäsche gewaschen hat, bekommt eine Plastikwanne und Schmutzwäsche und wäscht in Gedanken versunken dahin.

In London wurde ein Alltagsmuseum eingerichtet, in das alte Heimbewohnerinnen regelmäßig geführt werden. Es gibt einen alten Kaufladen mit den damaligen zum Verkauf angebotenen Waren und alte Haushaltsgeräte. Derartige Besuche mit alten vertrauten Dingen rütteln bei den betagten Museumsbesucherinnen Erinnerungen wach. Eine solche Erinnerungsarbeit läßt sich auch in Form von Theaterstücken und einfachen Sketches leisten, und einzelne Gruppen in Dänemark und England machen damit gute Erfahrungen.

Schon einzelne Gegenstände, die sich heute in Altwarenhandlungen stapeln, können sich für eine solche Erinnerungsarbeit eignen. Leider finden sich in den modernen Pflegezimmern keine Pendeluhren und alten Waschtische, keine Bilder und Herrgottswinkel, sondern es überwiegt die sterile Krankenhausatmosphäre. Nachteilig wirkt sich in diesem Zusammenhang auch ein Verhalten von Pflegepersonen aus, die während ihrer Arbeit auf der Station laute Musik spielen. Da viele Pflegepersonen nicht aus Österreich stammen, erklingen oft zwar schöne orientalische Weisen, aber den Bewohnern ist diese Musik eher fremd. Oldies und bekannte Schlagermusik könnten hingegen bereits wertvolle Erinnerungsarbeit leisten.

In Büchern und zum Glück auch in einigen Pflegestationen werden solche neuen Wege der Betreuung beschritten, doch solange derartige Initiativen nicht überwiegen, sondern nur alibimäßig und keineswegs ernsthaft betrieben werden, bleiben Pflegestationen bloße Aufbewahrungsstätten von Menschen, die sich nicht mehr gebraucht, abgeschoben und von der Gesellschaft ausgeschlossen fühlen.

Betreute Wohnungen statt totale Institutionen

In Österreich und wohl auch in anderen vergleichbaren europäischen Ländern überwiegen Pflegeheime, die zwar alle mit pflegebedürftigen Menschen ausgelastet sind, die aber noch einigen Platz in den Dienstzimmern hätten. Selbst Garderobekästen sind meist genügend vorhanden, aber was fehlt, sind ausgebildete Pflegekräfte, die das alles umsetzen, was bislang bloß in Lehrbüchern propagiert wird. Pflegepersonen, die sich voll für das Wohl der pflegebedürftigen Heimgäste einsetzen, gibt es zweifellos, aber meist sind sie mit ihrer Betreuungsarbeit überfordert. In fast allen Pflegeheimen Österreichs stehen kleine Pflegeteams einer großen Zahl von hilfsbedürftigen Menschen gegenüber. Das müßte nicht so sein.

Ökonomen haben errechnet, daß die Kosten für die Betreuung in ambulanter Form unabhängig vom Grad der Pflegebedürftigkeit stets niedriger sind als die stationären Pflegeeinrichtungen. (vgl. Badelt u.a. 1995)

„Totale Institutionen" wie Pflegestationen sie darstellen, sind nicht nur teurer, sondern tragen oft ausgesprochen unmenschliche Züge. Das Leben von Heimbewohnern unterliegt in allen Pflegestationen ähnlichen Zwängen. Allen Heimgästen kommt die gleiche Behandlung zu. Alle müssen zu einer bestimmten Zeit aufstehen, das Essen einnehmen und die Körperpflege über sich ergehen lassen. Der Tag in einer Pflegestation wird meist nicht selbstbestimmt gestaltet, sondern die verschiedenen Tätigkeiten und Therapien werden von einem Stab von Funktionären vorgeschrieben. Alle Handlungen und Therapieangebote dienen dazu, offizielle Ziele der Pflegestation zu erreichen. *Totale Institutionen* sind nach GOFFMAN dadurch charakterisiert, *„daß die Schranken, die normalerweise die drei Lebensbereiche Arbeit, Spiel und Schlaf voneinander trennen, aufgehoben sind."* (Goffman, 1973, 15ff) Die letzte Lebensphase weitgehend entmündigt in Pflegestationen zu verbringen, wird von den Bewohnerinnen und Bewohnern meist abgelehnt. So wollen sie nicht leben.

Es ist daher naheliegend, sich alternative Konzepte zu überlegen oder darüber nachzudenken, wie eine bedürfnisgerechte Pflegesituation beschaffen sein soll. Hierzu bedarf es keiner groß angelegten und teuren Konzepte. Es genügt bereits ein Blick nach Dänemark. In Dänemark werden jährlich 5000 Altenwohnungen übers ganze Land verstreut gebaut. Eine spezielle Wohnbauförderung unterstützt diese sinnvollen Projekte. Der Vorteil liegt auf der Hand.

Die Wohneinheiten sind kleiner und befinden sich zudem im unmittelbaren Wohnbereich der alten hilfsbedürftigen Menschen. Die Pflege kommt auch nicht zu kurz, denn ambulante Betreuungsteams sorgen für die notwendige Hilfestellung.

Seit 1. Jänner 1988 verbietet ein Gesetz den Neubau von Pflegeheimen in Dänemark. Diese Konsequenz ergab sich aus dem sozialpolitischen Anspruch, daß ältere und behinderte Personen so lange wie möglich in der eigenen Umgebung leben sollten. Es wird finanzielle Hilfe zur Adaptierung der Wohnung und für Fahrten- und Pflegedienste angeboten. Darüber hinaus wurde ein kostenloses Notrufsystem aufgebaut, mit dem rund um die Uhr Kranken-, Pflege- und Hilfsdienste alarmiert werden können. Die Nachfrage nach stationären Pflegeplätzen hat dadurch stark abgenommen. (vgl. Evers u.a. 1993)

Auch hierzulande müßte ein solches Bauverbot erlassen werden, denn die gegenwärtigen Strukturen sind meist nicht geeignet, den persönlichen Bedürfnissen alter und vielfach als „verrückt“ angesehener Menschen gerecht zu werden. In Zeiten von „Sparprogrammen“ könnte eine weniger kostenintensive ambulante Betreuung auf die Beine gestellt und zu einer insgesamt positiven Entwicklung auf dem Gebiet der Altenbetreuung führen. Der Ist-Zustand in den Pflegeheimen ist beschämend. Die 95jährige Rosa W. erkennt es richtig, wenn sie nach sechs Jahren Heimaufenthalt feststellt: „Das Volk will uns nicht mehr.“

Zweiter Teil
Pflege zu Hause

Hilfsbedürftig, aber zu Hause

Von insgesamt 307.674 Pflegegeldbeziehern werden 285.488 außerhalb von stationären Einrichtungen betreut. Das heißt, der überwiegende Teil von Pflegebedürftigen wird zu Hause betreut. Dazu kommen noch rund 500.000 Österreicher, die hilfsbedürftig sind, die ihren Haushalt nicht mehr selber führen können. Auch sie sind großteils in der Familie untergebracht. (vgl. Badelt u.a. 1997) *„All das zeigt, wie enorm groß das Selbsthilfe- und Pflegepotential der Familien ist. Das ist fast ausschließlich ein Verdienst der Frauen, Schwestern, Töchter und Schwiegertöchter, die in aufopfernder Weise die Pflegebedürftigen vor dem sozialen Absturz bewahren."* (Wanschura 1996, S. 22)

Wie diese Zahlen zeigen, wird die meiste Pflegearbeit nicht in den Pflegestationen, sondern zu Hause im vertrauten Wohnbereich durch eng verwandte Angehörige geleistet. Doch die kleinen Familien brauchen bei ihrer Pflegearbeit Unterstützung von außen. Heimhelferinnen und Heimhelfer, die im Dienste von sozialen Vereinen stehen, gewähren diese Hilfe. Unter welchen Bedingungen leisten diese Pflegekräfte ihre wertvolle Arbeit? Welche Motivation verleitet sie dazu, in fremden Haushalten zunächst fremde hilfs-

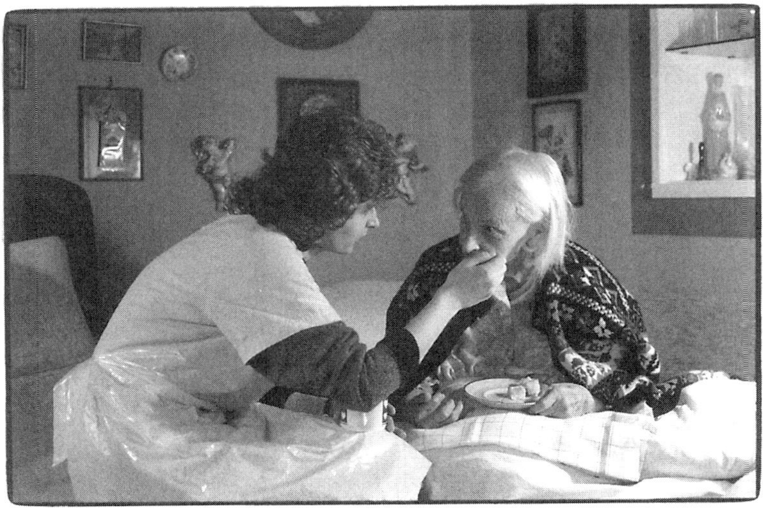

Zu Hause ist die Patientin Königin.

bedürftige Menschen zu betreuen? Wie sieht ihr Arbeitsalltag aus? Wieviel verdienen sie, und wie gestalten sich ihre Diensteinsätze?

Neben den konkreten Arbeitsbedingungen von Heimhelferinnen und Heimhelfern stehen wie im vorigen Abschnitt die Pflegebedürftigen selbst im Mittelpunkt des Interesses. Wie bewerten sie die Arbeit dieser Pflegepersonen von der diplomierten Krankenschwester bis hin zum angelernten Zivildiener? Mit welcher Betreuungsintensität können sie rechnen, und wie hoch sind die Kosten der Pflegedienste?

Meine empirischen Antworten stammen aus meiner regen Begleitung von Heimhelferinnen und Hauskrankenschwestern bei ihrer Arbeit und den dabei gemachten Beobachtungen und Gesprächen.

„Zu Hause ist der Patient König" – Der feine Unterschied zwischen Heimplatz und Betreuung zu Hause

„Es gibt Patientinnen, die lassen sich nicht waschen. Aber was soll man da machen? Zu Hause ist der Patient König. Im Pflegeheim ist das ja anders. Dort kann über einen Patienten verfügt werden. Das ist ein Unterschied, und das ist ein persönlicher Unterschied. Im Pflegeheim ist alles sauber und geputzt, aber viele Menschen sind dort unglücklich. In den eigenen vier Wänden haben die Leute mehr Lebensfreude und Lebenskraft. Ich weiß das, denn ich habe ein Praktikum in einem Pflegeheim gemacht."

Diese Aussage einer Heimhelferin deckt sich mit meinen Beobachtungen. In den Wohnungen schaut es oft fürchterlich aus, aber die Menschen, die drinnen wohnen, tragen eine große Würde zur Schau. Die eigenen vier Wände sind Ausdruck der jeweiligen Persönlichkeit. Werden Leute ihrer eigenen vier Wände beraubt, geht ein Großteil ihrer Würde verloren. Dazu ein Beispiel:

Zweimal in der Woche kommt der Heimhelfer Franz in die Wohnung von Walter K. Herr K. ist 75 Jahre alt. Als wir in seine an einen Hinterhof angrenzende Wohnung im ersten Stock treten, bin ich zunächst schockiert. Wir stehen in einer schwach ausgeleuchteten Vorraumküche. Die zahlreichen offenen Regale erinnern eher an eine Werkstatt. Es gibt einen mit einer Schmutzschicht überzogenen Gasherd, daneben ein ebenso verschmutztes Waschbecken und als eindeutig neueste Anschaffung eine kleine glänzende Waschmaschine. Herr Walter K. sitzt an einer schmalen Werkbank gleich neben der Tür. Seine angeschwollenen roten Füße stecken nackt in zu kleinen Plastiksandalen. Er trägt eine graue, lange Unterhose und ein langärmliges Leiberl. Das Ganze sieht aus, als säße er im Pyjama in der ungeheizten Wohnung, doch ein verwegenes Matrosenkapperl schwächt diesen Eindruck wieder ab.

Der Heimhelfer untersucht als erstes die Lebensmittel. Verdorbenes wirft er weg, und aus dem Rest einer Wurst wird er ein Erdäpfelgulasch kochen, was Herrn K. sehr recht ist. Bevor Franz einkaufen geht, steckt er noch eine Ladung Schmutzwäsche in die Waschmaschine. Am Ende seiner Einsatzzeit wird er die Wäsche rausholen und zum Trocknen aufhängen. Im Küchenvorraum gibt es auch eine Sitzbadewanne. Das Wasser muß für ein Bad, das ungefähr einmal im Monat stattfindet, auf dem Herd vorgewärmt werden.

Während Franz einkaufen geht, unterhalte ich mich mit Herrn K., der an der Werkbank hockt und eine Zigarette nach der anderen raucht. Er verwendet für die filterlosen Zigaretten einen Spitz. Seine Finger sind nikotingelb.

„Hier bin ich geboren. Von hier will ich nicht weg", beginnt Herr K. langsam zu erzählen. Vermutlich sieht er in mir einen Menschen von der Gemeinde, der ihn aus seiner Wohnung holen möchte. Es gelingt mir nicht recht, seine Ängste zu zerstreuen, denn diese beiden Sätze wiederholt er im Laufe unseres Gesprächs noch mehrere Male. „1981 ist meine Mutter gestorben. Das war eine harte Zeit für mich, aber trinken tu ich jetzt nicht mehr. Ich habe literweise Rum getrunken, aber das ist jetzt aus", und zur Bestätigung zeigt er auf die vielen Mineralwasserflaschen, die in Griffnähe auf der Werkbank stehen.

Die Worte sind nur schwer aus ihm herauszulocken. Der alte Mann ist das Reden nicht mehr gewohnt. Herr K. hört Radio, das wegen seiner Schwerhörigkeit sehr laut ist. Er schüttelt den Kopf über die vielen Verkehrsunfälle, und er fürchtet, daß er ebenfalls Opfer eines Verkehrsunfalles werden könnte, wenn er das Haus verläßt. Herr K. war nun schon fast zwei Jahre nicht mehr draußen, weil er nicht Stiegen steigen kann. Er latscht gerade noch hinaus zum Klo am Gang, erledigt dort recht unordentlich sein Geschäft, denn seine langen Unterhosen weisen an den entsprechenden Stellen deutliche Spuren auf, und bewegt sich wieder langsam retour. Das sind seine einzigen Spaziergänge.

Franz kostet ihn pro Einsatz von zwei Stunden zweihundert Schilling. Zweimal in der Woche kann er es sich leisten, den tüchtigen Heimhelfer kommen zu lassen. Herr K. führt genau Buch über seine Ausgaben. Die Miete macht 2000 Schilling aus. Sonst hat er keine Fixkosten, denn Telefon und Heizung gibt es nicht. Er meint, daß die Nachbarn alle heizen würden, weswegen er sich das Heizen sparen könne. Die Wohnungsnachbarn würden ihn am Wochenende auch mit Essen versorgen, und während der Woche schaut Franz auf ihn. Heute bereitet der Heimhelfer, wie besprochen, ein wohlschmeckendes Erdäpfelgulasch zu. Das läßt sich morgen noch einmal aufwärmen, ansonsten gibt es Brot, Wurst und Knoblauch.

Der Wohnungsinhaber zeigt mir stolz seine Räumlichkeiten. Hinter dem Küchenvorraum befindet sich ein ehemaliges Wohnschlafzimmer. Jetzt sieht es hier eher wie in einem Abstellraum aus. Die Fenster starren vor Schmutz, und fleckige Vorhänge halten noch zusätzlich das Tageslicht fern. Der halbe Raum ist von staubigen, papierenen Kohlesäcken belegt, die schon vor Jahren neben einem nicht sehr vertrauenerweckenden Ofen hier eingelagert worden sein müssen. Als Bett dient eine schmale Couch an der Wand. Das Bettzeug ist zerrissen und schmutzig. Ein breiter Kleiderschrank an der gegenüberliegenden Wand ergänzt das alte, spärliche Mobiliar.

Die Besonderheit dieses düsteren Quartiers bilden grazile, auf allen möglichen Abstellflächen stehende, alte, zum Teil beschädigte Modellschiffe, die Herr K. im Laufe seines Lebens selbst zusammengebaut hat. Die Modellbauten sind mit einer Staubschicht überzogen, doch wenn ich eines in die Hand nehme, leuchten die Augen des alten Mannes auf, und er nennt mir den Originalnamen des Schiffes und wo es eingesetzt war. Sein Traum wäre es gewesen, einmal in seinem Leben mit einem richtigen Schiff aufs offene Meer hinauszufahren. Aber daraus ist nie etwas geworden, und es wird jetzt auch nichts mehr draus, ist sich der alte Mann sicher.

Jetzt verstehe ich auch, warum er eine Seemannskappe trägt. An Walter K. ist sicherlich ein tüchtiger Matrose verlorengegangen. Er war in einem großen Warenhaus im Lager tätig. Jetzt kann er die Modelle nicht mehr instandsetzen und mit seinen gichtigen Fingern auch keine neuen mehr bauen. Da er seinem Hobby nicht mehr nachgeht, sitzt er untätig an seiner Werkbank, qualmt vor sich hin und hört Radio. Mit seinem weißen Vollbart und den langen Haaren, die er unter der Matrosenkappe versteckt, schaut Herr K. trotz seiner Gebrechlichkeit und seinen zittrigen Fingern verwegen drein. Stolz hockt dieser Mann in seiner Kajüte und trotzt dem Alter, der Kälte und den Krankheiten. Sein Augenlicht ist nicht mehr das beste. Das eine Auge ist seit einer Kriegsverletzung beschädigt und das andere läßt jetzt auch schon deutlich an Sehkraft nach. Es ist die Frage, ob Walter K. seinen eingeschlagenen Kurs wird halten können.

Walter K. strahlt trotz allen Ungemachs Zufriedenheit aus. Er ist ungewaschen, hat lange Haare, ist unrasiert, und seine Unterkunft ist geradezu das Gegenteil eines Pflegeheimzimmers. Chaotisch, wild, schmutzig, unzeitgemäß. Dennoch kann Herr K. in seiner Wohnung seine Vorstellung vom Leben eher verwirklichen als in einem noch so sauberen Heim. Er kann selbst bestimmen, wann er sich schlafenlegt, er kann das Radio so laut aufdrehen, wie er will, er kann sich jederzeit ein Brot abschneiden, Zigaretten rauchen und mit Hilfe eines Heimhelfers und hilfsbereiter Nachbarn kommt er auch fast täglich zu einem warmen Essen.

Dieses Beispiel zeigt deutlich den Unterschied zwischen der Pflege in einem Heim und in einer Wohnung. Während in der Wohnung den Bedürfnissen und Gewohnheiten der Leute nachgegeben wird, hat ein Heimbetrieb die Tendenz, aus verschiedenen pflegebedürftigen Persönlichkeiten gleiche zu machen. So konnte ich mitverfolgen, wie einer Frau in einem Pflegeheim, die stolz auf ihren schönen Hut gewesen war und ihn anfangs auch immer getragen hat, diese Besonderheit, dieses Unterscheidungsmerkmal genommen worden ist. Zuerst wurde ihr gesagt, sie soll den Hut während des Essens weggeben, dann wurde er ihr auf das Nachtkasterl gestellt, wo sie ihn jederzeit aufsetzen konnte, schließlich wurde er von den Pflegerinnen unerreichbar für sie über den Galgen gehängt, und schlußendlich verschwand er im Kleiderschrank.

Herr K. aber ist angehalten, seine Finanzen in Ordnung zu halten, er rechnet sich aus, wieviel Geld er ausgeben kann, um möglichst gut über die Runden zu kommen. Die Modellschiffe, die er nicht mehr bearbeiten kann, regen seinen Geist an, er sprudelt tief gespeichertes Wissen hervor, nach dem er in einem Pflegeheim wahrscheinlich nie gefragt werden würde. Er lebt in der Erinnerung an seine Mutter und kennt genau das Todesjahr. Seit dieser Zeit dürfte sich auch nichts verändert haben, lediglich die Schmutz- und Staubschicht ist dicker geworden. Herr K. gibt auf meine Frage, ob er nicht in ein Heim gehen möchte, wo er mit Hilfe eines Rollstuhls ins Freie gelangen und unter Leute kommen könnte, die verblüffende, aber deutliche Antwort: „Hier bin ich geboren“. Das heißt, einen alten Baum verpflanzt man nicht, und seine Wurzeln darf er nicht verlieren. Herr K. bleibt über das Radio und den Heimhelfer mit der Außenwelt verbunden und bedauert die vielen Verkehrstoten. Herr K. ist alt und gebrechlich, die Hygiene läßt zu wünschen übrig, aber er lebt.

Soziale Hilfsdienste und ihre Kosten

Soziale Hilfsorganisationen bieten pflegebedürftigen Menschen verschiedene Hilfestellungen, die einen Verbleib in den eigenen vier Wänden sicherstellen sollen. Die größte Nachfrage gibt es an Heimhilfen.

Die Arbeit einer Heimhelferin umfaßt Einkaufen, Haushaltsführung und Körperpflege. Hauswirtschaftliche Tätigkeiten beziehen sich auf das Sauberhalten der unmittelbaren Umgebung, Bett lüften und frisch beziehen, kleine Wäsche waschen, bügeln, Zubereiten von einfachen Mahlzeiten und Hilfestellung beim Essen. Zu den Aufgaben der Heimhilfen zählt nicht Gründlichmachen, Teppich klopfen, Boden reiben, einlassen oder bürsten, Fenster putzen und Bettwäsche waschen. Mit ärztlicher Genehmigung dürfen Heimhilfen auch die Besorgung und Verabreichung von Medikamenten durchführen. Doch mit diesen Diensten allein ist die Arbeit noch nicht getan, ausschlaggebend ist es, ein Einfühlungsvermögen für die jeweiligen Klienten zu entwickeln. Erst auf einer Basis des Vertrauens kann wirklich gute Arbeit geleistet werden. Für eine Stunde Heimhilfe werden rund 250 Schilling verrechnet.

Weiters werden Besuchsdienste angeboten. Die Besucher begleiten Klienten beim Einkauf, gehen mit ihnen im Park spazieren oder unterhalten sich in der Wohnung. Besuchsdienste sollen den vereinsamten Menschen eine Gesprächsmöglichkeit bieten und vor allem dabei helfen, die eigenen vier Wände einmal zu verlassen. Eine Stunde Besuchsdienst kostet derzeit rund 170 Schilling.

Der Reinigungsdienst wiederum kann ebenfalls von Sozialen Dienstleistungsbetrieben angefordert werden, damit einmal die Wohnung ordentlich durchgeputzt wird. Die Aufräumerinnen wischen die Schränke aus und reinigen die Fenster innen und außen. Sie fegen einmal ordentlich aus und machen ein bis zweimal jährlich Großputz. Eine Stunde Großreinigung wird mit rund 250 Schilling verrechnet. Ebenso gibt es den Wäschedienst. Er holt die Schmutzwäsche ab und stellt sie gebügelt wieder zu.

Essen auf Rädern wird ebenfalls häufig in Anspruch genommen. Verschiedene Firmen übertreffen sich in der Bereitstellung von Menüs, die zum Teil im voraus ausgewählt werden können. Mit einem Mikrowellenherd lassen sich die Fertigmenüs in kürzester Zeit aufwärmen und servieren.

Neben diesen Hilfs- und Reinigungsdiensten übernehmen Hauskrankenschwestern oder Krankenpfleger die fachliche medizinische

Betreuung von Klienten. Sie führen Verbandwechsel durch, versorgen Wunden, verabreichen Injektionen und Infusionen, führen Katheterwechsel durch, machen Blutdruckkontrollen und beraten bei Inkontinenz und Diät. In diesem Zusammenhang können auch Pflegehelfer einige ergänzende Hilfeleistungen unter Anleitung einer Diplomkrankenschwester durchführen. Die Kosten für eine diplomierte Pflegekraft belaufen sich pro Stunde auf zirka 400 Schilling. Ein Pflegehelfer kostet 300 Schilling.

Darüber hinaus kann gegen eine Montagegebühr von rund 800 Schilling und einer monatlichen Miete von rund 400 Schilling ein sogenanntes Notruftelefon installiert werden. Per Knopfdruck am Armbandsender kann man rund um die Uhr rasch Hilfe ins Haus rufen. Stürze oder plötzliches Unwohlsein können solche Notrufe notwendig machen.

Ein ganz normaler Arbeitseinsatz einer Heimhelferin

Der 86jährige Herr N. hatte vor zwei Jahren einen schweren Schlaganfall. Als er vom Krankenhaus nach Hause in die Wohnung kam, lag er hilflos im Bett. Seit dieser Zeit wird er von einer Heimhelfe-

Hauskrankenschwestern versorgen Wunden und überprüfen regelmäßig den Gesundheitszustand ihrer Klienten.

rin betreut. Herr N. war anfangs nicht ansprechbar, doch mittlerweile schafft er es, mit einem Rollator allein aufs Klo zu gehen. Zur Körperpflege begibt er sich ins kleine Badezimmer. Im Bad stellt er sich unter die Brause, die Heimhelferin duscht ihn ab und cremt ihn an einigen mit Pilz befallenen Hautstellen ein. Anschließend nimmt er dann das von der Heimhelferin vorbereitete Frühstück ein. Er redet leise, aber immerhin, lächelt und macht einen zufriedenen Eindruck. Nach der morgendlichen Stärkung beginnt er mit dem Trainingsprogramm: Er steigt mit der Heimhelferin jeden Tag die Stufen vom ersten Stock hinunter ins Parterre und wieder zurück. Sichtlich stolz auf seine Leistung läßt er sich danach in seinem Fauteuil nieder und rastet sich aus. Die Heimhelferin räumt inzwischen die Wohnung zusammen, wäscht das Geschirr ab und tätigt noch einige Einkäufe. Nach eindreiviertel Stunden legt sie ihre Arbeitskleidung ab, schlüpft aus den Sandalen in die Schuhe und eilt zum nächsten Klienten. Morgen um 8 Uhr wird sie wie jeden Tag wieder bei Herrn N. sein.

Herr N. lebt nicht allein. Seine Frau, die noch gehfähig ist, versucht, sich für ihren Mann nützlich zu machen. Doch gelingt es ihr immer weniger. Frau N., die anfangs der Heimhelferin noch klare Anweisungen geben konnte, schafft es nicht mehr, ihre Gedanken zu ordnen und die Übersicht über den Haushalt zu behalten. So verspricht Frau N. schon drei Wochen, daß sie die fehlenden Medikamente aus der Apotheke holen wird, aber jeden Tag muß die Heimhelferin sie wieder daran erinnern, weil Frau N. es vergessen hat. Ab und zu will Frau N., daß die Heimhelferin die Küche ordentlich aufräumt, kommt danach in die Küche und beschwert sich über die Heimhelferin, weil sie sich zu wenig um ihren Mann kümmert. Sie muß dann alles liegen- und stehenlassen und wieder zu Herrn N. eilen.

„Diese Frau N. kostet mich noch die letzten Nerven", beschwert sich die Heimhelferin später auf der Straße. „Die ist ja nicht mehr richtig im Kopf. Am Anfang hat sie den Haushalt noch gut im Griff gehabt, aber jetzt baut sie immer mehr ab. Oft sitzt sie, während ich in der Wohnung bin, die ganze Zeit vor dem Fernseher. Mit Herrn N. komme ich super zurecht, aber die Frau N. ist ein Problem. Ich würde ja sofort zur Apotheke gehen und die Medikamente holen, aber sie will unbedingt selbst dorthin, denn dann kann sie mit den Frauen plaudern. Aber sie geht nicht. Schon drei Wochen geht sie nicht hin. Ich kann doch nicht selbst die Salben holen und auf eigene Rechnung bezahlen. Zum Glück hat der Arzt das letztemal gleich eine größere Menge bestellt, so daß ich noch ein bisserl Vorrat habe, aber jetzt wird es trotzdem langsam brenzlig. Stiegensteigen, das Herr N. so gerne macht, kann ich leider auch nicht jeden Tag, denn ab und zu will Frau N., daß ich nur die ganze Zeit die Wohnung aufräume. Mir kommt ab und zu vor, sie ist eifersüchtig auf mich, wenn ich mich zuviel um ihren Mann kümmere."

Seit acht Jahren ist Renate B. Heimhelferin. Sie hat schon viele Patientinnen und Patienten bis zum Sterben gepflegt. Nicht immer gibt es eine verwirrte Frau N., die ihr die Arbeit schwermacht. Zum Glück gibt es auch Klienten, wo es keinen Ärger gibt.

„Ich gehe jetzt zu einem Mann, der bereits die Spielkarten bereithält und sich auf ein Spielchen freut. Am Anfang war das ein Problem, denn er hat eine kleine Wohnung, die schnell saubergemacht ist, und da wußte ich dann nicht, wie ich die Zeit sinnvoll verbringen kann. Er war meist schlechter Laune. Ich habe ihm Puzzles mitgebracht, die er zusammenbauen sollte, aber darüber hat er sich nur geärgert. Eines Tages hat er gesagt, daß er gern Karten spielt. Ich kann auch einige Kartenspiele, und seither gibt es immer ein schönes Spielchen. Mir ist nicht mehr fad, und er hat auch seine Unterhaltung. Die Leute sitzen in ihren Höhlen und brauchen Kontakt. Ich bin häufig ihre einzige Ansprechperson, mit der sie regelmäßig Kontakt haben, denn oft gibt es ja keine Verwandten."

Der erste Einblick in den Alltag dieser Heimhelferinnen zeigt bereits einige, wie ich meine, typische Merkmale der Arbeitsbedingungen in den privaten Wohnungen. Die Heimhelferinnen werden in ihrer Berufsausübung nicht nur von den Bedürfnissen der pflegebedürftigen Menschen geleitet, sondern gegebenenfalls auch von den verwandter Personen, die im selben Haushalt wohnen.

Nicht selten finden Heimhelferinnen, die oft bloß als Bedienerinnen gesehen werden und nicht als geschulte Kraft, schriftliche Anweisungen, welche Arbeitsschritte während ihres Dienstes gesetzt werden müssen. In einer Wohnung findet sich etwa über dem Herd eine schriftliche Anweisung des Sohnes einer pflegebedürftigen, schon etwas verwirrten Mutter: „Erwarten Sie bitte nicht, daß Ihnen gesagt wird, was zu tun ist und verlassen Sie sich auch nicht auf Worte wie: ‚Das mach ich selbst' oder: ‚Das ist nicht notwendig'. Der Wunsch, vieles noch selbst zu tun, ist größer als das tatsächliche Vermögen. Mündliche Botschaften sind zu unterlassen. Schreiben Sie einen Zettel, wenn Sie mir was mitteilen wollen."

Solche und ähnliche Hinweise halten Heimhelferinnen für völlig überflüssig. Damit dokumentieren Angehörige lediglich, daß sie den Pflegerinnen keine Menschenkenntnis zubilligen. Diese unhöfliche schriftliche Erklärung unterstellt, daß Heimhelferinnen ohne

Anweisungen hilflos wären und viele Fehler machen würden. Aber gerade in Sachen Menschenkenntnis sind diese Frauen meist sehr gut bewandert, gerade auf diesem Gebiet kann erfahrenen Heimhelferinnen keiner ein X für ein U vormachen.

Arbeitsbedingungen von Heimhelferinnen

Die Arbeit als Heimhelferin in Privatwohnungen stellt die Frauen und die wenigen Männer, die diesen Beruf ausüben, nicht selten vor schwierige Situationen. Auch Heimhelferinnen sagen typischerweise: *Bei dieser Arbeit wird mir nie fad.* Vor Überraschungen sind sie nie gefeit. So kamen wir einmal nicht in die Wohnung eines pflegebedürftigen Mannes, weil der Schlüssel innen steckte, und da er vor dem lauten Fernseher saß, konnte er unser Klopfen und Läuten nicht hören.

Im Unterschied zur Arbeit in den Heimen hilft Heimhelferinnen keine Kollegin beim Bettenmachen. Die sanitären Einrichtungen lassen häufig zu wünschen übrig, die WCs und Baderäume erweisen sich fast immer als nicht rollstuhlgerecht. Der Bewegungsspielraum ist insgesamt in den persönlichen Quartieren der Pflegebedürftigen sehr eingeschränkt.

Die Leute sitzen oft allein in ihren Wohnungen und sehnen sich nach Kontakt.

Nicht immer leben die Pfleglinge allein in der Wohnung, oft haben die Partner kein Verständnis für einander:

„Der Mann weigert sich, ein Krankenbett in die Wohnung zu stellen, damit wir besser arbeiten können. Er sagt beinhart: ‚Meine Frau soll doch ins Krankenhaus gehen. Die Wohnung ist ja kein Krankenhaus. Ein Krankenbett kommt mir nicht in die Wohnung, und schauen Sie zu, daß Sie die Windeln wegbringen, denn wie schaut denn das aus.' Also solche Leute gibt es auch oder Leute, die mir Briefe schreiben und genaue Anweisungen geben, was alles zu tun ist und wo was falsch gemacht worden ist. Also das fällt nicht leicht, mit solchen Menschen fertigzuwerden. Das braucht Nervenstärke und Kraft."

Es braucht tatsächlich Kraft, den Beruf einer Heimhelferin auszuüben. So wie in allen helfenden Berufen geht es auch hier um sehr persönliche Beziehungen zwischen Helfer und Klienten. Wieder spielt die Frage der Abgrenzung eine Rolle. Sich zu sorgen als ginge es um die eigenen Eltern, ist genauso fehl am Platz wie das lockere Abspulen einer stumpfen Arbeitsroutine.

Heimhelferinnen – mehr als bloß Putzfrauen

Heimhelferinnen sind nicht nur für das Reinigen von Wohnung und Geschirr, Einkaufen und Kochen zuständig, sie sind auch für das seelische Wohl ihrer pflegebedürftigen Menschen verantwortlich. Mit ihren regelmäßigen Arbeitseinsätzen werden sie für viele Pflegebedürftige eine wichtige Stütze.

„Einen der härtesten Einsätze hatte ich vor einigen Jahren, als ich eines Tages zu einer Frau geschickt worden bin. Ich habe angeläutet, und dann ist mir eine übelriechende Frau entgegengetreten und hat mich von oben bis unten gemustert, hat ihre Arme verschränkt und gesagt: ‚Ich brauche hier niemanden. Ich habe schon genug, wenn ich das Wort ‚Heimhilfe' hör. Sie können mich am Arsch lecken und gleich die Firma anrufen, daß sie wieder gehen.'

Widerwillig hat sie mich in ihre Wohnung gelassen. Die Wohnung und die Frau waren in einem fürchterlichen Zustand. Die Frau hatte ihre Kleider sicher schon Jahre nicht mehr gewechselt. Es stank, und das Bett schaute erst aus! Ich habe mich nur ein bisserl umgesehen, habe gar nicht viel gemacht und bin dann am nächsten Tag wiedergekommen.

Am nächsten Tag habe ich den Herd geputzt. Es dauerte fast eine ganze Stunde, bis ich den Dreck vom Herd weg hatte. Die Ablehnung dieser Frau ist in den nächsten Tagen immer schwächer geworden. Sie hat gesehen, daß ich etwas weiterbringe und ihr keine Vorwürfe mache. Es gelang mir sogar, ihr Bett neu zu beziehen. Sie hatte wirklich schöne Damastwäsche im Schrank. Die schöne Wäsche rührte sie nicht an, weil sie Geld für ihren Sohn sparte, der in Australien lebte. Nachdem ich das Bett frisch überzogen hatte, mußte ich sie überreden, sich zu waschen, denn sonst wäre es ja schade um die neue Bettwäsche. So gelang es mir, sie ins Bad zu bringen und sie von Kopf bis Fuß zu waschen. Ich habe ihr dann neue Kleider angezogen, die sie unberührt im Kasten liegen hatte. Nach und nach machte ich aus ihrem Unterstand, in dem es stank und überall Spinnweben waren, eine schöne Wohnung.

Ich habe sie also nicht überfahren mit einem falschen Ehrgeiz und Sauberkeitssinn, sondern ich habe Schritt für Schritt Ordnung gemacht. Sie war mir dann dankbar, daß sie jetzt wieder ordentlich wohnen konnte. Sie ist sogar ausgegangen und hat sich wieder unter die Leute getraut.

Sie freute sich immer auf mein Kommen. So habe ich ihr nicht gesagt, daß ich nach dem Urlaub nicht mehr zu ihr zurückkommen werde. In der Firma, in der ich gearbeitet habe, war es üblich, nicht länger als ein Jahr bei derselben Klientin zu arbeiten. Die Firma hatte Angst, daß es sonst womöglich zu einer zu starken Bindung und einer Erbschleicherei kommen würde. Als ich dann nach einigen Monaten wieder aushilfsweise zu dieser Frau gegangen bin, hat es dort schon wieder so arg ausgeschaut wie früher. Sie hat sich schon wieder gehenlassen. Sie hat sich gefreut, daß jetzt ich wieder zu ihr komme, aber es war nur eine einmalige Aushilfe. Ich kann mir vorstellen, wie enttäuscht sie gewesen ist, als am nächsten Tag wieder meine Kollegin zu ihr gekommen ist."

Heimhelferinnen können, wenn sie mit Menschen umgehen können, viel Positives bewirken. Voraussetzung dafür ist, daß es möglichst zu keinem Wechsel kommt. Würden Heimhelferinnen bloß als Putzfrauen oder Bedienerinnen gesehen werden, würden die Pfleglinge nicht so empfindlich auf einen Wechsel reagieren.

„Es ist ein generelles Anliegen, immer von den gleichen Personen betreut zu werden (‚die weiß, wie es geht', ‚der kann ich voll vertrauen')", ziehen auch Badelt u.a. ihren Schluß. (vgl. 1997) Vertrauen spielt in der regelmäßigen Begegnung zwischen Pfleglingen und Heimhelferinnen eine große Rolle. Heimhelferinnen selbst sehen es ebenfalls als Vorteil, möglichst wenige Wechsel zu haben. Auch sie profitieren von der Vertrautheit der Arbeit und des jeweiligen Pfleglings. Jemanden über Jahre hindurch begleiten zu können, erleben Heimhelferinnen als besonders befriedigend.

„Ich will nicht mehr" – Heimhelferinnen als Therapeuten

Die Heimhelferinnen leisten mit ihren regelmäßigen Arbeitseinsätzen eine nicht zu übersehende wichtige psychische Betreuung. Oft sind sie die einzigen Ansprechpartner. Gerade diese psychische Betreuung, die oft neben der Aufräumarbeit geschieht, macht die besondere Bedeutung der Heimhelferinnentätigkeit aus.

Der Frühpensionist Karl L., 53, wird zweimal in der Woche von einem Heimhelfer besucht. Es gilt, den Single-Haushalt in Ord-

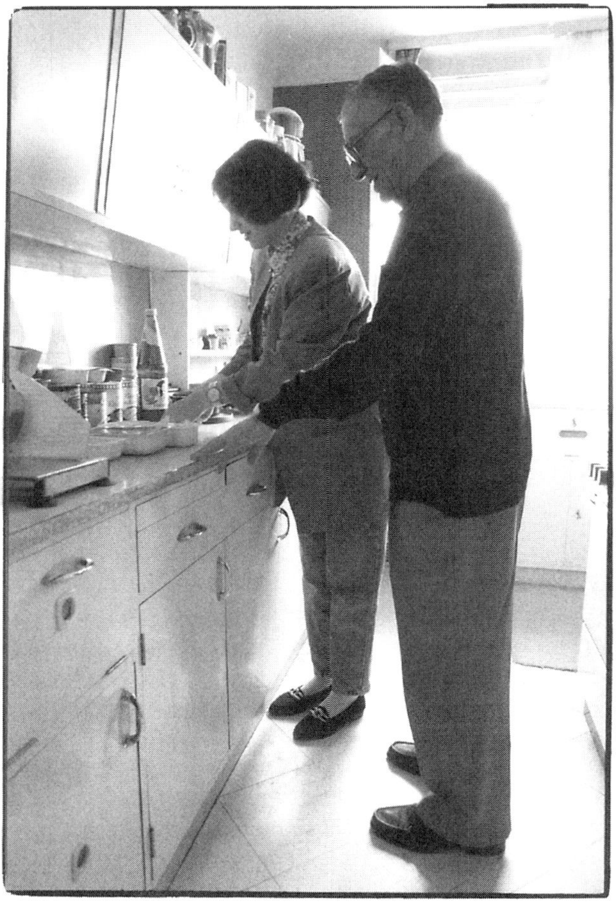

Für die Klienten ist es ein generelles Anliegen, immer von den gleichen Personen betreut zu werden

nung zu bringen. Der Klient hat psychische Probleme, und seine Wohnung ist immer äußerst unaufgeräumt. Es gibt hier immer eine Menge zu tun. Der Bewohner schlägt oft mit einem Stock nach den Glühbirnen und haut sie in Scherben. Beim Zusammenräumen finden sich auch andere Scherben am Boden, und mein „Einschuler“ schneidet sich in den Finger, weil er nicht aufgepaßt hat. Er sagt, daß Karl L. es nicht vertragen würde, wenn man laut mit ihm redet.

Das Zusammenräumen ist in diesem Haushalt keine leichte Sache. Das Klo ist verstopft, und auch in der Dusche steht schmutziges Wasser. In einem Zimmer erinnert ein schwarzer Brandfleck von einem Versuch des Klienten, mitten im Raum ein kleines Lagerfeuer zu machen. Zum Glück konnte ein Wohnungsbrand durch das Einschreiten der Nachbarn verhindert werden, aber wohl ist denen seit diesem Vorfall im Haus nicht mehr zumute, und sie würden Herrn L. gerne aus dem Haus haben. Aber in ein Heim will der verwahrloste Mann nicht. Von den Kosten gar nicht zu reden. Für die Heimhilfe bezahlt er zweitausend Schilling im Monat, ein Heimplatz würde über dreißigtausend Schilling kosten.

In der Abwasch türmt sich das Geschirr der letzten Tage. Es findet sich kein Spülmittel, und im Abwaschbecken ist kein Stöpsel, der das Abrinnen des Wassers verhindern soll. Das Besteck ist zum Teil verbogen, weil es offenbar als Werkzeug mißbraucht wird.

Während ich mich mit dem Abwaschen abmühe und mein „Einschuler“ das Bad reinigt, redet Karl L. ununterbrochen. Er ist geradezu froh, seine quälenden Fragen loszuwerden. So beschäftigt ihn noch immer der letzte Konzertbesuch vom Wochenende in der Wiener Stadthalle. Karl sei mit seinem Freund dort gewesen, aber dem sei der Lärm auf die Nerven gegangen.

„Ich weiß nicht, warum mein Freund zu einem Rockkonzert geht und dann den Lärm nicht aushält. Das hätte er doch wissen müssen, daß es in einem Konzert laut zugeht. Also das verstehe ich nicht, wie ein Konzert zu laut werden kann. Die anderen sind ja auch geblieben.

Und eines habe ich auch nicht verstanden. Während dem Konzert ist immer eine große Kugel gekreist, und einmal hat diese schwere Kugel einen Teil des Bühnenaufbaus zertrümmert. Aber wie können die eine so schwere Kugel in der Stadthalle aufhängen? Wo ist diese Kugel hergestellt worden? Ob die direkt aus England in den Lkw-Zügen mit dem anderen Bühnenmaterial mitgeliefert worden ist? Oder haben sie sich die Kugel in Wien besorgt? … Oder ist die Kugel doch direkt aus England mitgenommen worden? Es gab ja sechs Sattelschlepper. Ich habe die dort gesehen. Es wäre schon möglich, daß sie die Kugel bei jedem Konzert ins Auto hieven und dann beim nächsten Ort wieder ausladen und aufhängen, damit sie dann wieder kreist ..."

Mit unseren Antworten gibt er sich nicht immer zufrieden, aber irgendwie fühlt er sich wohler, weil er seine quälenden Fragen loswerden kann.

Diese Arbeitssituation bringt den starken Druck zum Ausdruck, den ein Heimhelfer ausgesetzt ist. Was für diesen Heimhelfer Arbeitsalltag ist, ist auch für seine Berufskolleginnen typisch. Sie hören den Klienten zu, geben Ratschläge, und machen so im besten Sinne Therapie. Sie ermöglichen den vereinsamten Menschen ein Gespräch und regelmäßigen sozialen Kontakt. Manchmal kommt es auf diese Weise zu einer engen Beziehung. Da sich die Arbeit im häuslichen und somit intimen Bereich abspielt, verschwimmen nicht selten berufliche und freundschaftliche Elemente. Die Heimhelferin wird zur Freundin, die telefonisch daheim kontaktiert wird. Sie wird bei Problemen auch außerhalb der Dienstzeit angefordert. Dabei kann es zu ungeahnten Reaktionen kommen, was das folgende Beispiel dokumentieren soll:

Seit einem Jahr betreut der Heimhelfer Karl B. eine Klientin im 15. Bezirk. Frau K. braucht dreimal täglich Hilfe. In der Früh braucht sie ein Frühstück und Hilfe beim Waschen, und zu Mittag wird ihr das Essen auf Rädern gewärmt und serviert. Am Abend geht es darum, ihr ein Abendbrot zu machen und alles zum Schlafen herzurichten. Der Heimhelfer Karl macht den Morgen- und Mittagsdienst, eine Kollegin den Abenddienst.

Die Betreuung von Frau K. wurde nötig, nachdem ihr Lebensgefährte plötzlich verstorben war. Dieser Mann hatte Frau K. alle Arbeiten im Haushalt abgenommen. Er hatte gekocht, zusammengeräumt und seiner Frau die Leibschüssel ins Bett gebracht, obwohl sie durchaus in der Lage gewesen wäre, das Klo am Gang aufzusuchen. Daß er sie ohne Verabschiedung ganz plötzlich verlassen hat, kann sie ihm nicht richtig verzeihen. Sie ist beleidigt, weil er sie allein zurückgelassen hat, und sie weigert sich bis heute, sein Grab aufzusuchen.

Frau K. hat einen Sohn aus erster Ehe. Er lebt in Ungarn und hält regelmäßig telefonischen Kontakt zu seiner Mutter. Er lebt lieber in Budapest als in Wien, um genügend Distanz zu seiner Mutter zu haben. Die Schwiegertochter sei schuld, daß sie ihren Norbert verloren habe, sagt sie immer.

Da es keinen Norbert für Frau K. gibt und auch keinen Lebensgefährten mehr, muß Herr Karl für ihre egoistischen Ziele herhalten. Frau K. will, daß Karl zu ihr zieht und ihretwillen Frau und Kinder verläßt.

Frau K. leidet an einer langsam fortschreitenden Krebskrankheit, vor allem aber leidet sie unter dem Alleinsein. Bis vor einem Monat hatte sie in ihrem Hausarzt einen treuen Freund, der sie medizinisch, aber auch seelisch betreut hat. Dieser Hausarzt litt selbst an einer unheilbaren Krankheit, so daß er sich entschloß, freiwillig aus dem Leben zu scheiden. Da Frau K. ebenfalls des Lebens überdrüssig war, verabreichte er ihr eine Überdosis Schlafmittel, ging dann heim und nahm ebenfalls Schlaftabletten. Der Arzt starb, Frau K. überlebte.

Wenn Karl in der Früh in die Wohnung kommt, liegt Frau K. mit verträntem Gesicht im Bett. Sie schlingt ihre Arme um Karl, er streichelt sie und redet ihr gut zu. Sie will hören, daß sie mit ihren 80 Jahren noch eine wirklich schöne Frau ist. Sie himmelt ihren Karl an und argwöhnt, daß ihr Karl sicher noch andere „Weiber" habe, aber er soll wenigstens sagen, daß sie die Schönste sei. Das würde ihr schon genügen.

Karl erledigt die Arbeit, er leert die Leibschüssel aus und hilft Frau K. bei der Körperpflege. Danach wird Kaffee gemacht, und dann sitzen wir alle drei am Küchentisch. Sie fängt an zu husten und atmet tief aus und ein. Sie atmet schwer und droht zu ersticken. Karl und ich müssen sie daraufhin in die Arme nehmen, und ihr gut zureden. Danach steht sie plötzlich auf und geht ins Zimmer. Sie will sich hinlegen, flüstert sie. Dann hören wir einen Plumps, und sie liegt am Teppichboden. Wieder müssen wir ihr helfen. Während Karl das Frühstücksgeschirr zusammenräumt, unterhalte ich mich mit Frau K. Plötzlich entfernt sie sich und eilt raschen Schrittes ins nächste straßenseitig gelegene Zimmer, dort öffnet sie das Fenster und versucht umständlich aufs Fensterbrett zu klettern. Ich mache Karl auf das sonderbare Verhalten von Frau K. aufmerksam, aber er winkt schnell ab. Auch dies mache sie mindestens einmal in der Woche. Sie will damit andeuten, daß sie sich aus dem Fenster stürzt. Wieder müssen wir ihr gut zureden. Wir können sie überreden, sich ins Bett zu legen. Sie legt sich müde hin, und dann gibt mir Karl einen Wink, ihm schnell zu folgen. In der Küche dreht er noch schnell den Gashahn ab, dann verlassen wir rasch die Wohnung. Wir jagen die Stufen hinunter und als wir das Parterre erreichen, hören wir im Stiegenhaus Frau K. „Karl, Karl" rufen. „So macht sie das immer", beruhigt mich der Heimhelfer.

Sie will Karl mit ihren Selbstmorddrohungen dazu bewegen, ganz bei ihr zu bleiben. Karl zündet sich im Auto eine Zigarette an, die braucht er jetzt zur Beruhigung.

Dieser schwierige Einsatz zeigt, welche Komplikationen die Heimhilfetätigkeit mit sich bringen kann. Die alleinstehenden Menschen klammern sich an die Heimhelferinnen und Heimhelfer. Diese müssen deren seelische Nöte über sich ergehen lassen und irgendwie verarbeiten. Sie müssen damit allein zurechtkommen. Herr Karl schafft den Dienst bei Frau K. nur, weil er als Medizinstudent besonderes Interesse an ihrem „Fall" zeigt.

Frau K. habe zeit ihres Lebens, wie ihr Sohn angibt, ihre Angehörigen mit Selbstmorddrohungen richtiggehend erpreßt. Er selbst sei deswegen nach Budapest ausgewichen. Der Heimhilfedienst aber muß sich diesem Verhalten stellen, die Arbeit machen und mit den Problemen so gut es geht fertigwerden.

Die Einsamkeit der alten Menschen drückt sich oft in einem vermehrten Drang nach körperlicher Berührung aus. Heimhelferinnen werden in diesem Zusammenhang von alleinstehenden Männern nicht selten in Verlegenheit gebracht.

„Nicht einmal ist es mir schon passiert, daß ich in die Wohnung komme, und er steht pudelnackt vor mir. Ich sage dann immer, er soll sich schnell anziehen. Einige haben auch schon versucht, mich anzufassen. Ich bin eine Resche. Mir passiert das zum Glück selten. Harmloser sind diejenigen alten Männer, die es nicht zulassen, wenn ich mit Handschuhen arbeite. Beim Eincremen darf ich keine Schutzhandschuhe haben, denn sonst werden sie ganz fuchtig. Die alten Menschen brauchen viel Körperkontakt, übers Eincremen können sie ihn von mir gerne haben."

Eine Teamleiterin, die diese Probleme ebenfalls kennt, würde am liebsten einigen alten Männern Prostituierte ins Haus schicken. Ihrer Meinung nach würden solche Dienste eine ziemlich große Nachfrage unter ihren Klienten haben.

Das Arbeitsfeld von Heimhelferinnen geht über die notwendigen Aufräumarbeiten, Haushaltsführung und Körperpflege weit hinaus. Es schließt die bedeutende seelische Betreuung der Klienten mit ein, ebenfalls kommt der hohe therapeutische Wert zum Ausdruck.

Schmuck und Geld

Ein weiterer Punkt macht die Arbeitsbedingungen für Heimhelferinnen besonders heikel, und zwar der Zugang zu Wertsachen und Geld in den Wohnungen. Erfahrene Insider des Heimhilfedienstes geben zwar an, daß es vergleichsweise selten zu Diebstählen kommt, aber die Möglichkeit allein schafft schon Ärger genug. Durch die Verwirrtheit alter Menschen, durch unüberlegtes Handeln der Pflegebedürftigen, werden Heimhelferinnen nicht selten einer kriminellen Tat verdächtigt.

Eine Heimhelferin wurde beschuldigt, gleich 100 000 Schilling gestohlen zu haben. Es kam zu einer Anzeige: „Dann steht die Kripo in deiner Wohnung, und sie verhören dich, und dann willst am liebsten schon ja sagen, weil du endlich eine Ruhe haben möchtest von dieser Fragerei und von diesen Verdächtigungen. Es ist zu einer Gerichtsverhandlung gekommen. Das Verfahren ging sogar in die zweite Instanz, und dann sind die lieben Verwandten doch draufgekommen, wo die gute alte Oma das Geld versteckt hat, und dann war alles wieder vorbei. Also das sind ganz arge Sachen, die einem da passieren können", beschwert sich eine Heimhelferin.

„Ich hatte eine Klientin, die hatte so viel Geld rumliegen lassen in der Wohnung. Sie hatte auch teure Brillantringe. Einmal ist sie ins Bad gegangen und ohne Ringe wieder herausgekommen. Ich habe sie gefragt, wo sie ihre Ringe hätte, aber sie hat es nicht sagen können. Am nächsten Tag habe ich eine Zange mitgenommen, um den Siphon abzuschrauben, und tatsächlich waren sie da drinnen. Da könnte schon was rauskommen, wenn dann die Verwandten kommen und sehen, daß ihre Oma keine Ringe mehr trägt. Und wer wird als erster verdächtigt? Wir Heimhelferinnen!"

Eine andere Heimhelferin erzählt, daß sie große Probleme bekam, als sie im Auftrag eines Patienten Geld von der Bank abhob. Sie holte zehntausend Schilling, ging zurück in die Wohnung, doch zu ihrem Schreck rührte sich der alte Mann nicht mehr. Er war in der Zwischenzeit verstorben. Es war gar nicht einfach für sie, dem Notar klar zu machen, das Geld im Auftrag des inzwischen verstorbenen Patienten geholt zu haben und nicht etwa, um sich selbst zu bereichern.

Ein Heimhelfer wiederum ärgerte sich über seinen verwirrten Klienten, der mit Geld nicht mehr umgehen konnte, aber gleichzeitig äußerst mißtrauisch war. So konnte er dem Heimhelfer nicht erklären, wo er die achthundert Schilling vom Vortag hingelegt hatte. Der Heimhelfer brauchte aber dringend Geld, um die gewünschten Einkäufe zu machen, doch der Klient bestritt, auch nur einen Hunderter daheimzuhaben. Weil die Geldknappheit ein echtes Problem darstellte, nütze der Heimhelfer meine Anwesenheit zur Selbsthilfe.

Er überredete den alten verwirrten Mann, zur Bank zu gehen, um Geld abzuheben. Während sich der Klient auf den Weg zur Bank machte, gingen wir zurück in die Wohnung. Der Heimhelfer durchstöberte alle möglichen Laden und Verstecke, um vielleicht doch irgendwo das Geld zu finden. Selbst im Papierkorb schaute er nach. Ein professioneller Einbrecher hätte womöglich das Geld, das irgendwo in der Wohnung sein mußte, gefunden, aber mein Heimhelfer fand lediglich eine Pistole, die er bei dieser Gelegenheit gleich konfiszierte, um eine mögliche Gefahrenquelle zu beseitigen.

Um die Finanzprobleme in den Griff zu bekommen, wurde vom Verein ein Antrag auf Sachwalterschaft gestellt, denn der alte Mann, der in der Vergangenheit schon zweimal seine Wohnung nicht mehr fand und in unterkühltem Zustand ins Krankenhaus eingeliefert werden mußte, ist immer weniger Herr seiner Sinne.

Gewiefte Menschen nutzen diese oft anzutreffende Verwirrtheit alter Menschen aus. So hatte eine 90jährige Frau eine private Friseurin und eine Fußpflegerin regelmäßig ins Haus bestellt. Für ihre Arbeit wurden sie mit je einem Tausender fürstlich entlohnt. Als dann eine Sachwalterin bestellt wurde und keine derart hohen Beträge mehr gezahlt wurden, blieben die beiden einfach aus. Auch ein Altwarenhändler, der der greisen Frau immer wieder einige alte Möbel und Bilder gegen einen Spottpreis abnahm, ließ sich nicht mehr blicken.

Heimhelferinnen dürfen in Abwesenheit der Klientinnen die Wohnung nicht betreten, und auch die Kästen dürfen nur mit Erlaubnis der Bewohnerinnen geöffnet werden. In diesem Zusammenhang stoßen die Heimhelferinnen oft auf offenes Mißtrauen. Finden die Bewohnerinnen in ihrer Vergeßlichkeit mal einen Schmuck oder ein Sparbuch nicht, werden gleich die Heimhelferinnen verdächtigt.

Aufgrund der besonderen Vertrauensposition, setzt die Arbeit als Heimhelferin ein makelloses polizeiliches Führungszeugnis voraus. Trotz vorhandener Gelegenheiten und niedriger Bezahlung kommt es kaum zu kriminellen Handlungen.

Arbeitszeit und Lohn

„Wir verdienen nicht einmal 100 Schilling brutto in der Stunde und kommen mit 39 Stunden in der Woche auf 15 000 Schilling brutto im Monat. Mehr verdient eine Kassierin im Supermarkt auch nicht, aber die hat einen geregelten Arbeitstag und einen sauberen Arbeitsplatz. Mein Arbeitsplatz aber ist oft verdreckt.

Für mich als Alleinerzieherin ist diese Arbeit trotzdem machbar, weil ich mir die Dienste ein wenig einteilen kann. Aber das Geld ist schwer verdient, das möchte ich unbedingt sagen."

Diese Heimhelferin spricht den Verdienst an, der ihr nicht ausreichend für die zu leistende Arbeit vorkommt. Die meisten Firmen garantieren ihren Heimhelferinnen bloß ein Minimum von 90 Stunden im Monat, denn durch verschiedene Vorkommnisse wie Krankheit eines Klienten, Verlegung in ein Spital oder Einlieferung in ein Pflegeheim gibt es immer wieder Beschäftigungslücken, wodurch das Einkommen starken Schwankungen ausgesetzt sein kann. In puncto Einkommen gibt es im Unterschied zur Arbeit in den Pflegeheimen nur eine garantierte Unterbezahlung. Heimhelferinnen können nicht jedes Monat mit demselben Lohn rechnen.

Im extramuralen Bereich, also der Versorgung von Pflegebedürftigen außerhalb der Mauern von Heimen, gibt es gewöhnungsbedürftige Arbeitszeitmodelle und besondere Arbeitszeiten. Reine Vormittagsdienste, wie sie berufserfahrene Heimhelferinnen noch kennen, gibt es nicht mehr. Jetzt kommt es immer häufiger zu Abend- und Wochenenddiensten. Durch diese Verlagerung der Arbeitszeit auf den Nachmittag, Abend und auf das Wochenende wird der Beruf der Heimhelferin immer weniger zu einem geeigneten Betätigungsfeld von Hausfrauen mit Kindern. Während die Kinder den Vormittag im Kindergarten oder in der Schule verbringen, konnten die Mütter durch diese Tätigkeit einer Lohnarbeit nachgehen. Jetzt geht das immer weniger, und Neueinsteigerinnen in diesen Beruf müssen sich von vornherein bereiterklären, auch Abend- und Wochenenddienste zu machen, sonst können sie bei den meisten mobilen Diensten erst gar nicht anfangen.

Erfahrene Heimhelferinnen trauern den alten Arbeitszeiten nach. Sie meinen, daß die Dienste etwas besser auf die Bedürfnisse der erziehenden Mütter abgestimmt werden sollten. Bei den jüngeren Kolleginnen mit Kindern kommt es öfter als früher zu Krankenständen, und insgesamt wird der Streß größer, wenn der Dienst über den ganzen Tag verstreut ist.

Frühaufsteherinnen können bereits um 6 Uhr in ihren Wohnungen aufgesucht werden, doch die meisten pflegebedürftigen Menschen wollen zwischen 7 und 8 Uhr früh aus den Betten, sich waschen, anziehen und frühstücken. Diejenigen, die die Morgentoilette selbst machen können, geben sich mit einem späteren Besuch ihrer Heimhelferin zufrieden, die dann zusammenräumen, einkaufen, waschen und andere haushalterischen Tätigkeiten machen muß. Gegen Mittag müssen die bettlägrigen Kunden aufgesucht werden, um ihnen das Essen zu verabreichen. Nachmittags sind die Dienste eher dünn gesät. Erst am Abend setzt die Pflegearbeit wieder im vollen Umfang ein. Zwischen 17 und 20 Uhr wollen die meisten Kunden wohlversorgt im Bett liegen.

Aus diesem Rhythmus ergibt sich für die Heimhelferinnen die Schwierigkeit, den Arbeitstag ohne größere Pausen zu gestalten. Besonders Wochenenddienste, die wegen der erhöhten Kosten möglichst kurz gehalten werden, sind durch viele Einsatzpausen charakterisiert. Die Dienste einer Heimhelferin sehen dann etwa so aus: Sie hat vier Klientinnen zu betreuen. Der erste Früheinsatz dauert von 7 bis 8 Uhr, der zweite von 8 bis 9 Uhr und der dritte Morgenbesuch folgt dann zwischen 9 und 10 Uhr. Bis 10 Uhr muß die vierte Klientin, eine bettlägrige Frau warten, ehe die Heimhelferin kommt. Nach diesem späten Früheinsatz muß die Heimhelferin wieder zu ihrer ersten Klientin zurückeilen und beim Essen behilflich sein. Da der zweite mittägliche Einsatz erst wieder um 14 Uhr auf dem Programm steht, kommt es zu einer verdienten, allerdings etwas langen Mittagspause von zweieinhalb Stunden. Nach einer Stunde Arbeit bleiben wieder zwei Stunden Zeit, um sich für den

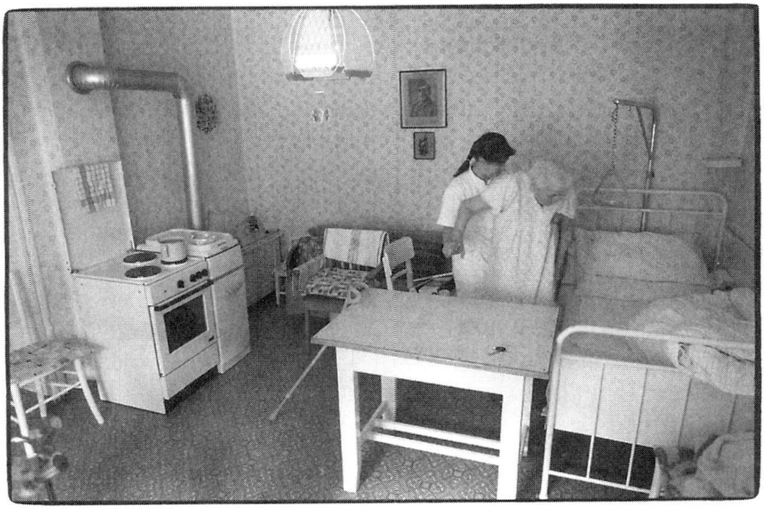

Die Arbeitszeiten von Heimhelferinnen können immer weniger auf die Bedürfnisse von Frauen mit Kindern abgestimmt werden.

Abenddienst vorzubereiten. Zwischen 17 und 19.30 Uhr muß die Heimhelferin dann alle vier Klienten ins Bett bringen.

Nach zwölfeinhalb Stunden und einer tatsächlichen Arbeitszeit von acht Stunden, die dann auch ausgezahlt wird, geht ein typischer Arbeitstag zu Ende.

Eine Heimhelferin beklagt sich: „Wenn es am Samstag und Sonntag nur Früh- und Mittagsdienste gäbe, könnte der Nachmittag für die Familie reserviert sein, aber wenn da Früh- und Abenddienste zu leisten sind, bleibt das Familienleben auf der Strecke."

Um diesen anstrengenden langen Arbeitstagen ein wenig die Härte zu nehmen, wird tatsächlich manchmal versucht, den Dienst auf zwei Heimhelferinnen aufzuteilen. Dann macht eine Heimhelferin den Vormittagsdienst bis zu Mittag und die andere den Abenddienst. Doch diese Aufteilung der Dienste hat wiederum zur Folge, daß kaum die gewünschten 40 Arbeitswochenstunden erreicht und der entsprechende Arbeitslohn erzielt werden kann.

Viele ambulante Teams beschäftigen neben den Heimhelferinnen und ein, zwei Diplomkrankenschwestern noch zusätzlich Frauen, die unterhalb der Geringfügigkeitsgrenze eine Beschäftigung finden. Diese Aushelferinnen werden in der Regel gut eingeschult, um im Krankheitsfall einer Heimhelferin schnell einspringen zu können. Für die Heimhelferinnen selbst ist das Wissen, nicht unersetzbar zu sein, beruhigend, und trägt somit zu einer größeren Arbeitszufriedenheit bei. Eine geringfügig beschäftigte Heimhelferin wiederum erklärte mir, daß sie als Pensionsbezieherin nicht viel dazuzuverdienen wolle. Diese Einsätze kämen ihr gerade recht, denn so habe sie Beschäftigung und Abwechslung und komme sich nicht völlig unnütz vor.

Es ist interessant, daß mehrfach eingesetzte Pflegehelfer meist nur kurze Zeit im extramuralen Bereich bleiben. Früher oder später wandern sie in die geschützten und geregelteren Arbeitsabläufe von Heimen ab. Dort verdienen sie mehr und haben fixe Arbeitszeiten.

Im Gegenzug versuchen manche Pflegehelfer, im ambulanten Bereich tätig zu werden. Sie kommen meist aus Pflegestationen mit schlechtem Arbeitsklima. Draußen hoffen sie, mehr Befriedigung in der Arbeit zu finden, was nur selten der Fall ist.

Die Arbeit in den Wohnungen ist in der Tat anstrengend. Die Stundenanzahl ist knapp bemessen, die Arbeit hat zugenommen, die Abend- und Wochenenddienste sind dazugekommen, und es ist nur mehr eine Frage der Zeit, bis auch Nachtdienste verlangt werden. Die Arbeitssituation von Heimhelferinnen gleicht sich immer mehr den Aufgaben von Pflegerinnen in den Heimen an. Unterschiede gibt es dennoch: Dort arbeiten sie bei schwierigen Pflegefällen oft zu zweit an höhenverstellbaren Betten, hier müht sich eine Heimhelferin mit dem Wechseln der Einlage, dem Waschen, An- und Ausziehen und dem Aufbetten der niedrigen Liegestätten allein ab. Die erschwerten Arbeitsbedingungen in den Wohnungen schlagen sich nicht in einem höheren Lohn nieder. Die Arbeit der Heimhelferinnen wird insgesamt zuwenig anerkannt. Sie gelten als Bedienerinnen, Putzfrauen, billige Haushaltshilfen und nicht als wertvolle Unterstützung von pflegebedürftigen Menschen, die ohne den großartigen Einsatz dieser Frauen längst den privaten Pflegeplatz Wohnung mit einem Pflegeplatz im Heim eintauschen müßten.

Arbeitsbedingungen von Hauskrankenschwestern

„Ab und zu fange ich schon um 6 Uhr in der Früh an, und mein letzter Einsatz ist um 20 Uhr abends. Dazwischen habe ich immer wieder frei. Dazu gehören auch Wochenendeinsätze. Ich finde schon, daß wir generell unterbezahlt sind."

Mit diesen Worten drückt eine Hauskrankenschwester, die bezirksübergreifend in Niederösterreich ihren Dienst macht und mit dem Auto oft mehr als einhundert Kilometer pro Einsatztag fährt, die ganze Dimension ihrer Arbeitsbelastung aus.

Um die Sachlage genauer kennenzulernen, begleitete ich eine Hauskrankenschwester bei ihrer Tätigkeit, wovon das folgende Protokoll Auskunft gibt:

Als erstes besuchen wir um 8 Uhr eine gelähmte 36jährige Frau. Aufgrund einer seltenen Gefäßerkrankung im Bereich des oberen Rückenmarks hat sie zunehmend ihre Motorik und Kontrolle über ihre Organe verloren. Selbst die Lunge muß künstlich beatmet werden. Sie liegt hilflos im Bett und wird jetzt in der Früh von der Pflegerin und ihrer Mutter gewaschen, angezogen und in den Rollstuhl gesetzt. Die diplomierte Fachkraft saugt die Lunge ab, setzt dann die künstliche Beatmung in Gang, befestigt den Luftschlauch möglichst nackengewebsschonend und führt sie anschließend ins Bad. Nach der Morgentoilette wird die junge Frau an ihren Arbeitsplatz, einem Schreibtisch mit PC gestellt. Sie nimmt einen Stab in den Mund, und damit setzt sie den PC in Gang. Als ausgebildete Sozialarbeiterin schreibt sie für das Pfarrblatt und gibt Schülern Nachhilfeunterricht.

Während die Krankenschwester im Bad beschäftigt ist, erzählt mir die Mutter ein wenig aus ihrem Alltag.

Die Tochter habe sie jetzt schon fünf Jahre im Haus. Bis vor zwei Jahren habe sie noch ihren Mann als Unterstützung gehabt, aber der sei leider aus Kummer gestorben. Das kam so:

„Meine Tochter hat erfahren, daß es in Amerika einen Arzt gibt, der sie erfolgreich operieren könne. Die Kosten von 80 000 Schilling haben wir aber nicht aufbringen können. Das ganze Dorf aber hat in einer beispiellosen Art und Weise geholfen. Es wurden Konzerte veranstaltet und Benefizveranstaltungen organisiert. Ich bin dann mit meiner Tochter nach Amerika geflogen. Mein Mann blieb da. Die Kosten haben sich noch erhöht, weil wir auch eine teure Unterbringung nehmen mußten. Die Tochter, die so viel Hoffnung auf die Operation gesetzt hat, wurde operiert, aber leider hat sich keine Verbesserung eingestellt, im Gegenteil, wir mußten mit der Ärzteflugambulanz heimfliegen, was wieder eine Menge Geld gekostet hat. Mein Mann war über den schlechten Ausgang so unglücklich, daß er danach bald verstorben ist. Seither mache ich die Arbeit alleine. Zum Glück konnte ich schon mit 53 Jahren in Pension gehen."

Die junge Pensionistin hat es nicht leicht. Die Betreuung ihrer Tochter und ihrer über 90jährigen Mutter beansprucht sie voll und ganz. Rund um die Uhr hält sie sich in der Nähe ihrer Tochter auf. Sie gibt ihr zu Essen und zu Trinken, sie blättert ihrer Tochter, wenn sie liest, die Buchseiten um, sie entlastet Druckstellen, wechselt die Inkontinenzeinlagen, hilft mit der Handpumpe aus, wenn sie Atembeschwerden hat, reinigt die Röhrchen und wartet die Inkubationsmaschine. Am Abend kommt die Krankenschwester ins Haus. Mutter und Tochter schauen sich entweder einen Fernsehfilm an oder die Tochter liest, und die Mutter blättert um. Um 22 Uhr ist Nachtruhe. In letzter Zeit immer weniger, denn die alte Mutter fängt oft in der Nacht zum Klopfen an. Sie sieht Gespenster in ihrem Zimmer und vertreibt die bösen Unholde, weil sie sonst nicht schlafen kann. Atembeschwerden würde sie bekommen, weil diese Geister überall herumtanzen. Die junge Pensionistin muß ihrer Mutter beim Geisterverscheuchen tatkräftig helfen. Erst wenn der letzte Kobold draußen ist, legt sie sich wieder hin und schläft weiter.

Nach einer halben Stunde ist die Schwester mit ihrer Arbeit fertig, und wir eilen zum nächsten Termin. Nach einer Fahrt von einer halben Stunde kommen wir zu einem 85jährigen Mann. Tagsüber ist er allein und wird vormittags und mittags von einer Heimhelferin versorgt. Das heißt, er wird gewaschen, die Einlagen werden gewechselt, das Frühstück und das Mittagessen wird vorbereitet und verabreicht, und am Abend übernimmt seine berufstätige Tochter die Betreuung.

Die Hauskrankenschwester mißt hier einmal wöchentlich den Blutzucker und den Blutdruck. Der Zucker ist mit über 300 beängstigend hoch, doch der Hausarzt sieht im Einvernehmen mit der Krankenschwester und der Tochter keinen Bedarf eines stationären Aufenthaltes. Solange der alte Mann keine Schmerzen habe, könne er ruhig in seiner vertrauten Umgebung bleiben, meint die Schwester. Hinter uns müssen wir die Wohnungstür verschließen, um einen Fluchtversuch zu vereiteln. In letzter Zeit drängte es den Altbauern nämlich ins Freie. Er ging, soweit ihn seine schlechten Beine tragen konnten und verabsäumte es, rechtzeitig den Rückweg nach Hause anzutreten. Nach einer aufregenden Suchaktion wurde er zum Glück gefunden. Da sich die Tochter solche Aufregungen ersparen will, bleibt nun die Tür des Hauses verschlossen.

Nach diesem Einsatz steuert die Hauskrankenschwester ihr Dienstauto zu einem weiteren Bauernhof. Hier wird die Altbäuerin aufgesucht. Die alte Frau ist soweit noch rüstig und geht auch einkaufen, nimmt dazu auch immer das Fahrrad, das sie allerdings nicht als schnelleres Fortbewegungsmittel, sondern als Ersatz für einen Gehstock nützt. Allerdings kann sie sich nicht mehr bücken. Ihre Zehen schauen dementsprechend ungepflegt aus, und ihre geschwollenen Beine werden von der Schwester einmal wöchentlich eingefascht, um eine ausreichende Durchblutung zu gewährleisten. Auf diese Weise konnte ein Ukulus, eine offene Wunde aus Durchblutungsmangel, wieder geschlossen werden. Die Schwester ölt die Unterschenkel mit Maiskeimöl ein, wickelt eine Fliesunterlage leicht ums Bein und fascht dann den elastischen Mull drüber.

Als ein Arzt zur Begutachtung kam, um ihren Antrag auf Pflegegeld zu bearbeiten, gab die alte Bäuerin an, so gut wie alles zu können. Sie vergaß darauf hinzuweisen, daß sie sich nicht mehr bücken kann, was zur Ablehnung ihrer Antrages führte. Jetzt muß die Bäuerin für die Kosten der Pflege selbst aufkommen, die hier für eine halbe Stunde Arbeit 225 Schilling ausmachen.

Ein Ehepaar freut sich als nächstes auf den Besuch der Hauskrankenschwester. In einer ebenerdigen Wohnung sitzen Frau und Herr F. gemeinsam am Küchentisch und blättern in den Zeitungen und Zeitschriften. Der alte Mann ist körperlich recht gut beieinander, weiß sich aber selbst nicht mehr richtig zu helfen. Seine Frau schiebt er oft ohne Anlaß in der Wohnung umher, so daß die Tochter dazu übergegangen ist, die Mutter samt dem Rollstuhl mit Hilfe eines Radschlosses an die Sitzbank zu binden, um derartige Ausflüge zu verhindern.

Der Frau mußte vor einigen Jahren das Bein bis zum Knie abgenommen werden. Das zweite Bein ist ebenfalls in Gefahr, aber durch konsequente Pflege und durch die gute Unterstützung durch die Familie können die hilflosen Eltern ihren Lebensabend in ihrer vertrauten Umgebung verbringen und brauchen keine Angst zu haben, in ein Heim eingeliefert zu werden.

Eine herzkranke Frau steht als nächstes auf dem Terminkalender. Sie wird von ihrer Schwester betreut. Die herzkranke Frau klagt über schlechten Schlaf. Kein Auge habe sie bis vier Uhr früh zumachen können. Sie wisse nicht, was das sei. Sie habe Atembeschwerden gehabt und Schmerzen im linken Oberarmbereich.

Die Krankenschwester entdeckt, daß sie die Tabletten am Vorabend nicht eingenommen hat. Im Wochenspender ist dies deutlich ersichtlich. Dabei sei sie gestern abend noch dagewesen und habe extra nachgefragt, ob sie die Tabletten auch bestimmt nehmen werde. Die alte Frau ist ganz durcheinander, und ihre Schwester macht ihr schwere Vorwürfe. Jetzt ist allen klar, warum sie keinen Schlaf hat finden können.

Schließlich wartet noch Frau S. auf unseren Besuch. Die ehemalige Zahnarztassistentin hatte Alkoholprobleme und einen starken Naschzwang. Diese Suchtverhalten konnten nach und nach mit Hilfe von regelmäßigen Besuchen von Heimhelferinnen und der Hauskrankenschwester weitgehend zum Verschwinden gebracht werden. In den letzten beiden Jahren habe diese Klientin gleich vierzig Kilo abgenommen. Das Gehen fällt dieser alleinstehenden Frau schwer, und auch sonst fehlt es ihr an ausreichender Motorik, so daß sie regelmäßig physiotherapeutisch behandelt wird. Die Schwester bringt ihr die vom Arzt verschriebenen Medikamente ins Haus.

„Hier geht es mehr um die psychische Betreuung als um die medizinische", meint die Krankenschwester. So sei es ihr nach langem Zureden gelungen, daß sich diese Klientin eine Brille anpassen ließ.

Zu Mittag verabschiede ich mich von der vielbeschäftigten Hauskrankenschwester. Sie wird noch bei einer Patientin vorbeifahren und ihr eine Insulinspritze verabreichen. Heute hat sie keinen Abenddienst und kann frühzeitig nach Hause kommen, aber die Gewißheit, daß sie einmal richtig frei hat, hat sie nie, denn nicht selten klingelt das Telefon zu Hause. Die Firma ist dann am Apparat und bittet sie, aufgrund einer Spitalsentlassung einen Erstbesuch durchzuführen, um bei einer weiteren Klientin die Pflege in die Wege zu leiten.

Diese Hauskrankenschwester verbringt viel Zeit hinter dem Lenkrad ihres Pkw. Die Aufenthalte bei den Klienten sind eher kurz, denn die kosten Geld. Ihre Hilfestellung wird dringend benötigt. Sie verabreicht wichtige Medikamente und wechselt Verbände. Gleichzeitig kontrolliert sie das Befinden der Klienten. Es wird auch ein genauer Pflegebericht geführt, um den Hausärzten einen Überblick der getroffenen Pflegemaßnahmen zu gewährleisten.

Die Hauskrankenschwester ist überall herzlich willkommen. Wieder kommt eine bedeutende psychische Komponente im regelmäßigen Kontakt zu den Klienten zum Tragen. Die Pflegefälle selbst sind unterschiedlich schwer. Ihre Klientel bezieht sie aus allen Pflegegeldstufen, und es sind auch viele dabei, die kein Pflegegeld beziehen, weil sie etwa nur Insulin gespritzt bekommen.

Improvisieren gehört zum Alltag

Hauskrankenschwestern sind meist mit einem Handy unterwegs, weil sie jederzeit erreichbar sein müssen. Ihre Dienste beginnen in der Früh zwischen sechs und acht Uhr – meist mit dem Insulinspritzen.

In Wien müssen am Wochenende von einer mobilen Schwester gleich an die zwanzig Klienten aufgesucht werden, die Insulin verabreicht bekommen. Das Fahren von Adresse zu Adresse verlangt im großstädtischen Verkehr besondere Aufmerksamkeit.

Da die Hauskrankenschwestern es meist sehr eilig haben, treffen Heimhelferinnen bereits Vorbereitungen. Nicht nur an Zeit wird gespart, sondern auch an Pflegehilfsmitteln. So verwendet eine Hauskrankenschwester Maiskeimöl anstatt eines medizinischen Öls, und eine andere Schwester behandelt offene Hautstellen mit Kristallzucker und greift damit auf ein altes bewährtes Hausmittel zurück, um auf diese Weise den Klienten sparen zu helfen.

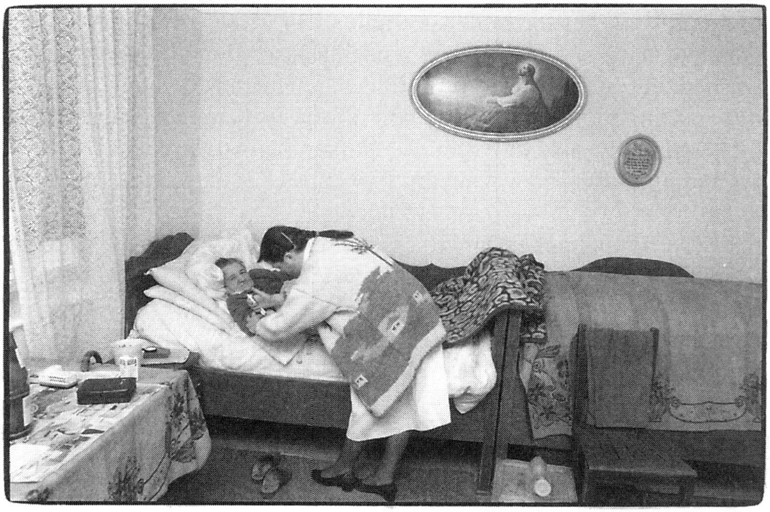

Eine Hauskrankenschwester bei einer typischen Arbeit, dem Spritzen von Insulin.

Der Griff zu altbewährten Hausmitteln hat aber noch eine tiefere Ursache. Eine Pflegerin erzählt: „Wenn ich Verbandsmaterial oder Pflegeartikel brauche, dann muß ich das erst bei der Kasse einreichen. Im Spital brauchte ich nur in den Schrank zu greifen. Da war immer alles da. Aber jetzt muß ich zuerst einreichen, und dann heißt es: Bitte warten."

Ambulante Betreuungsteams werden von der Pflegeartikelherstellungsindustrie schlecht bis kaum betreut. Pflegeartikel sind in den sozialen Stützpunkten immer gefragt, denn wenn es zu einer Spitalsentlassung kommt, kann nicht auf die Bewilligung der Krankenkassen gewartet werden, da gilt es schnell und effizient zu helfen. In der Hauskrankenpflege fehlen nicht selten diese Voraussetzungen einer effizienten Erstversorgung, weil es kein umfangreiches Depot von Pflegeartikeln wie in den Stationen von Pflegeheimen oder gar Akutspitälern gibt.

Die Hygienebedingungen sind in den Haushalten ebenfalls nicht selten ein Problem. So ärgert sich eine Krankenschwester über eine Klientin, die sehr unordentlich ist und keine hygienischen Regeln beachtet. Seit einem Jahr behandle sie nun schon einen hartnäckigen Ukulus am Schienbein, und ein Erfolg hat sich immer noch nicht eingestellt, weil die Frau immer wieder den Verband löst.

Ein weiteres Problemfeld ist die unterschiedliche Qualität der Zusammenarbeit mit den jeweiligen praktischen Ärzten.

„Der eine Arzt will regelmäßige Blutdruck- und Blutzuckermessungen und verlangt eine genaue Dokumentation, um den Hausbesuch möglichst kurz halten zu können. Der andere Arzt läßt mir wieder völlig freie Hand. Er überläßt es mir, welche Salben ich nehme, und selbst die Medikamentenvorschläge akzeptiert er blind. Dadurch sind wir ab und zu verleitet, auf eigene Faust etwas zu unternehmen. Wir begeben uns da auf ein rutschiges Parkett, denn rechtlich ist das nicht abgesichert."

Zu diesen Unsicherheiten und widrigen Arbeitsbedingungen kommt noch eine schlechte Bezahlung: „Ich verdiene 17 000 Schilling brutto und bekomme nur eine kleine Schmutzzulage, weil ich die Arbeitskleidung selbst waschen muß. Der halbe Samstag gilt als normaler Werktag. Damit bin ich finanziell schlechter dran als im Stationsdienst, denn dort gibt es mehr Zulagen", kommentiert eine Hauskrankenschwester auch die Einkommensseite wenig rosig.

Einige Frauen und Männer wollen sich für die wertvolle Hilfe erkenntlich zeigen und bieten Geld oder Schokolade an. Damit wollen sie sich oft aber auch besondere Aufmerksamkeit erkaufen, was zu

Problemen führen kann, weswegen die Schwestern sich eher als unbestechlich zeigen und derartige Geschenke zurückweisen.

Trotz alledem – Vorteile der hauskrankenpflegerischen Tätigkeit

Dennoch arbeiten viele diplomierte Pflegekräfte in der Hauskrankenpflege. Die Argumente, die sie als Begründung dafür ins Treffen führen, ähneln sich ziemlich stark:

Da ist einmal der Freiraum, das selbständige Arbeiten, das sich wohltuend von der Arbeit in den Pflegestationen unterscheidet.

„Ich sage Ihnen, ich war Stationsschwester, ich habe also wirklich alles durchgemacht, aber irgendwie reichte es mir, denn als Stationsschwester hatte ich nur Schreibarbeiten zu erledigen und mußte mich um einen gerechten Dienstplan bemühen. Ich bin immer weiter von den Patienten weggekommen. Vor allem aber ist mir dieses hierarchische Denken auf die Nerven gegangen. Das Buckeln vor den Ärzten und den Oberschwestern und das Treten auf die Schülerinnen. Bei mir hat es das nicht gegeben, daß die Schülerinnen in einem eigenen Raum sitzen mußten und nicht ins Schwesternzimmer durften, denn das habe ich damals als Schülerin auch nicht verstanden, daß die uns ausgeschlossen haben. Hier heraußen sind wir aufeinander angewiesen. Die Heimhelferinnen und ich bilden ein Team, das sich voll für die Klienten einsetzt, da gibt es kein Oben und Unten wie im Spitalsbetrieb.“

Als besonderer Vorteil wird auch die unmittelbare Betreuung und Zufriedenheit der Klienten erlebt. Ein Patient schildert, wie froh er ist, daheim gepflegt zu werden:

„Drei Monate war ich im Spital. Die haben jeden Tag den Verband gewechselt. Sie haben ihn runtergenommen, eine Salbe draufgeschmiert und wieder verbunden. Die haben zehn Minuten gearbeitet und dann bin ich wieder 24 Stunden in Ruhe gelassen worden. Richtig trübselig bin ich geworden, sage ich Ihnen. Übers Wochenende konnte ich nach Hause gehen, aber am Montag um 8 Uhr mußte ich schon wieder dasein. Ich bin dann immer lästiger geworden und habe gesagt, daß es billiger und auch besser ist, wenn ich daheim behandelt werde. Jetzt bin ich endlich daheim, werde von der Schwester gut betreut und die Wunde schaut jetzt schon ganz gut aus.“

Zweitausend Schilling bezahlt Herr B. für die Arbeit der Hauskrankenschwester, die ihn dreimal wöchentlich besucht. Immer freut er sich auf ihr Kommen. Der Tisch ist mit Medikamenten und Verbandszeug vollgeräumt, nur eine kleine Ecke ist zum Essen frei. Seine Wohnung ist ein individuell eingerichtetes Kranken- und Wohnzimmer in einem.

Die Schwester zählt schnell die Vorteile ihrer Arbeit im häuslichen Bereich auf: „Hier heraußen kann ich eigenverantwortlich und selbständig arbeiten. Ich habe eine freie Zeiteinteilung. Jetzt arbeite ich aus familiären Gründen nur 30 Stunden in der Woche. Da redet mir keiner was drein. Da kommt kein Oberarzt oder Primar und schreibt mir eine bestimmte Therapie vor, die vielleicht nichts bringt. Ich möchte nie mehr in einer Station arbeiten."

Mit dieser Aussage faßt diese Krankenschwester die Vorteile der Arbeit im häuslichen Bereich zusammen. Die eigenständige Arbeit führt dazu, daß auch die Früchte der Arbeit ungeteilt erlebt werden können. Die höhere Verantwortung bringt eine als besonders groß erlebte Sinnhaftigkeit der Pflegearbeit mit sich.

Bundespflegegeldgesetz – Großer sozialpolitischer Fortschritt mit einigen Mängeln

Die ambulanten Dienste kosten Geld. Pflegebedürftige Menschen, die kein Pflegegeld beziehen, müssen diese Kosten aus eigener Tasche begleichen. Andere wiederum können das Pflegegeld für ambulante Hilfsdienste einsetzen. Die meisten Klienten, die von Heimhelferinnen und Hauskrankenschwestern aufgesucht werden, sind Pflegegeldbezieher. Heimhelferinnen und Hauskrankenschwestern wundern sich manchmal über die unterschiedlichen Pflegestufen, die vergeben werden.

Immer wieder helfen Hauskrankenschwestern den Klienten sparen. Sie verwenden billige Hausmittel anstatt kostspieliger medizinischer Salben. Einige ambulante Teams verrechnen etwa auch viertelstündliche Einsätze und runden nicht einfach auf eine halbe Stunde auf. Manchmal verzichten sie sogar darauf, die Wegzeit zu verrechnen, andere jedoch schlagen gleich eine Viertelstunde Wegzeit drauf. Es gibt hier einen Ermessensspielraum, der sich auch an der jeweiligen Finanzkraft der einzelnen Klienten orientiert.

Die knappen Einsätze der Hauskrankenschwestern und Heimhelferinnen hängen nicht nur mit der hohen Anzahl von hilfsbedürftigen Menschen zusammen, die schnell versorgt werden müssen, um die anderen nicht lange warten zu lassen, sondern vor allem mit den Kosten. Es ist daher von besonderem Interesse, die Auswirkungen des Bundespflegegeldgesetzes auf die Situation in der Hauskrankenpflege zu untersuchen. Erleichtert die Pflegegeldregelung die Tätigkeit der ambulanten Dienste und führt sie zu einer qualitativen Verbesserung der Pflegesituation von hilfsbedürftigen Menschen?

Pflegegeld für „Betreuung und Hilfe"

Seit 1. Juli 1993 haben pflegebedürftige Personen einen Anspruch auf Pflegegeld. Mit dieser finanziellen Zuwendung aus ihrer in der Regel jeweiligen Pensionsversicherungsanstalt sind nunmehr sie in der Lage, nach ihrem persönlichen Bedarf Hilfestellungen einzukaufen und Betreuungsarbeit zu bezahlen. *„Im Mittelpunkt dieser Neuordnung steht die Selbstbestimmung pflegebedürftiger Menschen"*, heißt es in einem Vorwort des zuständigen Ministers anläßlich der Präsentation der Studie „Pflegegeld in Europa“ (vgl. Hesoun, 1993).

Diese bisher letzte große sozialpolitische Reform in Österreich wurde von verschiedenen Behindertenorganisationen längst verlangt. Seither können Pflegebedürftige selbstbestimmt ihre gewünschten Dienste und persönlichen Hilfestellungen organisieren und bezahlen. Das Pflegegeld zielt neben der Selbstbestimmung darauf ab, einen möglichst langen Verbleib in der eigenen Umgebung zu sichern. Ein stationärer Aufenthalt soll damit gänzlich verhindert beziehungsweise so lange wie möglich hinausgeschoben werden.

Pflegegeld können alle beziehen, die aufgrund einer Behinderung über einen Zeitraum von mehr als einem halben Jahr der Pflege bedürfen. Das trifft nicht nur auf die verschiedensten Behinderungsformen junger Menschen zu, sondern schließt auch die große Gruppe der altersbedingten Behinderung mit ein. Je nach Pflegebedarf wird ein entsprechend hohes Pflegegeld zwölfmal im Jahr ausbezahlt. Von Pflegebedürftigkeit wird im juristischen Sinne gesprochen, „wenn eine Person ständig sowohl der Betreuung als auch der Hilfe bedarf.“ Als unbedingt erforderliche Verrichtungen der „Betreuung und Hilfe“ werden angesehen:

> **§ 1.** (1) Unter Betreuung sind alle in relativ kurzer Folge notwendigen Verrichtungen anderer Personen zu verstehen, die vornehmlich den persönlichen Lebensbereich betreffen und ohne die der pflegebedürftige Mensch der Verwahrlosung ausgesetzt wäre.
>
> (2) Zu den im Abs 1 genannten Verrichtungen zählen insbesondere solche beim An- und Auskleiden, bei der Körperpflege, der Zubereitung und Einnahme von Mahlzeiten, der Verrichtung der Notdurft, der Einnahme von Medikamenten und der Mobilitätshilfe im engeren Sinn.
>
> (3) Bei der Feststellung des zeitlichen Betreuungsaufwandes ist von folgenden – auf einen Tag bezogenen – Richtwerten auszugehen:

An- und Auskleiden:	2 × 20 Minuten
Reinigung bei inkontinenten Patienten:	4 × 10 Minuten
Anus-praeter-Pflege:	15 Minuten
Kanülen-Plege:	10 Minuten
Katheter-Pflege:	10 Minuten
Einläufe:	30 Minuten

> (4) Für die nachstehenden Verrichtungen werden folgende zeitliche Mindestwerte festgelegt:

Tägliche Körperpflege:	2 × 25 Minuten
Zubereitung von Mahlzeiten:	1 Stunde
Einnehmen von Mahlzeiten:	1 Stunde
Verrichtung der Notdurft:	4 × 15 Minuten

Abweichungen von diesen Zeitwerten sind nur dann zu berücksichtigen, wenn der tatsächliche Betreuungsaufwand diese Mindestwerte erheblich überschreitet.

§ 2. (1) Unter Hilfe sind aufschiebbare Verrichtungen anderer Personen zu verstehen, die den sachlichen Lebensbereich betreffen und zur Sicherung der Existenz erforderlich sind.

(2) Hilfsverrichtungen sind die Herbeischaffung von Nahrungsmitteln und Medikamenten, die Reinigung der Wohnung und der persönlichen Gebrauchsgegenstände, die Pflege der Leib- und Bettwäsche, die Beheizung des Wohnraumes einschließlich der Herbeischaffung von Heizmaterial und die Mobilitätshilfe im weiteren Sinn.

(3) Für jede Hilfsverrichtung ist ein – auf einen Monat bezogener – fixer Zeitwert von 10 Stunden anzunehmen.

(vgl. Pfeil, 1996, S. 309 f.)

Es wurde eine siebenstufige Staffelung vorgenommen.

Stufe 1 wird erteilt, wenn ein Antragsteller mehr als 50 Pflegestunden pro Monat braucht, um mit Hilfe anderer seine Grundbedürfnisse zu befriedigen. Stufe sieben wird ausbezahlt, wenn mehr als 180 Stunden im Monat erforderlich sind, und wenn die pflegebedürftige Person praktisch bewegungsunfähig ist. Die Stufe 1 wird mit derzeit zweitausend Schilling bewertet, Stufe 7 mit etwas über zwanzigtausend Schilling. Altersbedingt Behinderte finden sich überwiegend in den Pflegestufen 1 bis 3. Nur ein kleiner Prozentsatz bekommt die höheren Pflegegelder der Stufen 4 bis 7.*

Soziale Dienste, die vorher ausschließlich über das Land beziehungsweise über die Gemeinde die Aufträge zugewiesen bekommen und die Abrechnung mit diesen Gebietskörperschaften gemacht haben, sehen sich jetzt als direkte Auftragnehmer von pflegebedürftigen Menschen. Sie sehen sich auch in Konkurrenz zu anderen Anbietern im Bereich der Sozialen Dienste, und insgesamt hat ein Preis-Leistungsdenken Platz gegriffen. Sofort mit Wirkung des neuen Gesetzes erhöhten Pflegeheime ihre Tagsätze und die ambulanten Dienste ihre Tarife. Ein Besuchsdienst, der vor Einführung

* vgl. dazu die Tabellen im Anhang Seite 229 f.,

des Pflegegeldes bei vernachlässigbaren 40 Schilling lag, wurde mit 170 Schilling verrechnet, und die Heimhelferinnenstunde erhöhte sich um über 100 Prozent und liegt derzeit zwischen 200 und 300 Schilling. Die Dienstleistungen orientieren sich oft an der Höhe des Pflegegeldes. Je höher das Pflegegeld, desto mehr Dienste werden angeboten.

„Wie beim Würfeln" – Die Sichtweise der Pflegepersonen

Pflegepersonen und pflegende Angehörige erheben im Zusammenhang mit der Festlegung der Pflegegeldstufe zum Teil schwere Vorwürfe gegen begutachtende Ärzte der verschiedenen Pensionsversicherungsträger. Die Begutachtung selbst läuft ohne ihr Zutun ab. Pflegepersonen sind nur Randfiguren, wenn es um die finanziellen Zuwendungen im Falle von Pflegebedürftigkeit geht. Dementsprechend kritisch stehen sie der Vorgangsweise, wie die Einstufung in die verschiedenen Pflegestufen vorgenommen wird, gegenüber. So hörte ich von den Hauskrankenschwestern und Heimhelferinnen viele negative Kommentare, wenn die Rede aufs Pflegegeld kam.

„Ohne Vorankündigung kommt der Arzt von der Krankenkassa (gemeint kann nur die Pensionsversicherungsanstalt sein!) ins Haus und waltet seines Amtes. Nicht einmal Arbeitsinspektoren dürfen ohne Vorankündigung eine Betriebsprüfung vornehmen. Manche kommen schnell in die Wohnung, legen oft nicht einmal den Mantel ab, breiten den Fragebogen auf dem Tisch aus und lassen einen Kuli zu Boden fallen. Bückt sich jetzt die Person, die Pflegegeld beantragt hat, und hebt das Schreibwerkzeug auf, wird ihr ziemlich sicher nach einigen Tagen eine Ablehnung ins Haus flattern."

Mit dieser kritischen Aussage einer Hauskrankenschwester wird einerseits ein polizeilich anmutender Überfallcharakter des Beweisverfahrens, und anderseits eine oberflächliche „Beweisaufnahme" behauptet.*

Die Schnelligkeit der „Beweisaufnahme" durch die Ärzte der Pensionsversicherungsanstalten kommt besonders häufig zur Sprache. Es wird ihnen der Vorwurf gemacht, vorschnell zu einem Ergebnis zu kommen. Durch die schnelle Abwicklung der Feststellung

* Siehe dazu aber auch Seite 174 (§ 9 Einstufungsverordnung zum BPGG)

des Pflegebedarfs komme es zu einer verzerrenden Momentaufnahmen. Das heißt: Eine verwirrte Person kann gerade gut drauf sein, oder eine von Gelenksschmerzen geplagte Frau kann aufgrund einer günstigen Wetterlage relativ schmerzfrei sein. Dazu kommt noch, daß sich viele alte Menschen nicht eingestehen wollen, daß sie manches nicht mehr können. Sie geben sogar manchmal an, einkaufen zu gehen und selbst zu kochen, sich selbständig an- und auszuziehen, obwohl sie in Wirklichkeit dazu längst nicht mehr in der Lage sind.

Auf der einen Seite führt die schnelle nach einem Fragebogen orientierte Überprüfung der Pflegebedürftigkeit zu einer manchmal krassen Fehleinschätzung, weil sich Menschen nicht gerne eingestehen wollen, auf die Hilfe anderer angewiesen zu sein, auf der anderen Seite gehen Begutachter talentierten Laiendarstellern auf den Leim, die es wiederum verstehen, ihre kleinen Wehwehchen aufzublasen und dadurch eine höhere Pflegestufe zu erwirken.

So erzählte mir eine Heimhelferin, daß eine an und für sich rüstige Dame dem Arzt gegenüber glaubhaft machen konnte, nicht mehr selbst kochen und einkaufen zu können. Selbst das Stiegensteigen wäre ihr nicht möglich. In Wirklichkeit jedoch führte diese Pensionistin ein sehr geselliges Leben und besuchte regelmäßig mit Freundinnen Cafés.

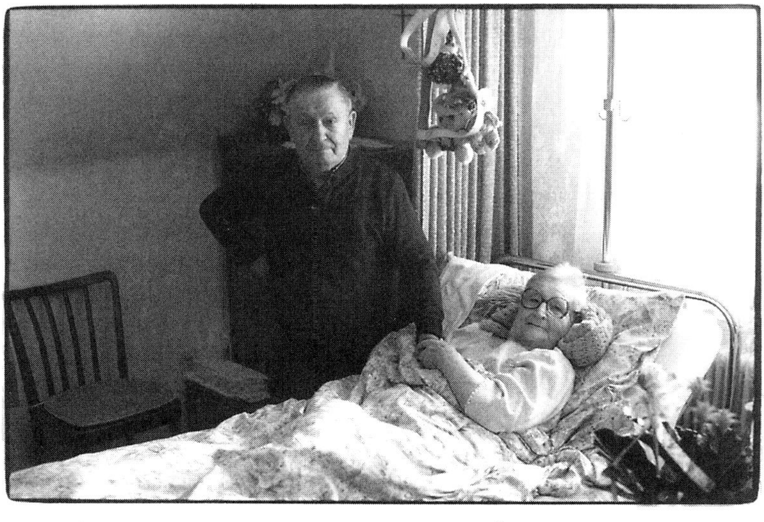

Mann pflegt kranke Ehefrau, betreut von Volkshilfe NÖ.

Neben dem Vorwurf der Oberflächlichkeit wird den Vertrauensärzten der Pensionsversicherungsanstalten Inkompetenz vorgehalten. Eine Pflegerin: „Wie der Name ‚Pflegegeld' sagt, geht es hier ausschließlich um die Bewertung des ‚Pflegebedarfs' und nicht um medizinische Diagnosen." Von den diplomierten Pflegepersonen wird der Anspruch erhoben, daß sie aufgrund ihrer speziellen Ausbildung und Kenntnis in Sachen Pflege für die Bewertung der jeweiligen Pflegestufe oft bessere Voraussetzungen mitbringen als Mediziner. Selbst Heimhelferinnen, die von einer Klientin zur anderen gehen und dadurch eine große Erfahrung sammeln, wundern sich über die für sie nicht wirklich nachvollziehbaren Kriterien unterschiedlicher Pflegestufen. Es gibt Fälle, wo sie mit der Arbeit schnell fertig sind und Fälle, wo sie in der zur Verfügung gestellten Zeit kaum fertig werden. Im letzteren Fall liegt eine Pflegestufe 2 vor und im ersten Fall die Pflegestufe 4.

Besondere Probleme bereiten den Gutachtern offensichtlich psychisch Kranke. Sobald ein Antragsteller auf Pflegegeld gehfähig ist, was im Falle der meisten psychisch Kranken zutrifft, reduziert sich die Chance einer adäquaten Pflegegeldeinstufung. Dies zeigt sich am folgenden Beispiel:

Die geistig behinderte Lydia P., 37, gab an, für ihre gehbehinderte Mutter einkaufen zu gehen. Diese Aussage nahm der Arzt unhinterfragt hin. Doch das Einkaufen von Lydia gestaltet sich anders als gemeinhin üblich. Der Erfolg eines Einkaufs hängt von vielen Faktoren ab. Die Mutter muß einen Einkaufszettel schreiben und ihrer Lydia das Geld mitgeben. Dann macht sie sich auf den Weg, der, bis Lydia ihn allein bewältigen konnte, wochenlang eingeübt werden mußte. Sie steigt in der Straßenbahn vorne beim Fahrer ein, fährt zwei Stationen, steigt aus und steuert das bekannte Geschäft an. Sobald die eingeweihte Verkäuferin ihre regelmäßige Kundin sieht, nimmt sie ihr den Einkaufszettel aus der Hand und füllt den Einkaufswagen mit den bestellten Waren. Selbst würde sie im Supermarkt nichts finden. Sie fährt dann mit dem Einkaufswagerl zur Kassa, und dort nimmt die Kassierin Lydia das Geld aus der Brieftasche und legt das Retourgeld hinein. Dann steuert sie zufrieden auf den Ausgang zu, begibt sich auf die andere Seite der Straße und fährt die zwei Stationen wieder zurück. Daheim liefert sie stolz ihre gefüllte Einkaufstasche ab.

Es läßt sich leicht absehen, wie dünn der seidene Faden, an dem ein erfolgreicher Einkauf Lydias hängt, sein kann. Eine verlegte Haltestelle, ein Krankenstand ihrer bekannten Verkäuferin, ein schlechter Tag und schon wird nichts aus dem Geschäft. Trotzdem erzählt Lydia dem Arzt stolz von ihrer Leistung. Es ist tatsächlich eine große Leistung, die Lydia da ab und zu zuwege bringt. Der Gutachter sieht es auch so. Für ihn ist damit allerdings der „Beweis" erbracht, daß Lydia keinen ausreichenden Pflegebedarf hat. Dabei sieht das Gesetz für geistige und psychisch behinderte Personen vor, daß „die Anleitung bzw. Beaufsichtigung an sich mit der Betreuung bzw. Hilfe gleichzusetzen ist." (vgl. Pfeil, 1994, S. 191)

Hier liegt ein Fall vor, wo das Training für mehr Selbständigkeit und somit die intensive Beschäftigung mit einer pflegebedürftigen Person vom System der Pflegevorsorge sozusagen bestraft wird. Hätten sich die Angehörigen nicht so ins Zeug gelegt, würde sich die Mutter nicht intensiv mit ihrer geistig behinderten Tochter beschäftigen, dann hätte sie ein Pflegegeld eher erwarten können. Die Mobilisierung und Aktivierung pflegebedürftiger Personen sollte nicht vor Zuerkennung von Pflegegeld erfolgen, denn dadurch wird diese finanzielle Zuwendung im Einstufungsverfahren gefährdet. Erst Pflegegeldbezieher können durch Training und gezielte Übungen ihre eigene Hilflosigkeit abbauen und dadurch an Geld sparen, das sie sonst für die Pflege ausgeben müßten.

Insgesamt zeigt die Problematik der richtigen Einstufung des Pflegebedarfs, daß die Ärzte mit ihrer Gutachtertätigkeit manchmal überfordert sind.

„Diese Fachärzte verstehen es oft aufgrund ihrer Unkenntnis der Sachlage und ihrer schnellen Amtshandlung nicht, den richtigen Pflegebedarf festzulegen. Die stehen ja in Abhängigkeit zu ihren Auftraggebern, denn für jeden Antrag bekommen sie ein Honorar. Je mehr Aufträge sie bekommen, umso höher ihr Verdienst. Wenn sie im Sinne der Auftraggeber begutachten und schauen, daß niedrige Pflegegeldstufen herausschauen, helfen sie sparen. Wenn sie hohe Pflegegeldstufen befürworten würden, laufen sie Gefahr, daß ihnen von der jeweiligen Versicherungsanstalt das Vertrauen entzogen wird", schätzt eine Krankenschwester das Verhalten der begutachtenden Ärzte ein.

Schwierigkeiten bereiten auch Änderungen der Pflegestufe. Hier zeigt sich eine bürokratische Unflexibilität. „Die Krankenkassen (gemeint sind Pensionsversicherungsanstalten!) überprüfen meines Erachtens viel zu wenig den weiteren Verlauf der Pflegebedürftigkeit von Pflegegeldbeziehern. Oft verschlechtert sich ja der Zustand, und dann muß um erhöhtes Pflegegeld angesucht werden, aber es kommt auch manchmal vor, daß die Leute wieder voll mobil werden. Mir ist kein Fall bekannt, wo es dann zur Aberkennung des Pflegegeldes gekommen wäre."

Mit diesen Aussagen weist eine erfahrene diplomierte Krankenpflegerin auf die mangelhafte Kontrolle eines einmal gewährten Pflegegeldes hin. Die Chefin einer Firma, die soziale Dienste anbietet, meinte:

„Ich werde mich hüten, denen zu sagen, daß ich jemand betreue, der ein zu hohes Pflegegeld bekommt. Erstens würde ich damit das Vertrauen der Klienten verlieren, und zweitens würde eine derartige Anzeige viel bürokratischen Aufwand nach sich ziehen. In den sozialen Stützpunkten, wo die Arbeitsbelastung schon groß ist, würde ich damit keine Freunde gewinnen. Und was ist, wenn die Klientin wieder stürzt? Dann muß das ganze Verfahren wieder von vorne beginnen. Der Verwaltungsaufwand würde durch solche Sachen noch größer werden. Nein, nein, da bleibe ich lieber ruhig. Das Pflegegeld ist Sache der Versicherungsträger, die vergeben es, und die sollen es auch kontrollieren, aber ohne uns."

Trotz aller strukturell angelegten Ungenauigkeiten, was die richtige Einstufung des Pflegeaufwandes betrifft, sind die gerichtlichen Auseinandersetzungen geringer, als die Richterschaft ursprünglich prognostiziert hatte, sie steigen aber an. Eine einmal getroffene Einstufung oder auch Ablehnung wird zunächst zur Kenntnis genommen, und nach einiger Zeit wird erneut ein Antrag auf Erhöhung bzw. Gewährung von Pflegegeld gestellt. Da Mediziner die Begutachtung vornehmen, erweist es sich als zielführend, Diagnosen von praktischen Ärzten oder Fachärzten beizufügen. Mit Diagnosen können die begutachtenden Ärzte oft mehr als mit einem kurzen Hausbesuch anfangen, wissen erfahrene Pflegepersonen zu berichten.

„Es kommt immer wieder zu Einstufungen, die einfach nicht stimmen. Manchmal habe ich den Eindruck, da wird mehr gewürfelt als wirklich eingehend untersucht. Einmal habe ich mich sehr für eine Klientin eingesetzt, damit sie eine höhere Pflegestufe bewilligt bekommt. Ich habe sämtliche Diagnosen von ihren behandelnden Ärzten vorgelegt. Nach langem hin und her ist es mir gelungen, eine Hinaufsetzung zu erreichen. Allerdings hat dann diese Klientin unsere Dienste nicht mehr in Anspruch genommen. Sie wechselte zu einem billigeren Verein."

Die „Selbstbestimmtheit" der Klienten führt oft dazu, das Pflegegeld möglichst sparsam zu verwenden. Dieser wichtige emanzipatorische Akt der neuen Pflegevorsorge darf trotz der eben geschilderten Mängel nicht übersehen werden, dennoch, oder gerade deshalb, wäre eine wirklich zielgerichtete Verwendung des Pflegegeldes vordringlich.

Pflegegeld aus der Sicht der Pensionsversicherungsträger

In einem Brief konfrontierte ich die vier größten Pensionsversicherungsträger mit diesen Vorwürfen der Pflegepersonen. Ich bat sie, zu den verschiedenen Kritikpunkten Stellung zu beziehen, weil ich sonst annehmen müsse, daß die Ausführungen der Pflegerinnen zur Pflegegeldproblematik vollinhaltlich stimmen, was dann so in die Studie aufgenommen werden müßte. Alle angeschriebenen Pensionsversicherungsanstalten meldeten sich, und ein Großteil lud mich zu Informationsgesprächen ein, zu einem interessanten und offenen Austausch von Meinungen. Ich übermittelte den Ärzten die Vorwürfe der Krankenschwestern und Heimhelferinnen, und sie nahmen dazu Stellung. Ich sah mich als Botschafter, als Vermittler zweier Streitparteien, hier die von Frauen dominierte Fraktion der Pflegepersonen und dort die von Männern dominierte Fraktion der Chefärzte und ihrer Stellvertreter.

Zum Vorwurf, die Pflegegeldeinstufungen seien nicht richtig nachvollziehbar:
Die Schwestern würden die Einstufungsproblematik ungerechtfertigterweise hochspielen, denn im Grunde genommen sei die Festlegung der Pflegestufe eine watscheneinfache Sache. Mit ein wenig Routine und Kenntnis der Materie ließen sich die meisten Pflegefälle, sicher mehr als 90 Prozent, mit einem geschulten Blick festlegen. Meist handle es sich um die Stufen eins bis drei, die zu begutachten wären. Da ließe sich der Pflegeaufwand mit ein paar gezielten Fragen und Beobachtungen sofort feststellen.

In der Praxis gäbe es nur einige wenige Fälle, die ein bisserl schwierig seien, weil nicht so schnell erkannt werden könne, inwieweit eine Altersdemenz vorliegt. Die Gutachtertätigkeit könne in solchen Fällen bis zu einer Stunde dauern, bis ein richtiges Bild von der Pflegesituation entsteht. Meist sei es aber möglich, eine Begutachtung in wenigen Minuten abzuwickeln, weil die Sache einfach klar ersichtlich wäre.

Die Beobachtungen des Begutachters würden zudem mit der Überprüfung der jeweiligen Krankengeschichte und des vorliegenden Pflegeberichts überprüft. Diese Dokumente würden ebenfalls zur Beurteilung herangezogen. Wenn über einen bestimmten Zeitraum gewisse Medikamente eingenommen werden, könne sich nicht plötzlich das Gesamtbild ändern. Das Problem sei nur, daß die

Pflegeberichte oft mangelhaft oder im häuslichen Bereich und bei einigen privaten Pflegeheimen gar nicht vorhanden seien.

Zum Vorwurf der Bereicherung:
Mit einem kurzen Hausbesuch sei die Begutachtung noch nicht wirklich abgeschlossen, denn danach müsse ein genaues Protokoll angefertigt werden, und eine Menge Schreibarbeit sei noch zu erledigen. Die 550 Schilling brutto pro Antrag seien wirklich nicht zu hoch gegriffen. Da könne man sicherlich nicht von einer Bereicherung sprechen. Insgesamt hätten die Vertrauensärzte jetzt nicht mehr soviel zu tun. Die Zeit der Umschichtung sei vorbei. Die wenigen Gutachten pro Monat fiellen da nicht besonders ins Gewicht.

Zum Vorwurf der überfallsartigen Hausbesuche:
Alle Vertrauensärzte würden gut eingeschult. Da wird ihnen gesagt, daß es keinen guten Eindruck macht, wenn sie während ihrer Hausbesuche den Mantel nicht ablegen. Ab und zu komme es auch vor, daß die angekündigten Zeiten der Hausbesuche nicht eingehalten werden könnten. Die überfallsartigen Besuche, die nicht angekündigt sind bzw. in einer Zeit stattfinden, die mit der schriftlich angekündigten Besuchszeit nicht übereinstimmt, würden nur selten vorkommen. Für den Arzt sei es im Gegenteil von Vorteil, wenn er Angehörige oder Pflegerinnen antrifft. Die Überraschungsbesuche kämen nur zustande, wenn ein Arzt beim Zusammenstellen seiner Route diejenigen Fälle gleich mitnimmt, die auf dem Weg liegen. Aber grundsätzlich würden alle Antragsteller über den Zeitpunkt der Begutachtung informiert.

Zum Vorwurf der tendenziell niedrigen Einstufung:
Rund 40 Prozent der Ansuchen würden pro Jahr abgelehnt, und unter den Anträgen gibt es rund 60 Prozent Erhöhungsanträge. Diese hohe Zahl der Erhöhungsanträge hänge nicht mit einer Unzufriedenheit der jeweiligen Pflegestufe zusammen, sondern mit der zunehmenden Verschlechterung des Gesundheitszustandes im hohen Alter. Eine Unzufriedenheit mit der Pflegegeldeinstufung würde sich an der Zahl der gerichtlichen Klagen ablesen lassen. Da sich auf dem gerichtlichen Sektor fast nichts tue, werten die Chefärzte das als Zeichen allgemeiner Zufriedenheit. So hätte eine Pensionsversicherungsanstalt von etwa 10 000 Gutachten im Jahr insgesamt 500 Klagen laufen. Mit 2000 Klagen hätten sie gerechnet.

Zur Höhe des Pflegegeldes meinen sie, daß dieses ja nicht geschaffen worden sei, um alle pflegerischen Tätigkeiten abzugelten, da reiche der bereitgestellte Topf von 18 Milliarden Schilling sicherlich nicht aus. Das Pflegegeld sei geschaffen worden, um den Pfegebedürftigen die Möglichkeit zu geben, die Inanspruchnahme von pflegerischen Hilfestellungen in einem gewissen Rahmen finanziell zu entgelten. Die Betreiber von Pflegeheimen hätten in den Verhandlungen um das Pflegegeldgesetz einen weit höheren Tagsatz verlangt. Die haben sich über das Pflegegeld mehr Personal in ihre Stationen holen wollen. Das sei zwar ein wünschenswertes Ziel, aber bei allen sozialen Zielen ginge es auch um die Finanzierbarkeit.

Zum Vorwurf der mangelnden Kontrolle:
In einer großen Versicherungsanstalt würden 130 000 Fälle pro Jahr begutachtet werden. Die Kontrolle sei dennoch weitgehend gegeben. Chronische Krankheiten würden mit zunehmendem Alter immer schlechter, da brauche es keiner Kontrolle, und nach einem Schlaganfall würde nach einem Jahr wieder begutachtet werden, weil sich im vorhinein nicht sagen ließe, wie schnell sich ein Patient wieder erholt. Dort, wo die Möglichkeit einer Verbesserung des Gesamtzustandes möglich ist, werde kontrolliert und dort, wo keine Verbesserungshoffnung besteht, kämen sie aus Spargründen nicht mehr hin.

Zur mißbräuchlichen Verwendung von Pflegegeld:
Ein Mißbrauch mit dem Pflegegeld sei sicherlich gegeben. Da machten sie sich keine Illusionen. Geld trage kein Mascherl, auch das Pflegegeld nicht. Auch ihnen sei es lieber, wenn zumindest ein Teil des Pflegegeldes tatsächlich an den Kauf von handelsüblichen Pflegebedarfsartikeln und professionellen Hilfestellungen gebunden wäre, aber das sei offensichtlich nicht politischer Wille der Entscheidungsträger. Sie hätten jedenfalls keine rechtliche Handhabe, das Pflegegeld zu stoppen, höchstens es komme zu einer offensichtlichen Verwahrlosung.

Hier ginge es um die „Selbstbestimmtheit" der Klienten. Wenn die das Geld nehmen, um es dem Enkerl zu geben und sich dabei wohlfühlen, weil sie spendabel sein können, sei vielleicht sogar ein therapeutischer Nutzen damit verbunden. Wenn sie sich die Situation in Deutschland ansehen, zeige sich auch dort, daß die Bargeldauszahlung gegenüber der Bereitstellung von Sachleistungen bevorzugt werden würde. Pflegebedürftige, die dort Sachleistungen anstatt Bargeld beziehen, schneiden finanziell besser ab, dennoch bevorzugen es die Leute, weniger Bargeld in Anspruch zu nehmen, als vom Staat über Sachleistungen bevormundet werden. Eine Tschechin, die rund um die Uhr die Pflege macht und im Monat viertausend Schilling verdient, sei vielleicht mehr motiviert als eine Heimhelferin, die daheim die Kinder zu betreuen hat und im Monat nicht mehr als elftausend Schilling verdient. Freilich würde dadurch Pflegegeld in dunkle Kanäle abfließen und die Arbeitssituation von Heimhelferinnen verschlechtern, aber solange damit keine offensichtliche Verschlechterung der Pflegesituation einhergeht, wären den Pensionsversicherungsträgern die Hände gebunden.

Pflegeheime seien zum Beispiel besonders an einer hohen Pflegestufe interessiert. Da sei es schon vorgekommen, daß den Patienten extra eine Windel angelegt wurde, wenn sie kommen, um so eine Inkontinenz vorzutäuschen. Wie soll das nachgewiesen werden? Oder sie bekommen bestimmte Medikamente, um einen möglichst dämmrigen Zustand beim Patienten zu erreichen. Das sind Dinge, die nicht wirklich bewiesen werden können. Da stünden sie an. Immer könnten die Kontrollen nicht durchgeführt werden, es sei jedoch vom Gericht her möglich, eine Herabsetzung der Pflegestufe zu erreichen.

Zum Vorwurf eines fehlenden Pflegewissens:
Die Vertrauensärzte hätten im Unterschied zu den Pflegepersonen genügend Distanz zu den Pflegefällen. Hausärzte würden als Begutachter nicht zugelassen werden, denn daraus würden sich sicherlich vermehrt Gefälligkeitsgutachten ergeben. Die Vertrauensärzte seien in der Lage, ohne Ansehen der Personen eine objektive Bestandsaufnahme der Pflegebedürftigkeit vorzunehmen. Da würden sie sich wohltuend von den Krankenschwestern unterscheiden, die ja zu den Antragstellern ein großes Naheverhältnis hätten. Die Antragsteller würden kaum eine Ablehnung oder niedrige Einstufung verzeihen. Wenn Krankenschwestern begutachten, müßte es an den Arbeits- und Sozialgerichten auch Sachverständige geben. In ganz Österreich gäbe es aber bislang nur eine einzige Sachverständige aus dem Pflegebereich.*

* Siehe dazu § 9 der Einstufungsverordnung zum BPGG auf Seite 174. Die Ärzte könnten sehr wohl Personen aus anderen Bereichen zur Beurteilung heranziehen!

Der Begriff „Pflegegeld“ würde oft falsch verstanden, weil er die Pflege einseitig betont. Allen Pflegefällen liege eine Diagnose zugrunde. Zuerst erfolgte die Diagnose, dann die Therapie und in weiterer Folge die Pflege. Der Pflegeaufwand für das Kochen, oder für die Körperpflege, Inkontinenzbetreuung etc. wurde eng mit den Pflegefachschulen erarbeitet, und daraus hätte sich ein standardisierter Zeitaufwand für die einzelnen pflegerischen Tätigkeiten ergeben. Für das Notdurftverrichten mit Begleitung würden zum Beispiel 30 Minuten in Rechnung gestellt werden, das Wechseln der Einlage ginge schneller vonstatten und würde mit 20 Minuten bewertet. Zum Schluß würden die einzelnen zeitlichen Aufwendungen addiert werden, und daraus ergäbe sich die jeweilige Pflegegeldstufe. Wenn beispielsweise ein Antragsteller mit Schlaganfall nicht in der Lage sei einzukaufen und selbst zu kochen, ließe sich einfach ausrechnen, daß mehr als 180 Betreuungsstunden erforderlich sind und daher mindestens eine 4er Stufe zu geben ist, komme noch ein erhöhter Pflegeaufwand dazu, wird es eine 5er und darf dieser Patient nie aus den Augen verloren werden, wird es sogar eine 6er Stufe.

Als Mediziner hätten sie gelernt, bestimmte Körperfunktionen zu überprüfen, sie wüßten, wie sich eine Lähmung auswirkt, und da sei es schon wichtig, medizinisches Wissen zu haben. Diplomkrankenschwestern hätten auch ein hohes Wissen, aber ihnen fehlen die medizinischen Voraussetzungen.

Würden die Pflegerinnen die Einstufungen vornehmen, käme es wahrscheinlich eher zu Fehlern. Denn man brauche sich ja nur einmal in die Lage der Schwestern zu versetzen, die in einer Pflegestation arbeiten. Dort gäbe es brave und lästige Patienten. Die lästigen Patienten verursachen weit mehr Arbeit und Betreuungsaufwand. Die Pflegerinnen würden diesen Patienten ein höheres Pflegegeld gewähren, obwohl das oft nicht gerechtfertigt wäre. Nur weil eine Patientin immer läutet und sich meldet und ins Schwesternzimmer kommt, gilt diese Frau als pflegebedürftiger als diejenige, die sich ruhig verhält. Die psychische Seite würde sicherlich überbewertet, wenn Pflegerinnen die Einstufung vornehmen würden.

Fehlende Partnerschaft im Begutachtungsverfahren

Die Aussagen der Ärzte widersprechen in vielen Punkten denjenigen der Pflegerinnen. Tatsächlich gibt es Statistiken, die über das gesamte Bundesgebiet verteilt allen Pensionsversicherungsträgern eine gleiche Pflegestufenverteilung bescheinigen. Über 50% aller Pflegegeldempfänger wurde das Pflegegeld der Stufe 2 zuerkannt. Dies hängt allerdings damit zusammen, daß alle Hilflosenzuschüsse (die es vor vor Einführung des Pflegegeldes gab) automatisch in die Stufe 2 überführt wurden. Ein Teil war damit zufrieden, ein Teil stellte Erhöhungsanträge – daher auch eine auffallend hohe Anzahl von Erhöhungsanträgen. Wird innerhalb von drei Monaten nach Zusendung des Bescheides um Erhöhung angesucht, wird dieser Antrag automatisch zum Gegenstand gerichtlicher Auseinandersetzungen. Die meisten Erhöhungsanträge aber kommen ein halbes Jahr später in die Versicherungsanstalten. Dies zeigt, daß viele Pflegegeldbezieher mit ihrer Einstufung nicht zufrieden sind, aber der Gerichtsweg eher gemieden wird. Zum einen wird das Pflegegeld als soziale Zuwendung angesehen, mehr oder weniger als ein Geschenk des Staates – wie sonst hätten in letzter Zeit Geburtenbeihilfen und andere finanzielle Mittel im Sozialbereich ohne wirklich große Gegenwehr ersatzlos gestrichen werden können – zum anderen ist der Zeitpunkt des Ansuchens um Pflegegeld im Geriatriebereich aufgrund des nicht mehr fernen Todes der Antragsteller ein zeitliches Problem, das keine langwierigen Gerichtsprozesse verträgt. So gibt eine Pensionsversicherungsanstalt an, daß zehn Prozent der Anträge aufgrund des Todes der Antragsteller hinfällig werden.

Die überfallsartigen Hausbesuche sind laut Aussagen von Pflegepersonen so selten nicht, wie die Chefärzte sagen. Der Hinweis, daß dies vorkommt, weist auf eine gewisse Unsensibilität hin. Arbeitsinspektoren jedenfalls dürfen keine unangemeldeten Betriebskontrollen durchführen, nur weil ein Betrieb auf dem Weg liegt.

Die Begutachtung erfolgt, wie selbst die Ärzte zugeben, ziemlich schnell. Ich wurde Zeuge, wie ein Arzt es nicht erwarten konnte, seinen Patienten, der sich gerade auf dem Klo aufhielt, zu untersuchen. Endlich kam er mit kurzen Schritten und schwer auf seinen Rollator gebeugt in die Küche. Der Begutachter machte sich ohne Vorwarnung an die Arbeit. Er setzte flink sein Abhörgerät an, und mit einem „Tief Einatmen" begann er mit der Untersuchung. Die abgestreiften Hosenträger ließen die Hose auf den Boden rutschen und der alte Mann, in seinen langen Unterhosen und mit nacktem Rücken dastehend, war plötzlich aller Würde beraubt. Mit wenigen Fragen, die seinen geistigen Zustand ermitteln sollten, mit den quälenden Fragen nach Wochentag und Jahreszeit, verabschiedete sich der Arzt schnell aus dem Haus.

Die Nähe zum Patienten als eine der Objektivität zuwiderlaufende Größe zu deuten, entbehrt angesichts eines distanzierten, schnellen Einstufungsverfahrens seitens der begutachtenden Ärzte der Pensionsversicherungsträger nicht eines gewissen Zynismus. Objektivität hat niemals mit Distanz und Oberflächlichkeit zu tun, sondern immer mit Ausgewogenheit, mit gründlicher Beschäftigung aller Für und Wider. Objektivität setzt eine intensive Auseinandersetzung mit den Betroffenen voraus, je vertrauter und näher eine Person und ein Gegenstand, desto besser läßt sich über ihn urteilen. Objektivität ist so gesehen erst über Subjektivität, sprich Nähe, erreichbar. Da Pflegepersonen nahe an die pflegebedürftigen Personen herankommen und subjektive Erfahrungen machen, wären sie gemeinsam mit Ärzten für eine objektive Gutachtertätigkeit geeignet, was grundsätzlich auch § 9 der Einstufungsverordnung zum Bundespflegegeldgesetz vorsieht:

> **§ 9.** (1) Die Grundlage der Entscheidung bildet ein ärztliches Sachverständigengutachten. Erforderlichenfalls sind zur ganzheitlichen Beurteilung der Pflegesituation Personen aus anderen Bereichen, beispielsweise dem Pflegedienst, der Heil- und Sonderpädagogik, der Sozialarbeit sowie der Psychologie beizuziehen.
>
> (2) Das Sachverständigengutachten hat jedenfalls zu enthalten:
>
> 1. die Anamnese, die Diagnose und die voraussichtliche Entwicklung der Behinderung,
> 2. den Befund über die Funktionsausfälle und die zumutbare Verwendung von Hilfsmitteln bzw die Beschreibung der Defizite auf Grund der geistigen oder psychischen Behinderung,
> 3. die Angabe, zu welchen Verrichtungen ständige Betreuung und Hilfe benötigt wird,
> 4. eine Begründung für eine Abweichung von den im § 1 Abs 3 und 4 festgelegten Richtwerten und Mindestwerten sowie
> 5. die Beurteilung, ob ein außergewöhnlicher Pflegegeldaufwand, eine dauernde Beaufsichtigung oder ein der dauernden Beaufsichtigung gleichzuachtender Pflegeaufwand erforderlich ist, wenn der Pflegegeldbedarf durchschnittlich mehr als 180 Stunden monatlich beträgt.
>
> (vgl. Pfeil, 1996, S. 311 f.)

Das Pflegegeldgesetz beinhaltet einen emanzipatorischen Charakter. Die Pflegegeldbezieher werden als Partner gesehen, die das Pflegegeld selbstbestimmt verwenden. Es wäre ohne Zweifel von

Vorteil, wenn es diese Partnerschaft auch im Begutachtungsverfahren gäbe und eine Zusammenarbeit zwischen Medizinern und Pflegepersonen gesucht würde, doch derzeit kommunizieren diese beiden Gruppen kaum.

Drei Pflegestufen statt sieben

Das siebenstufige Modell schafft Probleme. Die Grenzen sind oft nicht klar genug, und durch Änderungen des Gesundheitszustandes stimmt die zugewiesene Pflegegeldstufe oft nicht mehr. Einige Ärzte beklagen sich auch über unklare Formulierungen im Gesetz und bekritteln die Vorgangsweise der Richter bei Klagen. Die Richter würden dazu neigen, einen Vergleich zu schließen, denn sie hätten viele Akte liegen und könnten so schneller reinen Tisch machen. Ein Arzt erzählt über seine Erfahrungen bei Verhandlungen: „Ich schlage mich mit Gerichtsurteilen herum, die mehr an einen Schacher als an einer objektiven Beurteilung interessiert sind. Da sagt der Richter etwa, wer gibt mir vier Stunden, damit die höhere Pflegestufe gewährleistet ist. So geht es leider bei einer Gerichtsverhandlung zu."

Ein Arzt einer Pensionsversicherungsanstalt ärgert sich ebenfalls über das Feilschen vor Gericht und hat sich ein dreistufiges Pflegegeldstufen-Modell durchgerechnet. Er schlägt vor, vom komplizierten siebenstufigen Modell wieder abzugehen: Die erste Stufe sollte die jetzigen Stufen 1 und 2 zusammenfassen und ab einem monatlichen Pflegeaufwand von mehr als 70 Stunden gewährleistet werden, die zweite Stufe sollte 3 und 4 zusammenfassen und ab mehr als 120 Stunden Pflegeaufwand gewährt werden, und die Stufen 5 bis 7 sollen in einer dritten Stufe mit einem Pflegeaufwand von mehr als 180 Stunden liegen.

Durch diese einfachere Stufeneinteilung wären die vielen Interpretationsmöglichkeiten, die die gegenwärtige Regelung beinhaltet, nicht mehr gegeben. Momentan gäbe es zu viel Ermessensspielraum und nicht wirklich exakte Bestimmungen. Als Beispiel führte dieser Arzt an, daß ein Mann noch selbst essen konnte und dennoch die siebte Stufe vom Richter zuerkannt worden sei. Er gönne dem alten Menschen die siebte Stufe vom Herzen, nur korrekt sei es laut Bestimmungen nicht. Bei der Festlegung von Pflegestufen sollte es ja nicht nach rein subjektiven Empfindungen gehen, sondern es sollten ordentliche nachvollziehbare Entscheidungen getroffen werden.

Ein zweites Beispiel führte dieser Arzt an. Demnach hätte ein Richter befunden, daß man von einem 70jährigen Mann, der noch nie gekocht habe, nicht verlangen könne, daß er sich eine warme Mahlzeit richtet. Bei dem heutigen reichhaltigen Angebot an Fertiggerichten und Mikrowellengeräten fällt es nicht leicht, diesem Gedanken zu folgen. Bei einer gleichaltrigen Frau würde der Richter wahrscheinlich nicht auf diese Idee kommen.

Ein Dreistufenmodell würde die Sache deutlich vereinfachen, die Pflegegeldeinstufungen würden nachvollziehbarer und deutlicher begründbar sein als es momentan der Fall ist. Eventuelle Rückstufungsprobleme würden sich vielfach erübrigen. Die Anträge auf Neueinstufung würden zurückgehen, und die Zufriedenheit der Pflegebedürftigen wäre größer, weil auch für sie die Kriterien für die unterschiedlichen Pflegestufen leichter nachvollziehbar wären.

Von den Auswirkungen des Pflegegeldes auf die ambulanten Dienste

Eine wichtige Fragestellung betrifft die sachbezogene Verwendung von Pflegegeld. Verschiedentlich ist durchgeklungen, daß das Pflegegeld mißbräulich verwendet wird. Diese Frage bedarf einer genaueren Untersuchung. Mit dem Pflegegeld sollen Pflegebehelfe und Pflegemittel angeschafft und Pflegedienste engagiert werden. Brauchbare Betten, Kloaufsätze, Gehbehelfe, stufenlose Wohnungen, Strumpfanzieher und anderes Zubehör sollten angeschafft werden. Die Nachfrage nach ambulanten Diensten sollte boomen, und ginge es nach den Zielen des Bundespflegegeldgesetzes müßte es auch vermehrt dazu kommen, daß pflegende Angehörige, meist sind es Frauen, in ihrer Tätigkeit als Pflegende zu einer arbeits- und sozialrechtlichen Absicherung kommen. Es geht also um die wichtige Frage, inwieweit das Pflegegeld diesem Anspruch gerecht wird und inwieweit es tatsächlich zu einer Verbesserung der Lebensqualität von Pflegebedürftigen geführt hat.

Soziale Hilfsdienste einst und jetzt

Seit Einführung des Pflegegeldgesetzes spüren Heimhelferinnen eine Veränderung ihrer Arbeitssituation. Es ist, um es vorweg zu nehmen, eine Veränderung zum schlechteren.

„Früher hatten wir fast nur Aufräumarbeiten. Frühstücksgeschirr war abzuwaschen, der Mistkübel zu entleeren und dann gab es noch eine Einkaufsliste, und aus wars. Zum Plaudern blieb genügend Zeit, und wenn es die Heimhelferin eiliger hatte, konnte sie auch mal früher nach Hause kommen." Vereinzelt finden sich auch heute noch Einsätze wie früher, was der folgende Heimhilfeeinsatz beweist:

Im zweiten Bezirk treffe ich mich kurz vor neun mit der Heimhelferin H. Dreimal die Woche hat sie bei der 82jährigen Frau W. einen zweistündigen Arbeitseinsatz. Frau W. ist eine freundliche agile Frau. Um halb sieben steht sie auf, sie wäscht sich, zieht sich an, lüftet ihre kleine Wohnung durch, bereitet das Frühstück, macht das Bett und räumt alles sauber ab. Selbst das Geschirr wäscht sie selbst. Wir betreten eine saubere, aufgeräumte Wohnung. Einem Laien fällt hier nichts ein, was zu tun wäre.

Frau H. bindet sich dennoch die Dienstschürze um, schlüpft in ihre mitgebrachten Hausschuhe und wischt noch einmal über alle Kästchen und Abstellflächen, kehrt und wischt den Boden, leert den Abfallkorb und saugt im angrenzenden Schlafzimmer. Frau W. treibt ihre Heimhelferin lachend an: „Husch, husch soll das heute gehen. Etwas schneller bitte."

Seit ihrem Schenkelhalsbruch ist Frau W. vorsichtig geworden. Sie war damals auf der Straße plötzlich hingefallen, konnte nicht mehr aufstehen, mußte auf der Stelle ins Krankenhaus geliefert werden und erst nach drei Wochen wurde sie, nunmehr gehbehindert, entlassen. In einem Rehabilitationszentrum lernte sie wieder richtig zu gehen, doch die Sicherheit ist weg. Frau W. wohnt im 3. Stock ohne Lift. Über die Stiege geht sie allein nicht mehr, und auf der Straße fürchtet sie sich vor den Inline-Skatern und Radfahrern, die sie manchmal schrecken, wenn sie plötzlich von hinten lautlos herankommen und sie mit hohem Tempo überholen.

Hier ist sie 1915 zur Welt gekommen, hier ist sie aufgewachsen und hat zeit ihres Lebens keine andere Wohnung bezogen. Mit 16 Monaten ging sie schon allein über die Stiegen, die sie jetzt nicht mehr ohne Hilfe schafft. Ihre beiden Brüder lebten hier wie ihre Eltern. Sie ist die letzte Überlebende ihrer Familie. Da ihre Mutter ziemlich schwächlich und nicht sehr gesund war, lag es an ihr, der Tochter, sie zu pflegen und zu betreuen. Vor 23 Jahren ist ihre Mutter an einem Herzversagen gestorben, zu diesem Zeitpunkt konnte sie sich nicht mehr verändern. Mit sechzig Jahren heiraten geht ja doch nicht. Nie konnte Frau W. einen Beruf erlernen und auch nur bedingt einer Arbeit nachgehen. Als Bedienerin in einer Wiener

Feuerwehrwache konnte sie lediglich täglich sechs Stunden am Vormittag außer Haus verbringen.

Gegen Ende der Einsatzzeit sitzt Frau H. ebenfalls bei uns, und wir unterhalten uns über die Arbeit als Heimhelferin und Bedienerin:

„Ich bin jetzt 18 Jahre bei der Firma. Aber solche Dienste wie hier bei Frau W. gibt es fast nicht mehr. Früher mußte ich höchstens einmal einer Frau den Rücken waschen, aber sonst hat es keine Körperpflege gegeben. Ganz selten mußte ich einen Verband wechseln und einen Decubitus versorgen, aber das ist uns ja seit Lainz verboten. Jetzt muß eine Einwilligung vom Arzt vorliegen, dann darf ich auch diese Arbeiten machen, die ja bereits in die medizinische Betreuung hineinreichen.

Bei Zuckerkranken richte ich die Insulinspritze her, lege sie in den Kühlschrank oder führe sie sogar bis zur Stichstelle, aber stechen muß dann die Patientin selbst.

Mit dem Pflegegeld ist alles anders geworden. Die leichten Dienste sind verlorengegangen, und die schweren sind dazugekommen. Früher konnte ich in der Früh anfangen und zu Mittag nach Hause gehen und die Kinder betreuen. Heute geht das nicht mehr, denn da muß ich Abend- und Wochenenddienste machen. Es wird nicht lang dauern, dann gibt es bei uns auch die Nachtdienste wie im Pflegeheim. Bin froh, daß ich in zwei Jahren in Pension gehen kann."

Frau W. ergänzt:

„Ich brauche das Pflegegeld nicht. Ich will die Heimhilfe und den Besuchsdienst haben. Mir bleibt ja trotzdem noch was übrig vom Pflegegeld, denn im Monat zahle ich rund 1 200 Schilling, und das Pflegegeld der Stufe zwei macht über zweitausend Schilling aus. Also es ist ja nicht so, daß wir jetzt wegen dem Pflegegeld mehr Geld verlieren. Früher war nur die Pension und der Hilflosenzuschuß. Jetzt ist die Pension und das Pflegegeld. Die Gemeinde schaut sich das Einkommen an, und danach richtet sich der Beitrag für eine Stunde Heimhilfe und für den Besuchsdienst. Bei mir geht es sich jedenfalls gut aus. Mehr Geld brauche ich nicht. Ich habe ja alles: Eine schöne Wohnung und eine tüchtige Heimhelferin",

lacht Frau W.

Nach einer eindreiviertel Stunde verabschieden wir uns von Frau W. Die Heimhelferin nimmt den Mist mit hinunter und wirft ihn im Hof in den Mistkübel. Vom Hof aus blickt sie nochmals zur Frau W., die am Gangfenster steht und uns mit einem Wink entläßt.

Diese reine Aufräumarbeit, die früher gang und gäbe war, gibt es jetzt fast nicht mehr. Die Heimhelferin beklagt sich über die neuen Arbeitsbedingungen. Frau W. zeigt mit ihrer glücklichen Art, daß das Pflegegeld im Normalfall ausreicht, um sich in Wien ausreichende Pflege zu leisten. Sie setzt das Pflegegeld für ihre Betreuung ein, sie wird dabei von keinen Angehörigen beeinflußt. Sie kann in ihrer Wohnung, in der sie geboren ist und die sie so schön hergerichtet hat, bleiben. Frau W., und das muß hier deutlich betont werden, ist mit ihrer Einstellung zum Pflegegeld und als leichter Pflegefall eine Ausnahme.

Insgesamt nehmen die schweren Pflegefälle zu. Die Arbeit wird immer mühsamer. Ältere Heimhelferinnen, die körperlich nicht mehr so fit sind und die Körperpflege nie gemacht haben, fühlen sich zunehmend überfordert.

„Dort wo ich früher nur zusammenräumen und einkaufen mußte, werden die Stunden reduziert. Statt dreimal in der Woche soll ich nur einmal kommen und in dieser Zeit soll ich genausoviel arbeiten wir früher bei drei Besuchen in der Woche. Also oft denke ich mir schon, was sich die Leute überhaupt vorstellen," klagt eine Heimhelferin über die neuen Arbeitsbedingungen, die mit Einführung des Pflegegeldes spürbar wurden.

Eine andere Heimhelferin ergänzt diese Klagen, wenn sie sagt:

„Am schlimmsten sind diese Leute, die jetzt mit dem Pflegegeld ihre Leistungen selbst bezahlen und dabei im Sinne der Verwandten sparen. Eine größere Bereitschaft, für die Pflege Geld auszugeben, ist nicht da. Im Gegenteil, jetzt passen sie auf alles mehr auf. Beim Einkaufen muß ich für jede Banane, die ich kaufe, eine Rechnung legen. Das Enkerl möchte genau wissen, für was ich das Geld ausgebe. Gut, das geht ja noch, aber es kommt auch vor, daß es sich beschwert. Könnte es nicht auch eine Banane tun? Ist es notwendig, gleich drei einzukaufen? Ißt sie die überhaupt? Also solche Sachen bekomme ich da zu hören.

Einige Patienten möchten, daß ich in zwölf verschiedene Geschäfte gehe, weil da sind die Kekserln im Angebot und dort das Klopapier und so weiter. Die Klienten schauen auf die Uhr, sie wollen, daß man für das Geld, das sie bezahlen, ohne Pause durcharbeitet. Heute sind die Patientinnen plötzlich Chefs. Früher haben sie noch Trinkgeld gegeben und waren freundlich, aber jetzt sind sie oft ganz deppert. Gegen Ende des Dienstes werden sie mitteilsam, da wollen sie mich in Gespräche verwickeln, damit ich länger bleibe und Überzeit mache. Eine hat sogar einmal die Zimmeruhr verstellt, damit ich zu ihren Gunsten länger da bin."

Diese Aussagen berufserfahrener Heimhelferinnen vermitteln Frustration, und sie enthalten heftige Anklagen gegen das neue Verhalten der Klientinnen und Klienten. Die Heimhelferinnen können die

Änderung des Rollenverhaltens der Pflegebedürftigen genau benennen. Vor Einführung des Pflegegeldes haben viele Klienten die Arbeit der Heimhelferinnen eher als günstige hilfreiche Unterstützung angesehen, jetzt ist die Arbeit der Heimhelferinnen plötzlich zu einem neuen Kostenpunkt geworden. Nicht das Pflegegeld an und für sich ist für die spürbare Veränderung verantwortlich, sondern das Verhalten der Pflegegeldbezieher. Der neuen Rolle als Arbeitgeber sind die Pflegebedürftigen oft nicht gewachsen, und ebenso können sich die Heimhelferinnen mit der neuen Arbeitssituation, in der sie kontrolliert und kritisch beurteilt werden, oft nicht anfreunden.

Vor Einführung des Pflegegeldes wurde ein Großteil der Kosten für Heimhilfe und Besuchsdienst sowie Essen auf Rädern von der Gemeinde Wien übernommen. Es lag auf der Hand, möglichst viele soziale Dienste in Anspruch zu nehmen. Dementsprechend groß war auch der Andrang und die Nachfrage nach Heimhilfestunden, Besuchsdienst und Reinigung. Mit der neuen Pflegevorsorge hat sich die Einstellung gegenüber sozialen Diensten gründlich geändert. Heute fragen Pflegebedürftige:

„Wieviel kostet das?“ – Erhebung des Pflegebedarfs

Mit einer Schwester eines Sozialen Stützpunktes mache ich heute Hausbesuche. Sie wird mich bei den Klienten als Einzuschulenden vorstellen.

Wir starten um halb neun Uhr. Zuerst besuchen wir Frau W., die beim Aufmachen der Türe sehr mißtrauisch ist. Wir schlagen ihr vor, ihre Heimhelferin zweimal statt nur einmal die Woche kommen zu lassen, es geht also um eine Erweiterung des Einsatzes. Die alte Frau ist schwerhörig. Sie gibt aber deutlich zu verstehen, daß sie mit dem bisherigen Umfang der Betreuung durchaus zufrieden ist. Sie lobt ihre zuverlässige Heimhelferin sehr. Sie erzählt von einer Hausärztin, die ihr trotz gesundheitlicher Probleme regelmäßig eine Visite abstattet, und ebenso lobt sie einen jungen Apotheker, der ihr Medikamente in die Wohnung bringt.

Danach besuchen wir ein paar Häuserblocks weiter ein Ehepaar. Sie ist gestern vom Krankenhaus nach Hause gekommen und ein Pflegefall, denn ihr wurde ein Bein amputiert. Jetzt sitzt sie im Rollstuhl. Ihr Mann ist ihr keine Hilfe. Er ist schwerer Diabetiker und muß täglich dreizehn verschiedene Medikamente nehmen. Er beklagt sich über ständiges Ohrensausen und Schädelbrummen. Zusätzlich hat er in den Fingern und Füßen ein lästiges Kribbeln.

Frau P. beantwortet die Fragen der Schwester. Den Vorschlag, viermal in der Woche eine Heimhelferin kommen zu lassen, die zusammenräumt und ihr beim An- und Ausziehen hilft, findet sie in Ordnung. Doch als sie die Summe von etwas über viertausend Schilling hört, meint sie, daß ihr mit einem dreimaligen Besuch in der Woche von je fast zwei Stunden auch geholfen sei. Die dreitausend Schilling, die sie vom Pflegegeld dafür hinlegen soll, könne sie verschmerzen, zumal auch für ihren Mann ein Pflegeantrag läuft und mit einem positiven Bescheid gerechnet werden kann. Sie wird dann zusätzlich den Reinigungsdienst in Anspruch nehmen.

Insgesamt hinterläßt das Ehepaar P. einen schwachen und hinfälligen Eindruck. Es ist fraglich, ob die Hilfestellung einer Heimhelferin in diesem engen zeitlichen Rahmen ausreichen wird.

Danach besuchen wir eine alleinstehende Pensionistin in ihrer Eigentumswohnung. Sie wohnt ganz oben unter dem Dach und ist ebenfalls erst gestern aus dem Spital entlassen worden. Eine Mitarbeiterin vom Sozialen Stützpunkt war schon da. Sie hat nachgeschaut, ob Frau C. etwas zum Essen daheim hatte.

Frau C. beschäftigt schon seit dreißig Jahren eine treue Haushaltshelferin. Jetzt braucht sie aber eine zusätzliche Hilfe, weil sie in der Früh noch nicht so recht aus dem Bett kommt. Als Frau C. den monatlichen Betrag von 3 500 Schilling hört, den sie für diese zusätzliche Hilfe auslegen müßte, überlegt sie es sich wieder anders.

Die ambulanten Hilfsdienste sind, von den mobilen Schwestern abgesehen, in Wien sozial gestaffelt. Je höher die Pension, desto höher der Betrag, der für die Inanspruchnahme einer Hilfsleistung in Rechnung gestellt wird.

Frau C. will die Unterstützung wirklich nur befristet auf eine Woche in Anspruch nehmen. Nach einer Woche hofft sie, sich vom Spitalsaufenthalt wieder einigermaßen erholt zu haben.

Die Stützpunktschwester bestätigt, daß sich viele Klienten über die hohen Kosten der sozialen Dienste beklagen, weil sie selbst Bedienerinnen beschäftigen, denen sie im höchsten Fall einhundert Schilling pro Stunde bezahlen. Sie sehen nicht, daß sie meist unqualifizierte Hilfskräfte ohne entsprechende Anmeldung beschäftigen, die Heimhelferinnen aber in der Regel gut ausgebildet und angemeldet sind.

Meist reduzieren die Betroffenen den vorgeschlagenen Pflegebedarf. Eine optimale Betreuung Pflegebedürftiger scheitert oft weniger an den finanziellen Möglichkeiten als viel mehr an einem ausgeprägten Sparwillen der älteren Generation. Die Selbstbestimmtheit der Klienten, ihre neue Rolle als Arbeitgeber für Pflegepersonen, führt oft dazu, nur mehr ein Minimum von Hilfestellungen anzunehmen. Die neue Art der Pflegevorsorge ermuntert auf Hilfe angewiesene Menschen, so schnell wie möglich selbständig zu werden. So gesehen spornt das neue Modell im Vergleich zur alten Übervorsorge dazu an, die körperlichen Defizite, die eingeschränkte Mobilität mit Training und zielgerichteten Übungen möglichst bald auszugleichen. Vor Einführung der Pflegevorsorge wurden viele Betreuungseinheiten angefordert, jetzt steht ein sparsamer Konsum von Pflegeleistungen im Vordergrund.

„Ohne Pflegegeld war es besser" – Über die Auswirkungen auf die Arbeitsbedingungen von Heimhelferinnen

Wenn altgediente Heimhelferinnen gefragt werden, wie sich jetzt, seit es das Pflegegeld gibt, ihre Arbeitssituation darstellt, bekommt man solche oder ähnliche Antworten:

„Die fetten Jahre sind jetzt sowieso vorbei, seit es das Pflegegeld gibt. Ich sage Ihnen: Vor dem Pflegegeld war alles besser. Denn die Leute haben die Stunden reduziert. Ich habe schon nach einer Woche nach Einführung des Pflegegeldes 15 Stunden eingebüßt. Ich habe zum Beispiel einen 42jährigen Spastiker und seine behinderte Frau betreut. Er brauchte zwei Stunden, und sie brauchte eine Stunde Hilfe täglich. Dann hat sie gesehen, daß sie sich was sparen kann, weil er ja die 6er Stufe hatte, und dann habe ich nur mehr zweimal in der Woche kommen dürfen. Für sie eine Stunde und für ihn eine Stunde. Sie hat gesagt, daß sie sich um ihren Mann kümmern würde. Wie kann sie ihn pflegen, wenn sie selber pflegebedürftig ist? Ich soll nun in dieser Zeit einkaufen gehen, ihn pflegen, sie pflegen und die Wohnung putzen, das Geschirr abwaschen und wegräumen. Das geht sich in dieser kurzen Zeit aber nicht aus.

Diese Einstellung hat nach Einführung des Pflegegeldes rapid zugenommen. Da haben viele zu rechnen angefangen, und sie haben sich Geld beiseitegelegt. Ich meine, daß der Gesetzgeber da einen großen Fehler gemacht hat, daß er das Pflegegeld nicht an eine pflegerische Leistung gekoppelt hat."

Diese Heimhelferin bezieht zwar eindeutig Stellung gegen die neue Gesetzeslage, meint aber letztlich das Verhalten der Klienten. Sie steht mit ihrer negativen Einschätzung bei weitem nicht allein da. Viele Kolleginnen, die die Zeit vor Inkrafttreten des Pflegegeldgesetzes kennen, stimmen mit ihr überein:

„Ohne Pflegegeld war es besser. Wir haben unsere Arbeit gemacht und wurden von der Dienststelle regelmäßig kontrolliert. Zehn Kontrollore hat es früher gegeben. Die hat sich der Verein alle bis auf einen einsparen können, denn jetzt kontrollieren uns die Patienten. Die Patienten sind jetzt Chef. Die jungen Kolleginnen gehen bald weg. Die setzen sich lieber in einem Supermarkt an die Kassa. Dort haben sie einen sauberen Arbeitsplatz, eine regelmäßige Beschäftigung und es wird ihnen nicht so viel angeschafft wie hier."

Das Bewußtsein, daß es sich bei einer Heimhelferin um eine teuer zu bezahlende Haushaltshilfe handelt, führt tatsächlich dazu, sie möglichst effizient einzusetzen. Ihre Hilfsdienste werden auf ein Minimum reduziert, und in der knapp bemessenen Arbeitszeit soll sie dennoch allen Erwartungen entsprechen. Sie muß die Wohnung zusammenräumen, das Frühstück herrichten, das Geschirr abwaschen, einkaufen und kochen. Durch diese hohen Anforderungen kommt es zu einer sehr belastenden Arbeitssituation:

„Die Ansprüche sind fürchterlich gestiegen, seit es das Pflegegeld gibt. Die meisten wollen, daß wir erst um zehn Uhr kommen, aber das geht nicht, weil wir dann Probleme haben beim Einteilen der Dienste. Wenn wir in der Früh kommen, sagen einige, daß wir kein Licht einschalten dürfen, denn Licht kostet Geld. Ausländerinnen lehnen sie jetzt häufiger ab als früher. Die Patienten sind wählerischer geworden."

Das selbstbestimmte Handeln vieler Klienten gereicht Vereinen, die soziale Dienste anbieten, zum Nachteil. Die Klientenbedürfnisse stehen mitunter geradezu diametral den Wünschen der Heimhelferinnen gegenüber, wodurch es zu Spannungen kommen kann.

Der wesentliche Grund für die wählerisch gewordenen Klienten liegt an den Kosten für soziale Dienstleistungen, die sie jetzt allmonatlich bezahlen müssen. Eine Heimhilfestunde kostet je nach Verein zwischen 200 und 300 Schilling. Zwar steht für die Abdeckung dieser Hilfsleistungen oft Pflegegeld zur Verfügung, aber viele Pflegebedürftige sehen das nicht so. Sie wollen möglichst sparsam mit diesem neuen „Einkommen" umgehen und geben es zum Leidwesen der Heimhelferinnen ungern aus.

Eine Gruppenleiterin von Heimhelferinnen meint dazu passend:

„Eine Heimhilfestunde kostet jetzt 236 Schilling. Diesen Betrag bekommen wir für jede geleistete Stunde von der Gemeinde Wien überwiesen.

Die Klienten selbst zahlen vielleicht einen Betrag von 100 Schilling, das hängt ja ganz von ihrem Einkommen ab. Vollzahler gibt es jedenfalls kaum. Für die Gemeinde Wien errechnet sich der Betrag, den sie vom pflegebedürftigen Menschen holt, aus der Höhe des Pflegegeldes und der Pension. Vollzahler brauchen der Gemeinde keinen Einblick in ihre finanziellen Verhältnisse zu gewähren, die anderen natürlich schon."

Heimhelferinnen und Leiterinnen von ambulanten Pflegeteams sind sich einig. Anstatt wie früher jeden Tag brauchen sie jetzt nur mehr zweimal zu kommen. Die leichten Pflegefälle versorgen sich so gut es geht selbst oder mit Hilfe ihrer Angehörigen, die schwereren Pflegefälle aber verlangen einen vollen Arbeitseinsatz. Die Arbeitsbedingungen sind dadurch ungleich härter geworden. Eine Chefin: „Wir merken die Veränderung in unserem Betrieb daran, daß es jetzt mehr Aussteigerinnen als jemals zuvor gibt. Die Frauen hören schon nach wenigen Wochen auf, obwohl sie einen dreiwöchigen Kurs besucht haben. Die Bezahlung und die Arbeitszeit spielen sicherlich auch eine Rolle, aber die Belastung ist einfach im Vergleich zum Verdienst verhältnismäßig stärker angestiegen."

Erschwerend kommt noch eine weitere Folgeerscheinung aus der neuen Pflegevorsorge hinzu. Heimhelferinnen werden zunehmend von der Aufräumerin zur Pflegerin. „Die Fälle sind schwieriger geworden. In Lainz wurden letztes Jahr 250 Betten abgebaut. Das heißt, diese Leute kommen wieder nach Hause. Dort müssen wir diese schwierigen Pflegefälle übernehmen. Die Angehörigen trauen sich da nicht mehr drüber. Die bekommen wir. Wir haben das Problem, daß wir viele schwere Pflegefälle betreuen müssen und die leichten Einsätze nach und nach verlorengehen. Das ist eine Schwierigkeit für ältere Heimhelferinnen, die nicht mehr so belastbar sind."

Die Zunahme der schwierigen Pflegefälle wirkt sich weiter in der Zunahme der Abend- und Wochenenddienste aus. Auch das stellt eine neue Herausforderung und Belastung für die Heimhelferinnen dar. Eine Teamleiterin meinte in diesem Zusammenhang:

„Unsere Heimhelferinnen sind jetzt jünger geworden. Wir haben junge Alleinerzieherinnen beschäftigt und nicht mehr die 35- bis 45jährigen Frauen, die nach der Kinderpause wieder in den Beruf einsteigen wollten und hier ein ideales Arbeitsfeld vorgefunden haben. Die konnten sich die Dienste frei einteilen. Sie waren meist nur vormittags im Einsatz. Es gab kaum Abend- und Wochenenddienste. Jetzt wird schon bei der Aufnahme verlangt, daß sie Abend- und Wochenenddienste machen müssen. Damit kommt für viele Wiedereinsteigerinnen, die eine Familie haben, diese Arbeit nicht mehr so richtig in Betracht."

Unter dem Strich ergeben sich mit der Einführung des Pflegegeldsystems eine Reihe von Auswirkungen, die aus dem Blickwinkel der Heimhelferinnen betrachtet allesamt nicht als vorteilhaft angesehen werden können. Der Arbeitsdruck ist größer, die Arbeitszeit länger und das Verhalten der Klienten unangenehmer geworden. Es kommt darüber hinaus zum Einsatz privater kostengünstiger Pflegekräfte und zur Abbestellung von angemeldeten, qualifizierten, aber teuren sozialen Diensten.

Das neue Kostenbewußtsein und das große Interesse an privaten Pflegehilfen

Heimhelferinnen bekommen immer wieder Angebote, privat einige Stunden in der Woche zu arbeiten. Ein Heimhelfer erzählt:

„Ich hatte einen, der wollte mich für 120 Schilling in der Stunde beschäftigen. Ihm komme eine solche private Hilfe billiger, und ich hätte ebenfalls mehr auf der Hand, rechnete er mir vor. Solche Anfragen stellen Leute, die eine hohe Pension haben. Immer wieder nehmen Kolleginnen und Kollegen solche Angebote an. Die wissen ja oft gar nicht, auf was sie sich da einlassen. Was ist, wenn etwas passiert? Ein reicher Mann, er hatte an die dreißig Perserteppiche in seiner Wohnung, wollte mich abwerben. Ich sagte ihm, daß ich mich darauf nicht einlassen möchte. Er wurde richtig böse auf mich, und ich mußte die Tätigkeit dort einstellen, weil er ganz unfreundlich und ungut geworden ist. Die Firmen schauen da zuwenig. Sie verlieren auf diese Art nicht nur Kunden, sondern auch Mitarbeiter."

Noch günstiger als solche Heimhelfer sind Betreuerinnen, die aus den Nachbarländern nach Wien kommen. Sie nehmen oft gleich in der Wohnung eines Pflegebedürftigen Quartier, essen mit und bekommen ein bescheidenes Taschengeld, das zwischen 50 und 200 Schilling am Tag liegt. Der Vorteil für einen Pflegebedürftigen liegt auf der Hand: Er wird rund um die Uhr betreut, und die Kosten sind niedriger als jede Heimhilfestunde eines offiziellen Vereines. Von einem MS-Kranken wird erzählt, daß er nur auf diese Weise seinen weiteren Verbleib daheim in seiner Wohnung sichern kann. Denn trotz Pflegestufe sieben kann nur dreimal täglich eine Heimhelferin zu ihm kommen. Mehr ist finanziell nicht drin. Sie wird bei der Körperpflege und bei der Essenseingabe von einer tüchtigen Ungarin unterstützt.

Den Firmen, die soziale Dienste mit mehr oder weniger gut qualifiziertem Personal anbieten, gehen wertvolle Aufträge verloren, während private Haushaltshilfen mehr denn je als Nutznießer der neuen Pflegevorsorge genannt werden können. Es fällt auf, daß sich vor allem „Vollzahler“ mit hohem Einkommen dieser Schwarzarbeit bedienen, oder Personen, die eine Betreuung rund um die Uhr benötigen, um zu Hause bleiben zu können. Professionelle Hilfen sind in diesem Fall einfach nicht finanzierbar.

Diese kostengünstigen und nichtsdestoweniger zuverlässigen Pflegekräfte aus Ungarn, Polen, Tschechien oder der Slowakei mieten sich im längst verwaisten Kinderzimmer ein und übernehmen die Betreuung der alten oft alleinstehenden hilflosen Menschen. Mit einem Taschengeld von meist nicht mehr als einhundert Schilling pro Kalendertag machen diese Frauen sozusagen Tag und Nacht Dienst. Diesen hohen Grad von Pflegehilfe vermag kein Verein zu leisten.

Eine mir bekannte junge Polin fand auf diese Weise in Wien eine Möglichkeit, sich eine Unterkunft und ein, allerdings bescheidenes, Einkommen zu sichern. Sie mußte für eine Diabetikerin alle Einkäufe machen, den Haushalt führen und sich um den Hund kümmern. Freinehmen konnte sie sich nur jeden Samstagnachmittag, denn in dieser Zeit hatte die hilfsbedürftige Frau ihre Tochter zu Besuch. Da sich die Polin zurecht eingesperrt fühlte, zudem bloß auf einem schmalen unbequemen Sofa im Wohnzimmer liegen durfte und auch nur 50 Schilling pro Tag verdiente, hat sie diese belastende Arbeit nach drei Monaten wieder aufgegeben.

Eine andere hilfsbedürftige Frau beschäftigt gleich zwei Frauen aus der Slowakei, die sich vierzehntägig abwechseln. So kann das Gefühl des Eingesperrtseins reduziert werden. Zwei Wochen können sich diese Frauen daheim erholen und für ihre Familie da sein, zwei Wochen verdienen sie im Ausland Geld.

Der Kontakt zu diesen kostengünstigen Pflegehilfen wird meist bereits im Spital hergestellt. Krankenschwestern aus Tschechien oder der Slowakei besprechen diese Möglichkeit mit den Hilfsbedürftigen und ihren Angehörigen, und so wird eine günstige und konkurrenzlos billige Pflege in die Wege geleitet.

Eine Heimhelferin eines sozialen Vereines, die von der Entlassung einer Klientin aus dem Spital informiert wurde und daher vor der Wohnung auf die Patientin wartete, staunte nicht schlecht, als diese neben dem Krankentransportpersonal noch von zwei Frauen aus der Slowakei begleitet wurde. Die hatten gleich ihre Koffer bei sich und zogen hier bei der pflegebedürftigen Frau ein. Für soziale Dienste ihrer Firma bestand kein Bedarf, und die Mitarbeiterin mußte unverrichteter Dinge wieder gehen. „Da kam ich mir schon blöd vor“, erzählt diese Frau. „Mich stören ja weniger die Frauen, die wirklich hart für ihr Geld arbeiten müssen, aber die Zweckentfremdung des Pflegegeldes regt mich schon auf. Das sind ja Geldleistungen, die vom Staat kommen und für eine ordnungsgemäße Pflege vorgesehen sind. Es werden Pfleger ausgebildet, um eine gute Arbeit in den Wohnungen zu leisten und dann besteht kein Bedarf, weil sich die Leute billige Hilfskräfte aus den Nachbarländern holen. Die kassieren Teile vom Pflegegeld, und für unsere Leute bleibt nichts übrig.“

Die Betreuerinnen, die aus den ehemaligen Ländern der Monarchie wichtige Pflegearbeit leisten, machen das für eine niedrige Bezahlung. Zur geringen Entlohnung kommt eine lange Arbeitszeit. Die Frauen müssen immer für ihre bettlägrigen Auftraggeber dasein, Tag und Nacht, Samstag, Sonntag, Feiertag. Es gibt keine Sozial- und Krankenversicherung und keinen Kündigungsschutz. Die Herkunftsländer sind gleich geblieben, auch die Arbeitsbedingungen nehmen Züge an, wie sie vor einhundert Jahren für junge Frauen, die in Wiener Haushalten im Dienst waren, gang und gäbe waren.

An Besuchsdienst kein Bedarf

Besonders deutlich läßt sich ein Rückgang sozialer Dienste anhand des Besuchsdienstes dokumentieren.

Der Besuchsdienst ist seit Einführung des Pflegegeldes besonders stark rückläufig. Viele Beobachter geben der ungeschickten Kostenentwicklung die Schuld daran. Vor Einführung des Pflegegeldes wurden nämlich bloß 34 Schilling verlangt, jetzt werden 170 Schilling in Rechnung gestellt. Die Leute sagen sich: „Für das Tratschen gebe ich lieber nicht so viel Geld aus. Ich gebe kein Geld dafür aus, daß ich in den Park geschoben werde, mir liegt auch nichts dran, aus der Wohnung hinauszukommen.“

Jetzt wird der Besuchsdienst nur mehr bestellt, wenn es gilt, den Friseur aufzusuchen oder wenn ein Arztbesuch vorgesehen ist. Der Besuchsdienst wird in einen Begleitdienst umfunktioniert. In ein Café zu fahren, um sich dort unter Leuten mit einer fremden Person zu unterhalten, ist offenbar keine 170 Schilling wert.

Während meiner Studentenzeit wurde dieser soziale Dienst sehr gerne angenommen, da er zweifellos eine wichtige therapeutische Wirkung auf die betreffenden Personen hat.

So unternahm ich mit einer liebenswerten Frau, die aufgrund einer Glasknochenkrankheit auf den Rollstuhl angewiesen war, aber doch auch einige Schritte mit dem Rollator machen konnte, schöne Ausflüge in die nähere Umgebung ihrer im dunklen Tiefparterre gelegenen Wohnung. Mit mir kam sie zweimal in der Woche für zwei Stunden hinaus in die Sonne.

Ein anderer Klient nutzte den Besuchsdienst wiederum, um seinen speziellen Neigungen nachgehen zu können. Kaum entkam er der Wohnung und damit den Blicken seiner fürsorglichen Frau, zeigte er mir den kürzesten Weg zu einem Kino. Ich stellte ihn in den dunklen Kinosaal und holte ihn nach eineinhalb Stunden wieder ab. Ich konnte in der Zwischenzeit lesen oder spazierengehen. Auf ein Vorführungsende brauchte ich nicht zu achten, denn es handelte sich um ein Sex-non-stop-Programm. Danach fuhr ich den alten Mann in seinem Rollstuhl wieder nach Hause. Welcher Angehörige würde verstehen, daß ein alter Mann solche Ausfahrten braucht?

Vielen anderen Männern und Frauen, die allein in ihren Wohnungen hockten, kam der Besuchsdienst ebenfalls gerade recht. Sie konnten einkaufen fahren, sie hatten Gesellschaft und freuten sich auf diese willkommene Abwechslung ihres trüben Alltags.

Umso bedauerlicher ist die heutige Ablehnung dieser wichtigen Betreuungsarbeit. Es gibt viele Hinweise, daß der Besuchsdienst nur mehr als finanzieller Posten gesehen wird, eine Ausgabe, auf die man verzichten kann.

Auf geradezu dramatische Weise wurde ich Zeuge dieses Kostendenkens, als ich mit einer Stützpunktschwester einen Hausbesuch machte. Aus meinem Protokoll:

„Wir besuchen Frau A. in ihrer Dachgeschoßwohnung. Uns fällt das Stiegensteigen leicht, aber Frau A. beklagt sich, daß sie dazu nicht mehr recht imstande ist. Sie braucht Hilfe. Es gibt nur ein kleines Geschäft in der Nähe mit hohen Preisen und geringer Auswahl. Die Helferin soll zum Markt fahren und die Besorgungen machen. Einmal in der Woche würde reichen. Jetzt habe sie zum Beispiel kein Fleisch mehr im Haus und sie bedauert es aufrichtig, keine kräftige Rindsuppe kochen zu können.

Die Schwester rechnet die Kosten für einen Besuchsdiensteinsatz pro Woche aus und kommt auf einen Betrag von 500 Schilling im Monat. Diese niedrige Summe erleichtert unsere zukünftige Klientin richtiggehend, und es wird vereinbart, daß noch diese Woche eine Frau von einem Verein diese Arbeit übernehmen wird. Frau A. erzählt noch, wie schön es früher war, als sie regelmäßig von einer Heimhelferin besucht worden war. Sie freut sich schon, an diese Zeit wieder anknüpfen zu können. Momentan habe sie nur mit ihren Sohn, den Dr. A., regen Kontakt.

Auf dem Weg ins Büro bestätigt mir die Schwester, daß diese Frau vor Einführung des Pflegegeldes tatsächlich eine Heimhelferin und eine Besuchsdienstdame hatte, diese Hilfen aber aus Kostengründen abbestellt hatte.

Im Sozialen Stützpunkt wartet schon der Zivildiener auf seine Chefin. In der Zwischenzeit sind eine Reihe von Telefonanrufen hereingekommen. Unter anderem habe ein Herr Dr. A. angerufen. Er läßt ausrichten, daß der vereinbarte Besuchsdienst für seine Mutter nicht zustandekommt. 500 Schilling sind ihm viel zu teuer."

Die Angehörigen sind es mitunter, die ihren alten Eltern und Großeltern weismachen, daß es sich nicht lohnt, viel Geld für einen Einkauf oder einen kleinen Ausgang auszugeben. Hier führt die Einführung des Pflegegeldes zu einem echten Qualitätsverlust, zu einer Verarmung des ohnehin von Alleinsein und Einsamkeit geprägten Lebens. Jetzt werden nur mehr die notwendigsten Dienste angefordert. Schön soll die Wohnung aussehen und aufgeräumt. Die Mutter soll fesch aussehen, die seelische Verfassung aber wird nicht als wichtig erachtet. Dafür wird vom Pflegegeld kein Schilling ausgegeben. Oft bestimmen die Angehörigen, zu welchem Zweck und wieviel vom Pflegegeld ausgegeben wird.

Eine Stunde Besuchszeit kostet ca. S 170,–. Für viele ist das zuviel.

Zusammenfassend läßt sich sagen, daß sich mit Einführung des Pflegegeldes gravierende Änderungen auf dem Gebiet der sozialen Dienste ergeben haben. Die Arbeitsbedingungen der Heimhelferinnen sind härter geworden, die Arbeitseinsätze haben sich auf Abend- und Wochenenddienste verlagert. Die leichten Aufräumarbeiten sind zurückgegangen, schwere Pflegefälle sind häufiger geworden.

Mit der Umstellung der Finanzierung durch Schaffung des Pflegegeldes ist es zu einem Umdenken gekommen. Zur Pension kommt jetzt im Falle von Pflegebedürftigkeit das Pflegegeld hinzu. Dieses sollte, wie der Name schon sagt, für die selbstbestimmte Pflege verwendet werden. Je mehr Stunden, um so höher die Kosten. Die neue Geldmittelzuwendung hat die alte Tugend der Sparsamkeit aufleben lassen. Die Nachfrage nach sozialen Diensten ist zurückgegangen. Dies zeigt sich deutlich daran, daß es heute arbeitslose Heimhelferinnen gibt. In Wien allein sind das an die zweihundert.

Angehörige in der Hauskrankenpflege

Oft entscheiden Angehörige, ob sie sich die Mühe machen und eine häusliche Pflege in die Wege leiten oder nicht. Ein Großteil der Österreicher entscheidet sich für die Pflege zu Hause, weil die Alternative Pflegeheim gänzlich ungeeignet erscheint und bei den auf Pflege Angewiesenen nur selten auf Zustimmung stößt. Die Pflege daheim läßt sich meist nur dann gut durchführen, wenn die Angehörigen kooperativ sind und gemeinsam mit den sozialen Diensten eine Pflegebetreuung organisieren.

Es gibt viele Söhne und Töchter, vor allem Töchter, die es als selbstverständlich ansehen, ihre pflegebedürftige Mutter oder den Vater daheim zu pflegen, Tag und Nacht, jahraus, jahrein.

In Stellvertretung all dieser großartigen Hilfestellungen, die Angehörige leisten, möchte ich Frau Maria V. vorstellen, die ich während meiner Feldforschungsarbeit in ihrem Haus in einer Siedlung am Stadtrand von Wien kennenlernen konnte.

Einsatz rund um die Uhr

Seit drei Jahren pflegt Frau Maria V. ihre 90jährige Mutter. Ein Schlaganfall hat sie von einem Tag auf den anderen zum Pflegefall gemacht. Sie kam ins Spital, und nach vier Wochen hat der Arzt mit Maria über die Überstellung in ein Pflegeheim reden wollen. Doch Maria wollte von einem Pflegeheim nichts wissen. Der Arzt warnte sie vor der schweren Aufgabe, die mit der Pflege der behinderten Mutter zweifelsohne verbunden sei. Die Mutter ist inkontinent, sie hat Schlafstörungen, leidet an einer zunehmenden Sehschwäche und ist nicht fähig, ohne Unterstützung zu gehen. Selbst das Umdrehen mag ihr nicht gelingen. Für jeden Seitenwechsel braucht sie die Hilfe ihrer Tochter.

Zur Zeit meines Besuches ist die 90jährige gerade eine Woche vom Spital zurück. Sie hatte einen weiteren Schlaganfall. Jetzt kann sie auch nicht mehr selbst essen, und ihre Motorik ist insgesamt viel schlechter geworden. „Jetzt müssen wir wieder von vorne anfangen", seufzt Maria V. Das vorweihnachtliche Keksbacken hatte ihre Mutter vor einem Jahr noch zuwege gebracht, jetzt fällt ihr sogar das Trinken aus dem Wasserglas schwer.

„16 Stunden habe ich die erste Nacht durchgeschlafen, wie die Mutter im Spital gelegen ist, und dann habe ich noch jede Nacht 12, 13 Stunden geschlafen. Da habe ich gesehen, welchen Schlafmangel ich eigentlich habe. Denn zweimal in der Nacht weckt mich meine Mutter auf, weil sie aufs Klo gehen will. Ich muß ihr die Schüssel reichen und sie wieder ausleeren. Gestern hatte sie Durchfall. Ich brauche ihnen nicht zu sagen, was sich da abgespielt hat. Ich bin ja ständig beim Waschen und Herrichten und Abräumen.

Freilich hätte ich damals einfach dem Arzt zustimmen können, und meine Mutter wäre in einem Heim, und ich könnte meine Pension genießen, aber mein Herz hat das nicht zugelassen. Ich kann es mir einfach nicht vorstellen, meine Mutter fremden Leuten zur Pflege zu übergeben."

Bei der Pflege daheim managt Frau V. alles selbst. Sie nimmt kaum Heimhilfestunden in Anspruch.

Das Anziehen dauert eine Stunde. Wenn sie einkaufen fährt, muß zuerst die Mutter angezogen werden, dann wird sie in den Rollstuhl gesetzt und ins Auto verfrachtet. Vor dem Supermarkt muß sie wieder aus dem Autositz auf den Rollstuhl gesetzt werden. Maria V. sagt, daß es wichtig sei, daß ihre Mutter unter die Leute kommt und was anderes als nur die Wohnung sehe. Die 90jährige, die unserer Unterhaltung interessiert zuhört, meint: „Meine Maria ist so gut zu mir. Sie hat es schwer. Sie muß alles tun, und ich kann ihr nicht helfen. Das finde ich so dumm, daß ich ihr nicht helfen kann. Glauben Sie mir."

Geistig ist die alte Frau noch sehr rege. Sie weiß genau, daß sie am 10. Mai 1994 ins Spital eingeliefert worden ist. Dort sei sie nicht so gut gepflegt worden. Erst in der Früh wäre sie von der nassen Einlage befreit worden. Zu Hause brauche sie nur ein paarmal ans Bett zu klopfen, und schon sei die Tochter da und wechsle die Einlage oder setze sie auf den Leibstuhl.

Der Rund-um-die-Uhr-Einsatz von Maria V. und ihre gewissenhafte Pflegearbeit rechtfertigen das Pflegegeld der Stufe 4. Bleiben würde ihr von dem Geld aber nichts, denn allein für die Rezeptgebühren und Pflegebedarfsartikel müsse sie einen hohen Betrag pro Monat ausgeben. Dann kämen noch Arztbesuche hinzu. Weil ihre Mutter schlecht sieht, habe sie einen Augenarzt aufsuchen müssen. Der Kassenarzt habe eine Wartezeit von einem halben Jahr. Eine 90jährige Frau ein halbes Jahr warten zu lassen, sei ein wenig riskant. Also suchte sie einen privaten Arzt auf. Jetzt stehe wieder ein Arztbesuch bevor, und davor fürchtet sich Maria V. schon ein wenig.

Ein Lungenröntgen soll gemacht werden. Die Arztpraxis befindet sich in einem Haus ohne Lift. Die Rettungsgesellschaft müsse dafür engagiert werden, und schon einmal hätten sich die Sanitäter im engen Stiegenhaus abplagen müssen.

Diese Untersuchung, die in zwei Wochen fällig sein wird, liegt der Tochter schon jetzt im Magen. Die Hauskrankenschwester, die hier ab und zu vorbeikommt, mißt nicht nur den Blutdruck der 90jährigen Frau, sondern auch den ihrer Betreuerin. In letzter Zeit ist der Blutdruck der Tochter besorgniserregend niedrig.

Mit diesem Beispiel der aufopfernden Pflege einer Tochter, die ihre Mutter ins Haus genommen hat, um sie rund um die Uhr zu betreuen, die auf jeden Urlaub verzichtet und jedes Freizeitvergnügen hintanstellt, die den Kontakt zu ihren Freundinnen und Verwandten immer mehr reduziert, weil die Mutter die ganze Energie kostet, wird ein Pflegefall geschildert, der nicht unproblematisch ist und besonders deutlich zeigt, welche körperliche und seelische Belastung ein Pflegefall in der Familie darstellen kann.

Es ist sicherlich nicht jedes Sohnes und jeder Tochter Sache, sich derart aufopfernd für die pflegebedürftigen Eltern einzusetzen. Die Eltern-Kind-Beziehungen sind längst nicht immer so beschaffen, daß ein derartig großes Engagement an den Tag gelegt wird. Bei allem Respekt vor dem großen Einsatz bleibt hier die Frage offen, ob

Pflegende Angehörige sind gut beraten, ambulante Pflegedienste in Anspruch zu nehmen.

diese Frau nicht regelmäßig einige Stunden Pflegearbeit an eine Heimhelferin abgeben sollte. Insgesamt wäre die gesamte Pflegesituation weniger beklemmend und bedrückend, wenn Maria V. regelmäßig für ein, zwei Stunden entlastet wäre, wenn sie einmal etwas für sich selbst unternehmen könnte.

Im Laufe meiner Untersuchung habe ich viele derartig beklemmende Pflegesituationen kennenlernen müssen. Eine junge Pensionistin etwa betreut in deren Wohnung ihre verwirrte Mutter und in der eigenen Wohnung ihren bettlägrigen Mann. Sie hetzt von Pflegefall zu Pflegefall, und ihr gesundheitlicher und nervlicher Zustand ist derart bedenklich, daß es bei dieser Belastung nur mehr eine Frage Zeit ist, bis sie selbst Pflege brauchen wird. Auch sie kann es sich nicht vorstellen, daß sie „Fremden" die Pflegearbeit überlassen könne.

Meistens sind es die Töchter, Schwiegertöchter und Ehefrauen, die ihren Partner, Vater und Schwiegervater oft bis zu den Grenzen der eigenen Leistungsfähigkeit pflegen. Ein solches Engagement von Männern ist eher selten anzutreffen. So beklagte sich etwa ein Mann, dessen Frau mit schweren Lungenproblemen darniederlag, daß nun die ganze Arbeit auf ihm laste. Er könne keine Reisen mehr machen, müsse unter ihrer Anleitung einkaufen, kochen und zusammenräumen, und nicht einmal das tägliche Fernsehprogramm ab halb acht Uhr sei ihm ohne Störungen gegönnt, weil seine Frau justament während der „Zeit-im-Bild" Atembeschwerden bekomme und einen Spray verlange.

Dieser Pfleger wider Willen macht eher einen unzufriedenen Eindruck, denn so hat er sich seinen verdienten Ruhestand offenbar nicht vorgestellt. Bei der Überstellung dieser Frau von einem Krankenhaus ins andere mußten wir längere Zeit im Auto warten. Die Standheizung funktionierte nicht richtig, so daß es recht kalt im Rettungsauto wurde. Zusätzlich zu den Decken gab ich der fröstelnden Patientin noch meine warme Jacke zum Zudecken. Der schlecht gelaunte Ehemann aber meinte lieblos: „Eine zweite Lungenentzündung wirst eh nicht überstehen".

Doch es gibt auch, selten aber doch, engagierte pflegende Ehemänner und Söhne. So erzählte mir eine 91jährige Frau, die wir von einem Spital nach Hause überstellen konnten, wie gut sie von ihren beiden Söhnen abwechselnd betreut wird. Auch Freundinnen würden sich an ihrer Pflege, die sicher nicht leicht ist, weil sie bettlägrig ist, beteiligen. Vom Leben könne sie in ihrem Alter nichts Gutes mehr erwarten, höchstens weitere Krankheiten. Sie könne sich aber auf ihre beiden Söhne verlassen, weswegen sie dennoch gelassen der Zukunft entgegenschaue.

Tageszentren und Urlauberbetten

Als Entlastung für die Pflege von Angehörigen gibt es die Einrichtung von Tageszentren. Dort können alte, aber noch mobile Leute tagsüber basteln, das Gedächtnis trainieren, kochen, singen, turnen … Am Abend werden sie wieder abgeholt und nach Hause gebracht.

Eine spürbare Entlastung für pflegende Angehörige sind Tageszentren.

Manche Klienten nutzen diese Einrichtung einmal wöchentlich, manche täglich. Immer aber stellen diese Aufenthalte außerhalb der Wohnung eine Erleichterung für die pflegenden Angehörigen dar.

Bettlägrige Pflegebedürftige können wiederum für einen bestimmten Zeitraum, etwa von vier Wochen, ein sogenanntes Urlauberbett in einem Pflegeheim beziehen. Die pflegenden Angehörigen gehen in dieser Zeit auf Urlaub, sie erholen sich von der Dauerbelastung Pflege, um den Anforderungen weiter gewachsen zu sein.

„Meine Frau ist jetzt in Bad Tatzmannsdorf", erzählt ein Mann, der allein in einem Dreibett-Zimmer einer Urlauberstation untergebracht ist.

„Vor zwei Jahren hat mich der Schlag erwischt. Seither pflegt mich meine Frau. Ich kann nicht mehr gehen und habe keine Kraft mehr in den Armen. Den Rollstuhl kann ich nicht bewegen. Ich brauche für alles Hilfe.

Hier gefällt es mir nicht. Meine Frau kocht viel besser. Aber in zwei Wochen komme ich ohnedies wieder raus. Meine Tochter hilft auch bei der Pflege, aber sie ist berufstätig und hat nicht immer Zeit für mich. Meine Frau muß sich von einer Bypass-Operation erholen. Eine Heimhelferin brauchen wir nicht. Wir schaffen das schon alleine", ist sich dieser hilflose Mann sicher. Doch mit ausreichender Fremdhilfe wäre hier womöglich die Herzoperation der helfenden Ehefrau nicht nötig geworden.

Von den Pflegepersonen in der Urlauberstation erfahre ich, daß es nicht leicht ist, hier zu arbeiten.

„Die Angehörigen, die ihre hilfsbedürftigen Eltern hier abgeben, haben vielfach doch auch ein schlechtes Gewissen. Dabei steht ihnen ja wirklich ein Urlaub zu. Sie beobachten uns genau. Verwandte kommen auf Besuch.

Es kommen auch wirklich schwere Fälle herein, wo wir uns fragen, wie das die Angehörigen schaffen. Einmal hatten wir einen Patienten mit Magensonde, Katheter und einem großen Decubitus am Bein. Also das sind dann schon Zeichen für uns, daß die Pflege zu Hause doch nicht richtig geschafft wird, denn einen Decubitus von einer solchen Größe darf es einfach nicht geben.

Besonders schlimm aber ist es, wenn Urlauber hier sterben. Die Leute kommen oft in einem sehr schlechten Zustand zu uns. Zum Glück sterben nur selten Leute bei uns. Einmal hat sich eine Witwe fürchterlich beschwert und uns vorgeworfen, wir hätten uns zuwenig um ihren Mann gekümmert. Er ist an einer Lungenembolie gestorben."

Der Zustand der Patienten, die von häuslicher Pflege kommen, läßt ab und zu zu wünschen übrig. Doch meist handelt es sich um gut gepflegte und betreute alte Menschen, die es nicht erwarten können, wieder in die häusliche Pflege entlassen zu werden.

Es kommt aber auch vor, daß Angehörige ihre pflegebedürftigen Verwandten für kurze Zeit in der Urlauberstation unterbringen, dann aber interessiert sind, sie hier zu belassen. Sie versuchen sozusagen über den Umweg „Urlauberstation" einen Gewöhnungseffekt an eine Pflegestation zu erreichen. Doch von vornherein festgelegte Verträge ersticken diese Möglichkeit der langfristigen Unterbringung in einer Pflegestation im Keim. Angehörige hoffen mitunter, daß die pflegebedürftigen alten Eltern sagen: Da möchte ich bleiben. Allerdings konnten mir die Pflegepersonen versichern, daß sie solche Aussagen trotz ihres großen Bemühens, eine gute Pflege zu leisten, noch nie zu Ohr bekommen haben.

Von der Pflege zu Hause ohne Angehörigenunterstützung

In der Hauskrankenpflege lastet zwar vielfach die Verantwortung bei den unmittelbaren Angehörigen, doch es gibt auch eine Vielzahl von Fällen, wo die Hauskrankenpflege allein auf der Arbeit der Heimhelferinnen beruht. Sie kommen in der Früh, zu Mittag und am Abend, sie machen die Körperpflege, helfen beim Anziehen und Essen, putzen die Wohnungen, kaufen ein und sind oft die einzigen Ansprechpartnerinnen vieler alleinstehender, alter, hilfsbedürftiger Menschen. Verwandte lassen sich kaum blicken. Wenn sich die Angehörigen von den pflegebedürftigen Verwandten zurückziehen, lastet die ganze Arbeit auf den Schultern der sozialen Hilfsdienste.

Das Ehepaar K., beide an die 90 Jahre alt, wird dreimal täglich von Heimhelferinnen betreut. In der Früh kommt mit der Heimhelferin gleich die diplomierte Krankenpflegerin ins Haus, um die schwierigste Arbeit zu zweit machen zu können. „Die bettlägrige Frau wird gewaschen, eingecremt und ein Frühstück wird gerichtet, und während sie es einnimmt, wird das Bett frisch überzogen und alles sauber gemacht. Manchmal ist Frau K. äußerst ungnädig. Sie wehrt sich dann mit Beißen und Kratzen gegen die tägliche Waschung. Immer, wenn Frau K. aber gepflegt und frisch gewandet ist, zeigt sie sich von der höflichsten Seite. Eineinhalb Stunden sind da gleich vorüber", erzählt die Heimhelferin von diesem anstrengenden Einsatz, der ihr und der Schwester keine Ruhepausen gönnt, zumal auch Herr K. gewaschen und eine Wunde versorgt werden muß.

Bis vor kurzem habe Herr K. gut auf seine Frau achten können, aber in letzter Zeit nehme seine Verwirrtheit ständig zu. Er kenne keine Wochentage mehr, und weil er tagsüber im bequemen Fernsehsessel vor sich hindöst, wisse er oft Tag und Nacht nicht voneinander zu unterscheiden.

Die Hauskrankenschwester hat Sorge, ob sich ein Heim tatsächlich noch länger aufschieben läßt, obwohl Herr K. von einem Heim nichts wissen will. Doch die Nächte werden immer risikoreicher, denn es wäre schon öfters vorgekommen, daß sie Herrn K. am kalten Boden liegend angetroffen hätten. Da es zwar Angehörige gibt, die das Haus mit Garten erben werden, aber keine Zeit hätten, um öfter nachzuschauen, wird das Risiko der Selbstgefährdung untragbar groß.

Eine 92jährige Frau liegt meist im Bett, weil sie ohne Hilfe nicht gehen kann. Erst wenn die Heimhelferin kommt, gelangt sie aus dem Bett. Essen kann sie nur langsam, aber immerhin noch selbst. Die alte Frau redet ununterbrochen, wenn die Heimhelferin bei ihr ist, und das sind immerhin vier Stunden täglich. Die übrige Zeit liegt sie im Bett. Ein Krankenbett mit Steckgitter verhindert, daß sie in der Nacht aus dem Bett fallen kann. Dieses ist mitten im Wohnzimmer plaziert, so daß die alte Dame die Sonne ins Gesicht scheinen lassen und aus dem Fenster sehen kann. Besuch bekommt sie keinen mehr, denn ihre einzige Verwandte, eine Schwägerin ist selbst bereits bettlägrig, und ihre Freundinnen sind schon gestorben. Trotz ihrer Hilflosigkeit ist die alte Frau froh, in ihrer Wohnung verbleiben zu können. Der bestellte Sachwalter äußert zwar Zweifel, ob das wirklich verantwortbar ist, aber die Heimhelferin meint, daß der alten Dame ihr Wunsch, daheim sterben zu wollen, nicht abgeschlagen werden darf. „Im Heim wird ihr auch nicht viel öfter die Windel gewechselt. Da ändert sich ja nicht viel. Dort würde sie sich nur nicht mehr auskennen und womöglich verwirrt werden. Geistig ist sie nämlich noch gut beieinander“, sagt die Heimhelferin und schließt für die 92jährige Frau die Alternative Pflegeheim kategorisch aus.

Es zeigt sich, daß eine Pflege zu Hause weitgehend möglich ist. Auch hier haben wir es mit einem Grenzfall zu tun. Ein Kontrollbesuch in der Nacht würde die Situation entschärfen. Allerdings wurde hier mit einer Alarmeinrichtung Vorsorge getroffen. Sollte der alten Frau etwas fehlen, braucht sie nur einen Knopf auf ihrer Uhr zu drücken, und das Nottelefon wird aktiviert. So kann die alte Frau Hilfe organisieren.

Derartige Nottelefoneinrichtungen können für alleinstehende alte Menschen eine große Hilfe sein. Bei einem Rettungseinsatz kam ich einmal mit meinen Kollegen in eine Wohnung, wo wir eine verzweifelte alte Frau am Boden antrafen. Sie war am Abend aus ihrem Bett gefallen und konnte nicht mehr aufstehen. Sie beschloß, die Nacht am Boden zu verbringen. In der Früh kroch sie Zentimeter für Zentimeter aus dem Schlafzimmer über den Vorraum zur Wohnungstür, wo auf einem niederen Kästchen das Telefon steht. Am frühen Nachmittag erreichte sie ihr Ziel, rief 144 und bekam Hilfe. Zum Glück konnten Nachbarn öffnen. Sie bedankte sich herzlich für unsere Hilfe und zeigte sich mit viel Trinkgeld erkenntlich. Trotz ihrer Bewegungseinschränkung hatte sie keine Lust, das „Gefängnis" Wohnung mit dem „Gefängnis" Pflegeheim zu tauschen.

Dort, wo es keine Angehörigen gibt, fällt es den alleinstehenden auf Hilfe angewiesenen Menschen nicht leicht, den weiteren Aufenthalt in der eigenen vertrauten Wohnung sicherzustellen. Technische Hilfseinrichtungen vermögen zum Teil Sicherheit bei erhöhter Pflegebedürftigkeit zu gewährleisten, doch Angehörige, die sich auch in den Nachtstunden um sie kümmern, können sie nicht wirklich ersetzen.

Wenn die Angehörigen auch nur ein wenig mittun, fällt die Betreuung schon leichter, und die Sicherheit der pflegebedürftigen Menschen wird größer. So übernimmt etwa im Falle eines alten, hilfsbedürftigen Geschwisterpaares eine Nichte einmal in der Woche den Wäschedienst. Sie sammelt die schmutzige Wäsche ein und bringt die frische und gebügelte ins Haus. Ansonsten werden die beiden hilflosen alten Menschen zweimal täglich von einer Heimhelferin unterstützt, die bereits um 6 Uhr die Frühaufsteher aufsucht, ihnen ein Frühstück bereitet, die Medikamenteneinnahme kontrolliert und bei der Körperpflege behilflich ist. Zu Mittag bringt sie das Essen vom Dorfgasthaus ins Haus, das beide weit lieber als jedes Essen auf Rädern einnehmen. Am Abend behelfen sie sich selbst mit einer Jause und gehen auch noch selbständig zu Bett.

Die Pflege zu Hause kann also auch funktionieren, wenn es zwar keine engagierten Angehörigen, wohl aber ein engagiertes ambulantes Betreuungsteam gibt. Einer Rund-um-die-Uhr-Pflege sind finanzielle Grenzen gesetzt. In Wien, wo die Tagsätze für einen Heimplatz im ambulanten Bereich nicht überschritten werden dürfen, weil ja dann das Pflegebett im Heim kostengünstiger ist, geht sich eine dreimalige Betreuung zwischen 6 Uhr früh und 20 Uhr abends von jeweils höchstens zwei Stunden knapp aus. Alles was drüber ist, was also mehr Kosten verursacht, ist ein Fall für das Pflegeheim. Die Pflegekosten setzen also Grenzen bei der Pflege zu Hause. Der Wunsch, um jeden Preis daheimbleiben zu wollen, ist zweitrangig. Angehörige können diese finanziellen Grenzen in normale Bahnen lenken, indem sie Pflegearbeit übernehmen und so die Kosten senken, aber alleinstehende, pflegebedürftige Menschen können kaum den Pflegeplatz selbst bestimmen.

Angehörige als Kontrollore und Erben

Auch im ambulanten Bereich gibt es Angehörige, die sich zwar insgesamt wenig um ihre pflegebedürftigen Verwandten kümmen, aber umso mehr die Arbeit der Heimhelferinnen in Augenschein nehmen. Ich wurde einmal Zeuge einer derartigen Kontrollvisite. Die Nichte, die mit ihrer Familie in Vorarlberg lebt, kann sich eine weite Reise nach Wien zu ihrer Tante nicht oft leisten. Einmal im Jahr, wenn die alte Frau ihren Geburtstag feiert, rafft sie sich auf und kommt für zwei Tage nach Wien. Zweimal in der Woche kommt hier eine Heimhelferin vorbei, um zusammenzuräumen und alles, soweit es geht, in Ordnung zu halten. Im Winter muß auch eingeheizt werden. Als ich in Begleitung der Heimhelferin zu diesem Einsatz kam, empfingen uns im Haus bereits die Verwandten aus Vorarlberg. Die Nichte wies die Heimhelferin, ohne sie richtig zu begrüßen, auf den Schmutz hin:

„Also ich wollte gerade einen Zettel schreiben, aber jetzt kann ich Ihnen das persönlich sagen, ich finde, daß da schon mehr Ordnung gehalten werden soll. Schauen Sie sich den Herd an, wie der ausschaut, und der Teppich im Zimmer ist gar nicht sauber und die Fenster und die Kasterln. Also ich bin hereingekommen und habe gleich den Boden rausgewischt, weil es so ausgesehen hat. Ich finde, da könnten Sie schon mehr Ordnung halten, meine Tante ist jetzt alt, die hat es immer sauber haben wollen, und das soll auch bitteschön weiterhin so bleiben."

Die Heimhelferin hörte sich die Vorwürfe mit wachsender Ungeduld an, und schließlich entwickelte sich ein recht erregtes Gespräch, das schließlich damit endete, daß die Heimhelferin heute nicht zusammenräumen brauchte. Der Einsatz wurde unterschrieben, und somit war für die Heimhelferin die Sache erledigt.

Dieses Aufeinanderprallen von kontrollierenden Angehörigen und der Heimhelferin zeigt recht deutlich die Problematik. Angehörige fühlen sich bemüßigt, ab und zu nach dem Rechten zu schauen. Sie stellen Ansprüche, haben aber kein Interesse, die Zahl der Dienste zu erhöhen oder etwa einen kräftigen neuen Staubsauger anzuschaffen, um die Reinigungsarbeit effizienter gestalten zu können.

Ein 90jähriges Ehepaar wiederum wird vom eigenen Grund und Boden vertrieben. Es bewohnt ein Einfamilienhaus mit großem Garten. Der Pensionist hat sich dort im Laufe der Zeit eine schöne Beschäftigung gefunden: Er hält Hühner, betreibt eine Bienenzucht und zieht Erdäpfel und anderes Gemüse. Immer hat er etwas zu tun, und als wir ihn besuchen kommen, hackt er gerade Holz im Schuppen. Allerdings ist sein Betätigungsfeld ziemlich eingeschränkt, denn mitten im Garten befindet sich das Fundament eines Neubaus. Der Enkel hat hier im Einverständnis mit dem alten Ehepaar zu bauen angefangen. Die alten Leute haben zwar die Erlaubnis gegeben, weil ihre Tochter sie in diese Richtung bedrängt hat, aber jetzt sehen sie, daß sie sich damit selbst ins Abseits gebracht haben. Der Neubau ist so angelegt, daß das alte Haus, in dem sie wohnen, abgerissen werden muß. Der Enkel hat ihnen eine Frist von drei Jahren gesetzt. Dann will er weiterbauen. „Wir werden halt ins Heim gehen müssen oder vielleicht sind wir bis dahin gestorben“, sehen sie in eine trübe Zukunft.

Dieses Beispiel am Ende dieses Abschnittes soll zeigen, daß Angehörige sich auf der einen Seite zwar bis zur Selbstaufopferung für ihre alten hilfsbedürftigen Menschen engagieren können, auf der anderen Seite aber gibt es eben auch diejenigen Angehörigen, die es nicht erwarten können, bis die alten besitzenden Menschen sterben. Sie werden ausgegrenzt und buchstäblich wird ihnen zu verstehen gegeben, daß sie keinen Platz mehr auf, sondern nur mehr einen unter der Erde haben.

Eine gute Betreuung zu Hause wird bei einer Unterstützung durch Angehörige leichter möglich, doch wenn sich Kinder dagegen entscheiden, wenn sie sich gegen ihre alten hilfsbedürftigen Eltern ins Zeug legen und ihnen zu verstehen geben, daß sie nur mehr im Weg sind, wird die Betreuung zu Hause zu einer starken psychischen Belastung, die dann auch die Heimhelferinnen voll zu spüren bekommen. So beklagte sich eine Pflegeheimbewohnerin, die nur vorübergehend im Heim untergebracht war, daß sie es daheim schwer habe. Ihr Sohn habe die Wohnung während ihres Spitalsaufenthaltes neu herrichten lassen. Jetzt müsse sie im Pflegeheim warten, bis die Umbauarbeiten abgeschlossen sind. Er habe ihr gedroht, daß sie sofort wieder ins Pflegeheim gehen müsse, wenn sie die neuen Möbel beschädige. Den Rollator dürfe sie auch nicht verwenden, denn der würde Druckstellen im Teppich hinterlassen. Auch hier wartet ein Erbe auf den Tod seiner Mutter.

Leider funktioniert ein gutes Zusammenspiel zwischen Heimhelferinnen, Klientinnen und Angehörigen nur selten wirklich gut. Für viele Heimhelferinnen ist der Ausspruch gültig: „Sobald Angehörige im Spiel sind, gibt es Probleme. Die besten Einsätze sind die Einsätze ohne Angehörige."

Aus den reichhaltigen Erfahrungen einer Heimhelferin

Als Zusammenfassung der besprochenen Probleme auf dem Gebiet der Betreuung zu Hause soll der typische Alltag einer Heimhelferin stehen. In diesem Bericht zeigen sich die angesprochenen Schwierigkeiten und die typischen Verhaltensmuster von pflegebedürftigen Menschen und Angehörigen. Vor allem aber wird das Engagement von Heimhelferinnen selbst in einer wie ich meine angemessenen Form gewürdigt. Aus meinem Protokoll:

Heute begleite ich Frau L., eine erfahrene Heimhelferin, bei ihrer Arbeit. Wir treffen uns um 6.45 Uhr am vereinbarten Treffpunkt.

Um 7 Uhr starten wir den Arbeitstag bei der 83jährigen Frau Sch. Sie lebt mit ihrem inzwischen pensionierten Sohn und ihrer Schwiegertochter sowie dem vierjährigen Florian gemeinsam in einem Haus. Die Schwiegertochter ist berufstätig und hetzt sich in der Früh ab, um ihren beiden „Männern" das Frühstück vorzubereiten. Für die Oma bleibt da keine Zeit. Die Heimhelferin kommt jeden Tag zu Frau Sch. Am Montag und Freitag wird eingekauft, am Dienstag werden die Haare gewaschen. Am Mittwoch kommt die Bett- und Schmutzwäsche in die Waschmaschine, und am Donnerstag wird gebügelt. Jeden Tag wird die Oma gewaschen. Danach bleibt noch Zeit, Staub zu wischen und zu saugen. Die eindreiviertel Stunden sind gerade ausreichend, um die heutigen Aufgaben zu erledigen. Dann wird unterschrieben, und wir fahren zum nächsten Einsatz.

Vom schönen Haus mit Garten kommen wir zu einem ziemlich alten Gartenhäuschen. Die Außenmauer weist einen besorgniserregenden Riß auf, das Dach ist behelfsmäßig mit Teerpappe gedeckt. Das Areal ist eingezäunt. Der Schlüssel für das Gartentor findet sich in einem Versteck. Wir sperren auf und betreten das niedrige Holzhaus. Im Vorraum löst sich der Putz von der Decke, der den Blick auf die grauen Heraklithplatten freilegt. Im Wohnschlafraum liegt eine 94jährige Frau im Bett und freut sich auf das Kommen der Heimhelferin. Es ist kalt und finster. Nach der Begrüßung stürzt sich Erika L. auf die Arbeit. Zunächst räumt sie den Ofen aus, belegt ihn mit Zunder und Kohlen und macht Feuer.

Alle Essensreste werden in einen Kübel geschüttet, der Tisch mit seiner löchrigen Plastikdecke wird abgeräumt. Auf zwei Heizplatten wird Wasser gewärmt. Dieses steht in Kanistern bereit. Da es im

Haus kein fließendes Wasser gibt, muß es erst von der gegenüberliegenden Straßenseite geholt werden. Eine liebe Nachbarin füllt die leeren Kanister an, und die Heimhelferin holt das Wasser ab. Für einen Einsatz braucht sie 20 bis 25 Liter Wasser.

Während der Kohleofen langsam ein wenig Wärme verbreitet, wird das Frühstück vorbereitet. Behende schneidet Frau Erika drei Scheiben Brot von einem Wecken, entfernt die Rinde, bestreicht sie mit Butter und Marmelade, gießt den Kaffee auf und stellt alles auf ein Kasterl. Jetzt, nachdem es warm genug ist, darf die alte Frau unter ihrer Decke herauskommen. Es folgt die gründliche Körperpflege.

„Lauter viel", gluckst die alte Frau vor Zufriedenheit. Das habe sie schon als Kind zu ihrer Mutter gesagt, erinnert sich die 94jährige. Die Heimhelferin hat auf diesen Ausspruch, der jedesmal kommt, wenn ihr was zum Essen vorgesetzt wird, schon gewartet und lacht über die Zufriedenheit der Hausbewohnerin. Erika L. bereitet in der Zwischenzeit ein Mittagessen vor. Heute gibt es Bröselkarfiol. Sobald das Essen fertig ist, wäscht sie das Frühstücks- und Kochgeschirr ab, holt Kohle aus dem Heizraum, beschickt den Ofen bis oben hin mit Kohle und schließt unten ab, um die Hitze möglichst lange zu speichern.

Eindreiviertel Stunden sind für diese umfangreichen Tätigkeiten eine ziemlich eng bemessene Zeit. Zwei Teller werden noch mit Naschsachen aufgefüllt. Der Kaffee ist in einer Thermoskanne jederzeit trinkbereit, und ein Dany mit Sahne ergänzt noch das Essensangebot für die alte Frau, die in gebückter Haltung im Sessel sitzt und sich für jeden Handgriff bedankt. Wenn sich Gelegenheit bietet, streichelt sie dankbar die Haare der vor ihr in gebückter Haltung arbeitenden Erika, sie küßt ihr manchmal die Hände und verleiht so ihrer Zufriedenheit über die Betreuung der Heimhelferin Ausdruck.

Das Licht über dem Herd bleibt eingeschaltet, so daß sich nur ein matter Schein im kleinen Raum verbreitet. Wir verabschieden uns, und die Frau winkt uns nach. Um 14 Uhr werden wir wiederkommen.

Auch hier ist Frau Erika von Anfang an dabeigewesen. Vor ungefähr zwei Jahren ist über eine Fürsorgerin Alarm geschlagen worden. Die alte Frau wurde völlig verwahrlost in ihrem Häuschen angetroffen. Am Boden lag ein mit Urin getränkter Teppich, im Vorhaus stapelten sich Berge von Abfällen, die Mäuse fanden hier beste Lebensbedingungen vor. Die Frau selbst stank. Das Bett war verdreckt, die Kleider waren abgetragen und schmutzig. Die Zehennägel, erinnert sich Frau Erika, waren einige Zentimeter lang. Frau Erika konnte sich das nicht lange anschauen und schnitt kurzerhand die zum Teil eingewachsenen Nägel ab. Sie mußte sie regelrecht aus der Haut ziehen und betupfte alle Wunden mit Desinfektionsmittel, so daß es zu keinen Entzündungen gekommen ist. Es gab und gibt immer genug Arbeit.

Der Teppich wurde entsorgt und ein Linoleum aufgerollt. Die Müllmänner nahmen nach und nach sackweise den Abfall mit, so daß sich die Lebensbedingungen für Mäuse verschlechterten und für die alte Frau verbesserten.

Die alte hilflose Frau bekommt Pflegegeld und bezieht auch eine Pension, weswegen die tägliche Betreuung einer Heimhelferin kein Problem darstellt. Das Problem stellt hier der Sohn dar. Dieser inzwischen pensionierte Ingenieur versucht mit möglichst geringem finanziellem Aufwand die Betreuung seiner Mutter sicherzustellen. Seinetwegen muß die Heimhelferin, wenn sie mit den wenigen Waschlappen und Handtüchern nicht auskommt, ein Stofftaschentuch zur Körperreinigung verwenden, seinetwegen muß sie in eindreiviertel Stunden vormittags die umfangreiche Tätigkeit rasch abwickeln und darf nur eine Dreiviertelstunde am Nachmittag kommen, um der Mutter schnell ein Essen zu servieren. Darüber hinaus muß seinetwegen ein Pflegetagebuch geführt werden. Alle Tätigkeiten müssen genau vermerkt werden. Der Sohn läßt sich zwar nur ein- bis zweimal die Woche blicken, kontrolliert dann aber die Arbeit der Heimhelferin. So konnte er einmal einer Kollegin nachweisen, daß sie seiner Mutter die Zähne nicht geputzt haben kann, weil die Zahnpasta ungebraucht war. Ebenso zählt er die Tabletten nach, um zu sehen, ob die Medikamente tatsächlich verabreicht worden sind. Er untersucht sogar die für den Reinigungsdienst bereitgestellte Schmutzwäsche, und die Heimhelferin berichtet, daß er schon so manches Kleidungsstück wieder rauszog. Den verdreckten Teppich wollte er ebenfalls nicht entfernen lassen, weil seine Mutter darauf nicht ausrutschen könne.

Während dieser Sohn seiner Mutter nur eine minimale Betreuung zukommen läßt, kauft er sich ein neues Auto um 300.000 Schilling und trägt immer teures Gewand.

Diese Einzelheiten erzählt mir Frau Erika auf der Fahrt zum nächsten Haushalt, wo wir eine knapp 70jährige Witwe besuchen. Die alleinstehende Frau haust ebenfalls in einem Abbruchhäuschen, in das es bereits hineinregnet. Zuletzt hatte sie wegen des Wassereintritts einen Stromausfall. Sie raucht und hat eine tiefe männliche Stimme. Beim Arzt von der Pensionsversicherungsanstalt, der ihren

Antrag auf Pflegegeld prüfte, gab sie vor, alles selbst machen zu können, was eine Ablehnung des Antrags zur Folge hatte. In Wirklichkeit kann diese Frau nichts mehr allein. Sie kocht nichts und sie schafft es auch nicht, rechtzeitig aufs Klo zu gehen. Dann entledigt sie sich ihrer Kleidung und versteckt die verschmutzten Wäschestücke in Kästen und an anderen nicht leicht zu findenden Stellen. Mittlerweile kennt Frau Erika die meisten Verstecke.

Frau Erika sorgt für Sauberkeit im Haushalt. Einmal in der Woche gibt es ein Vollbad. Die Hausbesitzerin sträubt sich immer dagegen. Angetroffen wurde diese alte Frau mit total verlausten Haaren und schmutzigen Kleidern. Ein Heimhelferkollege hatte ihr daraufhin die Haare kurz geschnitten, um den Parasiten erfolgreich auf den Leib rücken zu können.

Mit einer dreiviertel Stunde ist die Heimhelferin hier nur kurz beschäftigt, aber mehr geht sich finanziell aufgrund einer geringen Pension und des Ausbleibens von Pflegegeld nicht aus. „Gehst schon wieder", brummt die Witwe, wenn es nach getaner Arbeit Zeit ist, wieder zu fahren. Wir sollen die Tür schnell zumachen, denn sie friert, und zum Beweis schüttelt sie sich und sperrt sich wieder in ihrem verfallenen Häuschen ein. Morgen wird die Heimhelferin erneut kommen und nach dem rechten sehen.

Nach diesem Einsatz sollte Frau Erika einen zweistündigen Einsatz bei einer weiteren alleinstehenden alten Frau machen, aber letzte Woche habe sie diesen Einsatz zurückgelegt. Die alte Frau, die sie bereits zwei Monate betreut hatte, habe sie beschuldigt, Lack gestohlen zu haben.

Alles verträgt Frau Erika, aber keine falschen Beschuldigungen. Sie fand den von der alten Frau offensichtlich verlegten Lack später in einer Abstellkammer und hielt ihr das kleine Döschen unter die Nase. Diese aber meinte, daß die Heimhelferin es nur versteckt habe, um es dann später besser mitnehmen zu können.

„Heute ist es ein Lackdoserl, morgen ist es Geld. Nein, auf so etwas lasse ich mich nicht ein. Ich habe meinen Dienst gemacht und habe dann angerufen und die Teamleiterin gebeten, diesen Dienst einer anderen Kollegin zu geben. Ich habe mich dort abschuften, den Ofen heizen und das Holz im Schuppen spalten müssen. Das Wasser mußte aus einem Gartenbrunnen gepumpt werden, daß mir die Hände schmerzten. Ich habe alles zusammengeräumt, abgestaubt und gesaugt und dann macht sie mir wegen eines Lackdoserls Vorhaltungen. Selbst die Nachbarn besuchen diese mißtrauische Person nicht mehr, weil auch sie des Diebstahls bezichtigt worden sind. Letzte Woche noch fragte mich die

Teamleiterin, wie es mir mit der Frau E. geht, und ich habe gesagt, daß es keine Probleme gibt und nun das."

Auf diese Weise hat Frau Erika eine Pause von zwei Stunden. Wäre ich heute nicht dabei, würde sie über Mittag die Zeit im Cafe' allein verbringen. Nach Hause zu fahren würde sich nicht lohnen, denn in dieser kurzen Zeit könne sie ohnehin nichts erledigen. Wir unterhalten uns über ihre Arbeit, sie schildert einige bleibende Erinnerungen und erzählt auch von ihrer Familie.

Seit zehn Jahren geht Erika L., 45 Jahre alt, dem Beruf der Heimhelferin nach. Erste Berufserfahrungen machte sie bereits mit vierzehneinhalb Jahren in einem Gasthaus als Mädchen für alles. Mit der 85jährigen Seniorchefin habe sich Erika L. gleich gut vertragen. Seither meint sie, ein besonderes Gespür für alte Leute zu haben. Mit denen sei sie immer gut ausgekommen. Sie habe mit der Frau viele Spaziergänge durch den nahegelegenen Zentralfriedhof unternommen. Mit der Seniorchefin suchte sie zum ersten Mal in ihrem Leben einen Friseursalon auf, und mit der fachkundigen Hilfe der alten Dame habe sie sich ihre ersten Kleider gekauft.

Eigentlich wollte Erika L. damals Krankenschwester werden. Die Familienverhältnisse ließen eine Ausbildung aber nicht zu. Mit neun Kindern war ihre Mutter, eine Waldviertler Bäuerin, finanziell nicht in der Lage, ihren Töchtern den Luxus einer weiterführenden Schulausbildung zu bezahlen. Erika mußte selbst Geld verdienen, sich auf eigene Füße stellen, wie es heißt.

Erika L. ist verheiratet, hat zwei Kinder, eine 17jährige Nadja und einen 15jährigen Andy. Seit einem Jahr wohnt Familie L. in einem Haus mit Garten. Erika war immer berufstätig. Selbst die Kinder haben ihre Berufslaufbahn nicht richtig unterbrochen. Sie gab die Kinder, sobald es ging, in die Krabbelstube, um mit ihrer Erwerbsarbeit das Familieneinkommen zu erhöhen.

Zehn Jahre betreute sie ein liebes altes Ehepaar. Sie machte dort ihren Ersteinsatz. Nachdem zuerst die Frau den Folgen eines Krebsleidens erlegen war, verstarb nun vor einem Monat auch der Witwer. Wenn sie von diesen lieben alten Menschen erzählt, steigen ihr jetzt noch Tränen in die Augen. Sie hatte die beiden hilflosen Menschen wie Vater und Mutter geliebt.

Die zwei Menschen lebten, nach den Schilderungen Erikas, in einem sehr heruntergekommenen Haushalt.

Erika L. brachte innerhalb kurzer Zeit Ordnung in den Haushalt, und vor allem pflegte sie die beiden vernachlässigten alten Menschen mit großem Einsatz. Die Hausärztin, die das alte Ehepaar medizinisch betreute, wollte aufgrund der schlimmen hygienischen Zustände die Betreuung abbrechen. Erst durch die Arbeit Erikas wurde für sie eine medizinische Therapie wieder sinnvoll. Die Situation besserte sich derart, daß der Vater der Hausärztin, der diese Patienten früher betreut hatte, anläßlich eines Besuches meinte, seine alten Patienten nicht wiederzuerkennen. Solche Aussagen empfindet Erika L. als großes Lob und Anerkennung.

Die beiden Menschen schlossen Erika bald ins Herz. Sie kam täglich vier Stunden ins Haus und bewältigte den ganzen Haushalt. Sie wusch die Wäsche, bügelte sie, räumte zusammen, kochte und pflegte die alte Frau und den alten Herrn. Wenn sie zur Tür hereinkam, wollte die alte Frau ihr „Engerl", wie sie Erika bezeichnete, immer gleich abbusseln, aber Erika mußte sich gegen diesen stürmischen Empfang ab und zu zur Wehr setzen, sie sagte: „Zuerst tun wir die schmutzigen Finger und das Gesicht von den Kotspuren befreien und alles schön abwaschen und dann darfst mich abbusseln, Mutter."

Zuerst starb die Frau und vor kurzem auch der alte Mann. Erika L. ist immer noch mit den Verstorbenen verbunden. „Es sind so liebe Menschen gewesen", sagt sie, und es läßt sich unschwer erkennen, daß Erika L. von der Betreuung dieser alten Menschen ebenso profitiert hat wie umgekehrt.

Die Verwandten hätten sie zwar unterstützt, aber anschauen hätten sie sich nicht lassen. Sie war die Haushälterin und schupfte den Laden ganz allein.

Nach einem längeren Spitalsaufenthalt hat der Sohn überraschend einen Antrag auf Einweisung in ein Pflegeheim gemacht.

„Ich sage Ihnen, das war ein solcher Schock für mich und vor allem für den Vati, daß er daran zerbrochen ist. Ich hatte einen solchen Zorn auf den Sohn, daß er ihn ins Pflegeheim abgeschoben hat, das kann ich Ihnen gar nicht sagen. Ich wußte genau, daß sich der Vati in einer fremden Umgebung nicht mehr zurechtfindet. Er hat dann nichts mehr gegessen und ist dann innerhalb von zwei Wochen verstorben. Dem Sohn habe ich beim Begräbnis gesagt, daß er seinen Vater umgebracht hat. Im Heim habe ich den Vati nicht besucht, ich hätte nicht gewußt, was ich da tun hätte sollen, mir hätte es nur das Herz gebrochen. Ich fühlte mich ohnmächtig und war einfach nicht in der Lage, mitansehen zu müssen, wie der Vati dort verkommt. Wenn man zehn Jahre zusammen war und sich so gut kennt, entsteht schon eine enge Beziehung. Ich habe die beiden von Anfang an in mein Herz geschlossen, und ich habe wirklich alles daran gesetzt, um ihnen die letzten Lebensjahre so schön wie möglich zu machen.

Einen Psycho-Einsatz hatte ich auch. 26 Heimhelferinnen hatte diese Frau schon verbraucht. Alle sind gegangen, weil sie es nicht lange mit ihr ausgehalten haben. Der Sohn war schon ganz verzweifelt, er bat mich, auszuhalten und zu bleiben. Diese alte Dame hatte einen Klotick. Jede Minute wollte sie auf den Leibstuhl sitzen. Dabei brüllte sie laut drauflos wie ein trotziges Kind. Ich habe dann immer auf die Uhr geschaut, und erst wenn zehn Minuten vorbei gewesen sind, habe ich sie auf den Stuhl gesetzt. Sie hat anfangs laut geschrien und mich ordinärst beschimpft. Das habe ich nicht ausgehalten. Ich habe ihr gesagt, daß ich jetzt hinaus ins Stiegenhaus gehen werde und dort eine rauchen werde und erst wieder zurückkomme, wenn sie mit dem hysterischen Schreien aufhört. Der Sohn war damit einverstanden. Nach und nach hat sie mit dem Schreien aufgehört. Irgendwie hat diese Frau meine resche Art gebraucht, und zum Schluß waren wir ein Herz und eine Seele. Sie erzählte mir dann auch aus ihrem Leben, und dann habe ich auch verstehen können, warum sie so geworden ist. Es freut einen schon, wenn man es schafft, einem Menschen Vertrauen zu geben und ein gutes Einvernehmen zu erzielen.

Die Arbeit als Heimhelferin möchte ich nicht missen. Es ist eine schöne und vor allem sinnvolle Tätigkeit. Die Arbeit macht mir Freude, und der Schmutz macht mir nichts aus. Ich putze den Kot weg, ich wasche den Dreck weg. Ich sage mir immer, daß die Leute das ja nicht absichtlich tun. Die können ja nichts dafür, daß sie den Harn nicht mehr zurückhalten können und ihnen auch mal was in die Hose oder daneben geht. Sie sind so dankbar, wenn sie sich wieder wie ein Mensch fühlen können. Ärgerlich ist nur, wenn sie absichtlich Dreck machen und mir so das Leben schwer machen. Aber solche Fälle kommen zum Glück nicht so oft vor.

Einmal bin ich an einem Sonntag daheim angerufen worden. Die Schwester einer Patientin war am Apparat. Sie hat mich gebeten, zu ihr zu kommen, denn sie habe das Gefühl, daß ihre Schwester sterben würde. Ich bin hin und bin ans Bett gegangen und habe vier Stunden dort verbracht. Auf einmal hat sie einen tiefen Atemzug gemacht, und es war dann aus. Die Verwandten waren draußen in der Küche versammelt. Die haben sich im Hintergrund gehalten.

Später mußte ich dort dann auch die Schwester pflegen. Sie hat in der Firma ausdrücklich nach mir verlangt.

Die Nichte hat dann an die Firma geschrieben, daß sie sich herzlich bedankt, daß ich ihre beiden Tanten so gut betreut habe. Die Chefin hat diesen netten Brief bei der Weihnachtsfeier vorgelesen. Solche Sachen freuen mich, es wird die Arbeit anerkannt und Lob ausgesprochen. In der Fabrik, wo ich Feuerzeuge im Akkord zusammenbauen mußte, hat es nie Lob gegeben."

Nach der langen Mittagspause fahren wir wieder zur 94jährigen Frau in ihrem windschiefen und zugigen Gartenhäuschen.

Nach diesem letzten Einsatz fährt die Heimhelferin nach Hause. Ihre Arbeitsschürze wäscht sie durch und hängt sie zum Trocknen über den Heizkörper. In der Früh vor dem Weggehen wird sie ihre Arbeitskleidung bügeln. Während dem Nachhausefahren überlegt sie sich, was sie den Kindern und ihrem Mann kochen wird. Irgendwas werde ihr schon einfallen, sagt sie. Daheim geht die Arbeit jedenfalls weiter.

Zusammenfassung

Der spannende Bericht dieser Heimhelferin enthält in komprimierter Form alle Höhen und Tiefen, die diese wichtige Betreuungsarbeit mit sich bringt. Deutlich kommen die Arbeitsbedingungen zum Ausdruck. Die unterbrochenen Dienste, die immer wieder ein Herumsitzen in Gasthäusern erfordern, wenn der Weg nach Hause zu weit ist. Die persönliche Nähe zu den Klienten spielt ebenfalls eine wichtige Rolle. Bei Problemen kommt es zu Anrufen am Abend, am Wochenende, immer. Eine Heimhelferin gehört oft schon zur Familie, sie wird weiterempfohlen. Die Bindung zur Heimhelferin wird oft so eng, daß die Betreuung weit über die normale Dienstzeit hinausgeht.

Erschütternd ist das Verhalten der Angehörigen, die sich oft weitaus weniger für ihre hilfsbedürftigen Verwandten einsetzen, wie ein Sohn seine Mutter vernachlässigt und nur minimale Dienste anfordert, um mehr aus dem Pflegegeld für eigene Interessen zu verwenden, wie er die Arbeitszeit der Heimhelferinnen kontrolliert und den Schmutzwäschehaufen durchstöbert, um einige Schilling weniger für den Wäschedienst ausgeben zu müssen. Wie ein anderer Sohn nichts unversucht läßt, um seinen Vater endlich in einem Pflegeheim unterzubringen. Das sind Stoffe aus dem Genre von Kriminalromanen. Für die Heimhelferin ist es wiederum schmeichelhaft, daß sie eine engere Beziehung zu den alten Pflegebedürftigen aufbauen kann als deren Kinder.

Typisch ist auch der Werdegang dieser Heimhelferin. Sie wollte Krankenschwester werden, was aber aus mangelnder Unterstützung nicht möglich gewesen ist. Sie ging ins Gastgewerbe, sammelte dort erste Arbeitserfahrungen und begann schließlich ihre Arbeit als Heimhelferin, die sie gern macht. Diese Arbeit wird ihr einmal fehlen, sagt sie.

Sie lernt die ganze Palette menschlichen Verhaltens kennen, sie hat die ungeliebten „psychischen Fälle“. An ihrem Beispiel zeigt sich, welche großartigen therapeutischen Leistungen Heimhelferinnen zuwege bringen können. Solche Erfolgserlebnisse beflügeln die Arbeit.

Besonders eindrucksvoll schildert die Heimhelferin die Sterbebegleitung. Sie wird an einem Sonntag von den hilflosen Angehörigen an das Bett einer sterbenden Klientin geholt. Die Angehörigen halten sich draußen in der Küche oder im Wohnzimmer auf, und die Heimhelferin wischt der Sterbenden die Stirn ab, hält ihre Hand und ist bis zum letzten Augenblick bei ihr. Diese rührende Szene offenbart die engen persönlichen Bindungen, die bei dieser Arbeit entstehen können. Für sie ist das die richtige Art, mit alten hilfsbedürftigen Menschen umzugehen, und sie hofft, „ daß sich für mich auch einmal eine solche Dumme wie ich findet“. Damit drückt sie aus, daß sie trotz aller beruflichen Nachteile, den schlechten Arbeitszeiten und dem niedrigen Verdienst, den schlechten Erfahrungen mit Angehörigen und den zum Teil wirklich unappetitlichen Zuständen in den Wohnungen, immer den Menschen in den Mittelpunkt ihrer Arbeit stellt. Ohne besondere Schulung nimmt sie die alten Menschen ernst und versucht, ihnen wirklich eine gute Betreuung zu bieten. Dreck und Schmutz machen ihr nichts aus, denn wer weiß, wie wir uns einmal im hohem Alter verhalten, wenn nicht nur die Blase, sondern auch das Gefühl inkontinent wird.

Die Bezahlung ihrer Arbeit ist eine Seite der Anerkennung, die höher ausfallen könnte, aber das Lob, das sie von den Angehörigen bekommt, die vielen Busserln, die ihr die Pflegebedürftigen auf die Wange drücken, ist die andere Seite. 94 Schilling brutto bekommt sie für ihre Einsätze, aber das Lob muß sie sich hart erarbeiten.

Lob können sie wirklich alle brauchen – die abschätzig als „Bedienerinnen“ angesehenen Heimhelferinnen, denn mit ihrer pflegerischen Arbeit stehen sie den geschulten Pflegepersonen, die auf Pflegestationen ihren Dienst versehen, um nichts nach. Nur in puncto Einkommen haben sie ein Nachsehen und in puncto regelmäßiger Arbeitszeiten, so daß sie unter weit ungünstigeren Bedingungen einen psychisch wie körperlich anstrengenden Berufsalltag zu bewältigen haben. Sie setzen sich oft gegen den Wunsch von Angehörigen dafür ein, daß pflegebedürftige Menschen daheim, in der vertrauten Umgebung, ihr Leben beenden können und nicht in Pflegestationen. Eines ist klar: Ohne ambulante Dienste könnten viele Familien die Last der Pflege zu Hause nicht bewältigen. Mit Busserln allein ist noch wenig gewonnen, wenn nicht auch Arbeitsbedingungen geschaffen werden, die diese wichtige Hauskrankenhilfe attraktiver machen.

Auch die Arbeitsbedingungen von Hauskrankenschwestern können einem Vergleich mit ihren Kolleginnen im stationären Bereich nicht standhalten. Das Improvisieren unter unhygienischen Zuständen, das Abspulen vieler Kilometer mit dem Pkw, die unregelmäßigen Dienste bei geringerer Bezahlung machen diese Art der Berufsausübung nicht gerade attraktiv. So nimmt es nicht wunder, daß im ambulanten Bereich diplomierte Pflegepersonen fehlen.

Das Pflegegeld führte zu einer spürbaren Veränderung. Vor allem soziale Dienste leiden unter einem sparsamen Umgang Pflegebedürftiger mit dem Pflegegeld zur Bezahlung und Anforderung von professionellen sozialen Diensten und Hilfestellungen. Die Nachfrage nach kostengünstigen privaten Helferinnen aus den ehemaligen Ostblockländern ist groß. Die Selbstbestimmtheit führt zu besonderen Problemen, wenn die Angehörigen unter dem Gesichtspunkt der „Sparsamkeit“ den Betreuungsbedarf bestimmen. Die Überwachung und Kontrolle der Tätigkeit von Heimhelferinnen macht die Arbeit um einiges härter und schwieriger als vor Einführung des Bundespflegegeldgesetzes. Zum Reden bleibt auch im ambulanten Bereich vielfach keine Zeit mehr und der dramatische Rückgang von Besuchsdiensten zeigt deutlich, daß die Qualität der Betreuung zu Hause dem Kostendenken geopfert wird.

Das Bundespflegegeldgesetz, das die Intention verfolgt, den Pflegebedürftigen eine Pflege daheim zu ermöglichen, geht ins Leere, wenn nicht auch gleichzeitig die ambulanten Dienste eine massive Aufwertung erfahren. Wie mangelhaft die ambulante Versorgung ausgebaut ist, zeigt sich besonders deutlich dann, wenn Angehörige, die eine Pflegebetreuung nicht oder nicht mehr länger übernehmen können, lieber weit entfernte Plätze in Pflegeheimen suchen, als die Betreuung daheim vermehrt einem ambulanten Betreuungsteam zu überlassen. Entweder mühen sich die Angehörigen bei der Pflege bis zur Erschöpfung ab, oder sie überantworten die Betreuung einer Pflegestation, ein Dazwischen gibt es kaum.

Oft kümmert sich auch ein engagiertes ambulantes Team um alleinstehende Pflegebedürftige, doch wenn vermehrt eine Hilfe der distanzierten Angehörigen gefragt ist, weil die Pflegebedürftigen immer hinfälliger werden und auch in den Nachtstunden nicht mehr ohne Aufsicht sein können, sind die Grenzen der ambulanten Betreuung bald erreicht.

Eine Pflege daheim funktioniert dort gut, wo Heimhelferinnen und Hauskrankenschwestern tatkräftig die Angehörigen, die auch berufstätig sein können, bei der Pflege unterstützen, doch wenn Angehörige keine Pflegearbeit leisten, führt eine solche Pflegesituation meist in eine ungeliebte Pflegestation als Endstation.

Urlauberbetten und Tageszentren erleichtern es ebenfalls, eine Betreuung daheim aufrechtzuerhalten. Frauen, die für zwei Wochen in ein Bad auf Erholung gehen müssen, weil sie den seelischen und körperlichen Belastungen, die aus der Pflege resultieren, nicht mehr gewachsen sind, pflegende Angehörige, die besorgniserregende Blutdruckwerte haben, zeigen, wie schwierig es ist, ein richtiges Maß an Betreuung und Unterstützung bei gleichzeitiger Schonung der eigenen Kräfte und Möglichkeiten zu finden. Ambulante Dienste und Tagesstrukturen können dabei wertvolle Hilfe leisten, es gilt, diese zu nutzen, wo sie vorhanden sind und sie massiv einzufordern, wo sie fehlen.

Die Arbeit als Sanitäter

Zum Abschluß dieser Untersuchung über die Berufssituation von Pflegepersonen im stationären und ambulanten Bereich möchte ich noch als dritte Berufsgruppe die Arbeit der Sanitäter einer kurzen, deswegen aber nicht weniger wichtigen Analyse unterziehen. Über einhundert Ausfahrten ermöglichten es mir, einen guten Einblick in die Tätigkeit von Sanitätern zu bekommen. Die jeweils zwölf Stunden dauernden Einsätze, sei es am Tag oder in der Nacht, vermittelten mir interessante Einsichten sowohl in spezielle Probleme der Pflegesituationen als auch in die Arbeitssituation von Männern, die jahraus, jahrein mit Krankenwagen unterwegs sind, um hilfsbedürftige Patientinnen und Patienten in die Ambulanz zu bringen und wieder abzuholen. Oft muß mit Blaulicht gefahren werden, um rechtzeitig die Notaufnahme eines Krankenhauses zu erreichen. Die Rettungsfahrer verfügen über sehr gute Ortskenntnisse, dennoch sind auch sie nicht vor Fehlern im Straßenverkehr gefeit. Im Vergleich zu den zurückgelegten Kilometern passiert allerdings selten ein Unfall, was wiederum auf eine perfekte Beherrschung des Rettungswagens und auf eine hohe Professionalität der Fahrer hinweist. Rettungsfahrer sind in Sachen Erste Hilfe echte Profis, aber dennoch ist nicht ihr Erste-Hilfe-Können anerkannt, sondern lediglich das Lenken des Rettungsautos. Arbeitsrechtlich gelten sie als Pkw-Lenker. Die wichtige Zusatzausbildung „Sanitäter“ wird geflissentlich übersehen.

„49 fährt aus“ – Nachtdienst

Knapp vor 19 Uhr treffe ich in der Rettungszentrale ein. Dem Dienstzettel entnehme ich, daß ich diesmal dem 49er Auto als zweiter Sanitäter zugeteilt bin. Der erste Sanitäter ist ein Zivildiener, der der Meinung ist, daß zahlreiche Vereine, die im Sozial- und Gesundheitsbereich tätig sind, weit weniger zu leisten imstande wären, würden sie nicht durch die günstigen Zivildiener konsequent unterstützt.

Der erfahrene Rettungsmann stimmt dem durchaus zu, obgleich er meint, daß es früher mit zwei hauptamtlichen Leuten im Wagen lustiger gewesen sei, aber dann sei dieser neue Manager gekommen. Der sei so ekelig gewesen, daß viele seiner Kollegen das Handtuch geworfen hätten und weggegangen seien. Ein Freund von ihm sei zur städtischen Müllentsorgung gegangen, und er selbst sei auch schon auf dem Sprung dorthin gewesen, habe aber gerade noch lang genug Atem gehabt, um den neuen Manager in der Rettungsgesellschaft zu überdauern, bis dieser in Pension gegangen sei. „Die Zivildiener können im Ernstfall keinen erfahrenen Sanitäter ersetzen", meint der Fahrer. Jetzt sei die Arbeit viel hektischer geworden und dadurch auch anstrengender. Was soll er jetzt mit seinen 50 Jahren machen? Wenn er hier wegginge, fände er nirgendwo mehr einen Job. Sein Kreuz sei noch nicht ganz ruiniert, aber richtig belastbar sei es schon Jahre nicht mehr. In der Zentrale vor dem Bildschirm zu hocken und die Aufträge entgegenzunehmen und die Einsatzwagen zu disponieren, wie es andere ältere Kollegen tun, entspräche nicht seiner Neigung.

Der Zivildiener rechnet dem Rettungsfahrer vor, daß die Firma durch den Personalstand von 100 hauptamtlichen Sanitätern gegenüber 140 Zivildienern nicht einmal die Hälfte des derzeitigen Umsatzes von rund 800 000 Ausfahrten pro Jahr bewältigen könnte. Der Fahrer stimmt dem zu, aber ihm selbst sei ja damit nicht geholfen, wenn die Ausfahrten zunehmen, im Gegenteil, er hätte jetzt als alter Fahrer mit seinen Gelenksschmerzen mehr zu arbeiten als in jungen Jahren. Von den vielen Ausfahrten könne er sich außer einer Prämie am Ende des Jahres nichts holen.

Während die beiden Männer diese Umstände besprechen, fahren wir zu unserem ersten Einsatz. Vom Unfallkrankenhaus bringen wir eine leicht verletzte aber schwer geschockte Frau um die 60 nach Hause in ihre Wohnung. Ihre Tochter begleitet sie. Eigentlich wäre sie heute wie jeden Tag allein mit ihrem eigenen Pkw nach Hause gekommen, aber durch eine kleine Unachtsamkeit sei sie unmittelbar vor dem Herannahen einer schweren Straßenbahngarnitur links abgebogen, wurde seitlich gerammt und höchst unsanft auf die Gegenfahrbahn katapultiert. Kollegen vom Notarztwagen haben sie ins Spital zur Beobachtung gebracht, und jetzt nach zwei Stunden fährt sie mit uns im Krankentransportwagen nach Hause. Später sehen wir anhand des Wracks, das in der Nähe des Unfallortes abgestellt ist, wieviel Glück diese Lenkerin hatte, die an die vierzig Jahre unfallfrei unterwegs gewesen war.

Nach dem ersten einstündigen Einsatz werden wir über Funk aufgefordert „einzurücken", wie das Zurückfahren in die Zentrale heißt. Im Aufenthaltsraum bilden die beiden Tische in der Nähe des Getränke- und Kaffeeautomaten eine gewisse Anziehungskraft.

Hier stehen die Rettungsfahrer in einer wirtshausähnlichen Atmosphäre beisammen, allerdings mit dem Unterschied, daß hier kein Alkohol getrunken wird. Natürlich fehlt auch nicht der blaue Dunst, der manchmal so arg ist, daß sich der Brandmelder einschaltet und Alarm auslöst.

„Einen Billardtisch oder zumindest einen Wutzler hätte uns die Firma schon reinstellen können", meint ein Sanitäter und beschwert sich so über die öde Ausstattung des Pausenraumes, denn außer einem Fernseher gibt es nur ein Schachspiel und die Möglichkeit, Karten zu spielen. Im zweiten Nichtraucheraufenthaltsraum gibt es einen weiteren Fernseher, obwohl dort sogar einen Tischtennistisch Platz hätte. Einige Kollegen nehmen sich von zu Hause Videospiele mit und veranstalten über Joysticks regelrechte Fußballturniere.

Kaum haben wir uns in ein spannendes Schachspiel vertieft, kommt der Auftrag über Lautsprecher: „49 fährt aus". Die Kollegen, die noch ein wenig Schonfrist haben, rufen schadenfroh: „Auf Wiedersehen". Wir räumen also unsere Schachfiguren weg und schlendern in Ruhe zum Auto. Über Datenfunk kommt der Auftrag, ins Allgemeine Krankenhaus zu fahren und einen Heimtransport zu machen.

Ein älteres Ehepaar erwartet uns. Im Wagen erzählen sie von ihrem Glück bzw. Unglück. Beide fühlten sich heute Nachmittag plötzlich schwindelig und verspürten ein großes Unwohlsein und Unbehagen. Zuerst tippten sie aufs Essen, sie dachten an eine Lebensmittelvergiftung und riefen deshalb den Arzt an. Als dieser kam, lagen beide schon halb benommen am Boden. Die Rettung brachte sie schnell in die Notaufnahme des AKH, und so konnten beide gerettet werden. Da es an diesem Tag eisig kalt war, drehte sie die Gasetagenheizung voll auf. Wegen eines schadhaften Gerätes muß es zu einem unbemerkten Ausströmen von Gas gekommen sein. Jetzt, nach fünf Stunden Aufenthalt in der Notfallaufnahmestation werden sie von uns wieder in ihre gelüftete Wohnung gebracht. Die etwa 60jährige Frau weigert sich, von uns ins Haus getragen zu werden. Sie hüpft barfüßig über einen Haufen Split und über den eiskalten Gehsteig und verschwindet schnell im Hauseingang.

Nach diesem Auftrag heißt es wieder: „Bitte einrücken". Dieser Aufforderung kommen wir gerne nach, zumal Mitternacht schon vorüber ist. In der Zentrale sehen wir, daß die anderen Wagen unterwegs sind und wir den nächsten Auftrag bekommen werden. Da es ein wenig dauert, beschließen wir dennoch, uns aufs Ohr zu legen.

Jeder Mannschaft steht ein Drei-Bett-Zimmer zur Verfügung. Für Frauen, die Nachtdienst machen, gibt es ein eigenes Frauenschlafzimmer. Wir ziehen uns aus, legen uns hin, und das Bett ist noch nicht angewärmt heißt es wieder: „49 fährt aus". Das Anziehen nimmt eine gewisse Zeit in Anspruch, wir erreichen das Auto, melden uns einsatzbereit und schon rattert der Schreiber drauflos und gibt die Meldung „Partus blau" durch.

Mit Blaulicht kommt man in der Nacht sehr gut voran. Wir erreichen die Adresse im 4. Bezirk ohne Probleme. Nehmen gleich, um keine Zeit zu verlieren, die Liege mit und das erweist sich als richtige Entscheidung, denn die schwangere Frau hatte schon den Blasensprung, und die Wehen kommen bereits alle vier Minuten. Alles Gründe, um mit der kurz vor der Geburt stehenden Frau sowohl vorsichtig, aber auch recht zielstrebig ins Auto und in die Entbindungsstation zu kommen. Das Stiegenhaus erweist sich als reichlich eng und verwinkelt, und wir tragen schwer an der hochschwangeren Frau. Der werdende Vater ist nervöser als seine Frau. Ohne uns zu fragen, ob er mit uns im Auto mitfahren kann, was kein Problem gewesen wäre, startet er sein Auto und setzt sich uns auf die Fersen. Bei Kreuzungen entsteht dadurch besondere Gefahr, denn unser Fahrer muß beim Überqueren einer Kreuzung bei Rot für den Pkw-Fahrer mitdenken, damit es keinen Unfall gibt. Zum Glück geht alles gut, und wir erreichen rechtzeitig vor der Geburt die Klinik und können alles weitere der Hebamme überlassen. Sie fragt nach dem Blasensprung und nach den Intervallen der Wehen und meint dann unbekümmert: „Aha, es fehlt also nur noch das Kind", und ab geht es in den Kreissaal.

Um 2 Uhr früh treffen wir wieder in der Zentrale ein und rechnen jetzt fest damit, zumindest zwei Stunden schlafen zu können. Doch kaum haben wir die Augen zugemacht, werden wir schon wieder geweckt, zuerst geht das Licht an, und dann kommt die Aufforderung auszufahren. Wieder ist es ein Einsatz mit Blaulicht. In einer Wohnung im 14. Bezirk treffen wir einen stark schwitzenden zirka 70jährigen Mann und eine sehr nervöse Frau an. Die Frau erzählt von ihrer schlaflosen Nacht. Bereits um 22 Uhr hätte sie den Arzt verständigt, doch der sei erst gegen 2 Uhr gekommen. Diese große und ungewöhnliche Verspätung kam zustande, weil der Arzt die falsche Adresse notiert habe. Als er dann endlich kam, habe er die sofortige Einlieferung in ein Spital angeordnet. Seit der Bestellung eines Krankentransportwagens seien weitere zwei Stunden vergangen. Der Patient ist schweißgebadet, und er hat ständig das Gefühl, urinieren zu müssen, aber es kommen immer nur ein paar Tropfen. Die Frau hatte genügend Zeit, alles einzupacken, was für einen längeren Spitalsaufenthalt vonnöten sein kann. Sie fährt mit ins Spital und verzichtet somit auf den Schlaf, der ihr in diesem übermüdeten Zustand sehr gut tun würde. In einer chirurgischen Abteilung können wir den Patienten unterbringen und dem Facharzt, der nach unserem Eintreffen von der Schwester erst geweckt werden muß, überlassen.

Um 5 Uhr früh kommen wir in die Zentrale zurück, und es stellt sich für uns die Frage, ob wir eine weitere Schlafrunde bis halb sieben Uhr einlegen sollen oder nicht. Doch es wird schon wieder eine Ausfahrt verlangt. Diesmal kommen wir in ein Pensionistenheim. Mit Blaulicht rasen wir dorthin. Eine Altenbetreuerin geleitet uns in ein Zimmer einer Heimbewohnerin, die sehr stark aus der Nase blutet. Die alte Frau hat gar keine Lust, mit uns mitzukommen. Sie gibt an, daß es jetzt eh nicht mehr so schlimm sei. Wir aber müssen sie überreden, daß man das sofort anschauen lassen muß, und so zieht sie doch ihren Mantel über und nimmt ihre Tasche mit und den Schlüssel fürs Zimmer. Die Schwester, die in der Nacht allein im Haus beschäftigt ist, kann uns keine Blutdruckwerte nennen, und auch wir messen jetzt keinen Blutdruck mehr, um nicht unnötig Zeit zu verlieren, sondern bringen sie im Rollsessel auf schnellstem Weg zum Auto und dann geht es ab in das neue Allgemeine Krankenhaus. Die Patientin will nicht in dieses, wie sie sagt „verwunschene Schloß“. Aber es nützt nichts, denn in der Notfallambulanz wird sie auch zu dieser Morgenstunde übernommen und einer eingehenden Untersuchung unterzogen.

Die alte Frau wohnt bereits dreieinhalb Jahre im Pensionistenheim. Sie kann nicht verstehen, warum sie so lange leben muß. Wir müssen sie zweifelnd und mit sichtlichem Unbehagen der ärztlichen Betreuung überlassen.

Nach dieser letzten Ausfahrt können wir Bilanz ziehen. Wir haben rund einhundert Nachtkilometer verfahren und insgesamt fünf Ausfahrten absolviert. Der Schlaf ist viel zu kurz gekommen, und darüber ärgert sich vor allem unser ältester Kollege, der diesen hohen Einsatz von früher nicht kennt. An Trinkgeld haben wir sechshundert Schilling eingenommen, das jetzt gedrittelt wird. Die Fahrtberichte werden ordentlich in eine dafür vorgesehene Ablage gelegt und das Auto so geputzt, daß auch der Tagdienst ein sauberes Rettungsauto vorfindet, es ist nur oberflächlich sauber, denn auf eine Reinigung mit dem stinkenden Desinfektionsmittel wird heute früh verzichtet. In einer Gebärklinik kam es höchstwahrscheinlich zur Geburt neuen Lebens, und in einer chirurgischen Abteilung diagnostizieren Ärzte womöglich eine todbringende Krankheit.

Die Beschreibung dieses Nachtdienstes veranschaulicht, wie es beim Krankentransport zugeht. Im Unterschied zum Tagdienst, der kaum einmal Pausen zuläßt, kommt es während eines Nachtdienstes doch zu gemütlichen Momenten. Die Kollegen können miteinander plaudern, Erfahrungen austauschen, spielen und, wenn sie Glück haben, sogar einige Stunden schlafen.

Tagsüber sind die Fahrer angehalten, von einem Krankenhaus zum nächsten und dort von einer Abteilung zur anderen zu rasen. In diesem Beruf hat man es immer mit Wartenden zu tun. Die Patienten warten in den Wohnungen und Stiegenhäusern auf die Sanitäter, um ins Spital gebracht zu werden und sie warten dann wieder in den Warteräumen der Spitäler auf den Heimtransport. Im Wissen, diese Wartenden nicht zu lange sitzen zu lassen, stehen Sanitäter im Dienst immer unter Zeitdruck. Nicht nur die Patientinnen und Patienten warten, auch die Einsatzzentrale wartet auf das Signal „einsatzbereit“, um den nächsten Transport in Auftrag zu geben. Je mehr Aufträge an einem Tag bewältigt werden, umso höher der Umsatz des Unternehmens.

Arbeitszeit und Entlohnung

Auch im Rettungswesen gibt es Dienstzeiten rund um die Uhr und bestimmte Diensteinteilungen. Während der Nacht, aber auch am Tag, gibt es zwölfstündige Einsätze. Die erfahrensten Sanitäter und Sanitäterinnen bilden gemeinsam mit einem Arzt das Notarztwagenteam, das rund um die Uhr im Einsatz steht und sich im 12-Stunden-Rhythmus ablöst.

Im Krankentransport gibt es das sogenannte B-Radl und das C-Radl. Das C-Radl kennt nur verschiedene Tagdienste, und zwar entweder von der Früh bis knapp nach Mittag oder vom späten Vormittag bis zum Abend.

Das B-Radl ist eine Kombination aus A- und C-Radldienst, es gibt 12-Stunden-Dienste am Tag, aber auch den Kurzdienst und den Nachtdienst. Wegen seines abwechslungsreichen Charakters ist dieser Dienst recht beliebt, denn es kommt immer wieder zu freien Tagen.

Das Einkommen bewegt sich für Sanitäter je nach Dienstjahren bei rund 20 000 Schilling. Dazu kommen noch Trinkgelder, die in diesem Geschäft ziemlich verbreitet sind. Diese Trinkgelder decken immerhin zumeist ein warmes Essen in einem Gasthaus ab. Eine Jahresprämie in Höhe eines etwa doppelten Monatsgehaltes versüßt noch den Lohn für die schwere Arbeit, wenn eine hohe Jahresauslastung erzielt wurde und der einzelne Fahrer nicht länger als eine Woche krank war.

Sanitäter: Pkw-Lenker mit Erste-Hilfe-Kurs

Das größte Problem im Krankentransport ist die Nichtanerkennung des Sanitäters als Beruf und der damit fehlende Berufsschutz. Ein Krankenwagenfahrer zählt als Pkw-Chauffeur mit Erste-Hilfe-Ausbildung. Daß neben dem versierten Umgang mit dem Rettungsfahrzeug noch eine spezielle Ausbildung als Sanitäter dazukommt, was die Grundvoraussetzung für jede verantwortungsvolle Arbeit im Rettungswesen ist, wird hier glatt übersehen. Eine alte Forderung bleibt daher die Anerkennung des Sanitäters als eigenen Beruf. Es geht also darum, einen Unterschied zwischen dem Lenken eines Güterlastwagens im Vergleich zu einem Notarztwagen zu sehen und diesen gesetzlich anzuerkennen.

Ein 50jähriger Fahrer, der arbeitslos wird, könnte vom Arbeitsamt eine beliebige Stelle als Nachtwächter oder Chauffeur zugewiesen bekommen. Ein Anrecht auf eine adäquate Berufsausübung mit einem entsprechenden Verdienst gibt es nicht.

Darüber hinaus hätten viele langjährige Rettungsfahrer mit ihren lädierten Rückenwirbeln die Möglichkeit, beruflich bedingt als invalid eingestuft zu werden oder Kuraufenthalte in Anspruch zu nehmen. Kurzum, ihre arbeitsrechtliche Absicherung wäre größer.

Die Reduktion ihrer Tätigkeit auf die eines Chauffeurs mit Zusatzausbildung wird der Arbeit der Sanitäter keineswegs gerecht, denn eine unsachgemäße Erste-Hilfe-Leistung, eine falsche Lagerung, ein falscher Handgriff, kann bei den Patienten zu schwerwiegenden gesundheitlichen Auswirkungen führen. Vor allem die Arbeit in einem Notarztwagen verlangt große medizinische Kenntnisse, die denjenigen einer diplomierten Krankenschwester um nichts nachstehen. Ein Notarztwagen ist sozusagen eine Intensivstation auf Rädern, im Notfall gilt es hier, dem Arzt als versierter Assistent zur Seite zu stehen. Im Unterschied zu den eher klinischen Verhältnissen in den Spitälern und Notfallambulanzen müssen die lebenserhaltenden Sofortmaßnahmen im Rettungsdienst direkt an Ort und

Stelle eines Unfalles durchgeführt werden. Es kann dabei gerade regnen, schneien oder andere störende Einflüsse geben.

Die Arbeit des Sanitäters hat nicht nur, was die medizinischen Sachkenntnisse und das Pflegewissen anlangt, große Ähnlichkeit mit den geschulten Pflegepersonen in Spitälern und Pflegeheimen, sondern auch eine idente Aufgabenstellung im Umgang mit pflegebedürftigen Menschen. Sanitäter sind während ihres Einsatzes in der „Intensivstation" genauso beschäftigt wie in der „Geburtsklinik" und in der „Pflegestation". Im Unterschied zu stationären Pflegepersonen verlangt die Arbeit des Sanitäters ein flexibles Wechseln von einer „Station" zur nächsten. Einmal ist es ein verunglücktes Mädchen, das richtig betreut werden muß, dann handelt es sich wieder um einen Menschen mit Herzstillstand, der reanimiert werden muß und dann ist es eine Geburt, die wieder einmal in der Wohnung oder sogar direkt im Rettungsauto passiert. Verwirrte Menschen, Patienten mit psychischen Krankheiten, alte pflegebedürftige Menschen oder solche, die unter Alkohol- oder Drogenabhängigkeit leiden, komplettieren den großen Kundenkreis, mit denen Sanitäter und Sanitäterinnen in ihrer Berufsausübung konfrontiert werden.

Rettungsmannschaften sind tagtäglich in irgendeiner Form mit Not, Krankheit oder Tod konfrontiert. Wie sollen diese wenig erfreulichen Alltagserlebnisse bewältigt werden? Wieweit läßt man die verschiedenen Gäste im Auto an sich heran? Auch das sind Fragen und Probleme, die allen Krankenpflegeberufen gemeinsam sind. So konnte ich gerade diesbezüglich sehr viele Ähnlichkeiten im Verhalten zwischen einer Krankenschwester einer internen Station und einem Sanitäter im Rettungsauto feststellen. Über beiden Tätigkeiten hängt das Damoklesschwert des Burn-out-Syndroms.

Zusammenfassung

Bezüglich der Arbeitsbedingungen von Rettungsmannschaften lassen sich zahlreiche Situationen anführen, die die eben angestellten Überlegungen unterstreichen. Sanitäter fühlen sich in einer beruflichen Sackgasse, denn es gibt kaum Aufstiegsmöglichkeiten. Die Perspektivlosigkeit dieses Berufes, gepaart mit wenig erfreulichen Erlebnissen in Ausübung der Tätigkeit führt zu einem häufigen Abwandern in andere Berufe.

Auf die besondere Bedeutung des günstigen Personals aus dem Zivildienst wurde im Protokollausschnitt bereits hingewiesen. Medizinstudenten und einige freiwillige Helfer, die sich als Sanitäter einschulen lassen, ergänzen dieses günstige Personal und tragen dazu bei, daß am Ende des Jahres aus dem Krankentransport möglichst hohe Gewinne für die jeweilige Rettungsgesellschaften anfallen. Das Krankentransportwesen sichert im Verein mit Ambulanzeinsätzen, die jedoch nicht so regelmäßig anfallen, einer Rettungsgesellschaft ein fixes Einkommen. Aus betriebswirtschaftlichen Überlegungen heraus gilt es, die Rettungsautos möglichst gut auszulasten und die Personalkosten dabei nicht aus den Augen zu verlieren. Der effiziente Einsatz des Fuhrparks geht nicht nur auf Kosten der Radlager, sondern auch auf Kosten der Sanitäter, die nicht immer mit einer Mittagspause rechnen können. Selbst das Arbeitsende läßt sich nicht sicher vorherbestimmen, denn Verkehrsverhältnisse und ein Transport in letzter Minute vereiteln nicht selten ein pünktliches Arbeitsende.

Verschiedene Rettungsgesellschaften stehen einander in harter Konkurrenz gegenüber, und es gibt einige Hinweise, daß da manche mit unsauberen Methoden nach Krankentransportaufträgen jagen. So wollte sich eine neue Rettungsgesellschaft Aufträge verschaffen, indem sie Stationsschwestern ein Handy zum privaten Gebrauch gab, welches eher doch dazu verwendet werden sollte, für Krankentransporte die Spenderfirma anzurufen.

Insgesamt stellt die Arbeit in einer Rettungsgesellschaft die Mitarbeiter vor eine schwierige Situation. Ihr pflegerisches und medizintechnisches Wissen wird in den Gesundenberufen nicht anerkannt, und ihre Tätigkeit wird auf die eines Pkw-Lenkers mit Zusatzausbildung reduziert. Als ideales Zukunftsszenario stellen sich junge ehrgeizige Sanitäter eine Gleichstellung mit dem diplomierten Krankenhauspersonal vor, die einen Wechsel vom mobilen in einen stationären Dienst ermöglichen könnte und umgekehrt. Das berufliche Betätigungsfeld wäre größer, die berufliche Absicherung wäre ebenfalls gegeben, und insgesamt würde eine gründlichere Qualifikation zu weniger Pannen in Situationen führen, wo es um Leben oder Tod geht.

Die Arbeit der Sanitäter ergänzt recht passend diese Studie. Die Ähnlichkeit der Probleme des Arbeitsalltages aus der Sicht eines Sanitäters mit denjenigen der stationären und ambulanten Pflegepersonen ist geradezu frappierend. Es ist interessant, daß der einzige männerdominierte Arbeitsbereich im Pflegebereich hinsichtlich der Entlohnung einen Spitzenrang einnimmt, obwohl eine vergleichsweise kurze und obendrein nicht anerkannte Berufsausbildung der

Arbeit als Sanitäter zugrundeliegt. Diese Studie kann somit auch die unterschiedliche Wertigkeit von Männerarbeit im Vergleich zu Frauenarbeit benennen. Die anstrengende Arbeit im Sanitätsdienst und die vergleichsweise gute Bezahlung darf keineswegs darüber hinwegtäuschen, daß die Arbeitsleistungen von Pflegepersonen im stationären und ambulanten Bereich weniger wert ist. Im Gegenteil, die mehrheitlich von Frauen geleistete Arbeit erfordert eine längere Ausbildungszeit und braucht von den Anforderungen her den Vergleich mit der Arbeit als Sanitäter nicht scheuen. Übrig bleibt nur eine kaum nachvollziehbare unterschiedliche Bezahlung. Die von mehrheitlich Frauen geleistete Arbeit wird im Vergleich zum einzigen männerdominierten Krankenhelferberuf des Sanitäters zu niedrig entlohnt.

Pflegeheim ade – Eine Studie mit Konsequenzen

Am Ende dieser Forschungsreise durch die Welt von Pflegestationen, ambulanten Diensten und Rettungsgesellschaften soll Bilanz gezogen werden. Von den stationären Pflegepersonen wird eine hohe Arbeitsleistung verlangt, weil sie mit einem vergleichsweise kleinen Betreuungsteam eine Vielzahl von Bedürfnissen alter pflegebedürftiger Menschen befriedigen müssen. Oft kommen sie über die Körperpflege, Essenverabreichung und die Versorgung von Medikamenten nicht hinaus. Pflegepersonen wissen genau, daß die Heimbewohnerinnen und -bewohner mehr als nur geputzt, gewaschen und mit Nahrung versorgt werden wollen, kommen aber aus Zeitnot aufgrund von Personalmangel oft nicht dazu, mehr zu tun. Ab und zu müssen die Pflegerinnen und Pfleger bereits um 2 Uhr in der Früh mit dem Waschen der Bettlägrigen anfangen, um mit der Arbeit halbwegs gut über die Runden kommen zu können.

Das Ergebnis sind Strukturen in Pflegestationen, die es den alten Menschen schwermachen, sich mit der neuen Situation abzufinden. Die zahlreichen Besuche als Sanitäter in Pflegeheimen bestätigen dieses Bild. Immer sehe ich alte Frauen und Männer wortlos in ihren Stühlen sitzen. Selbst die seltenen Besucher vermögen diese Trostlosigkeit nicht zu durchbrechen. Sie sitzen da und schaffen es vielfach nicht, ein Gespräch längere Zeit in Gang zu halten.

Pflegerinnen und Pfleger finden sich dennoch kaum rauchend und Kaffee trinkend in den Dienstzimmern, sondern sie sind immer unterwegs. Sie räumen hier das Geschirr ab, sie wechseln dort die Einlagen, da bringen sie Getränke und Medikamente und tragen das Essen auf, und dann sieht man sie wieder im Bad bei der Arbeit oder sie sitzen über den Pflegeberichten und tragen ein, wer Stuhl hatte, wer wieviel getrunken und dann wieder ausgeschieden hat.

Die Personalknappheit springt in den Pflegeheimen ins Auge. Es gibt zuwenig Pflegerinnen und Pfleger. Nur so kommt es zum Vergessen von Heimbewohnerinnen im Badezimmer, und mitunter zu einem grob fahrlässigen Verhalten gegenüber pflegebedürftigen Menschen auf einzelnen Pflegestationen, und nur so ist es zu erklären, daß die alten Menschen mehr und mehr geistig und körperlich verfallen, weil sie fast keine Ansprache haben und kaum körperliche Übungen machen. Immer noch wird ihrer Biografie viel zuwenig Rechnung getragen, um Anknüpfungspunkte aus ihrem Leben zu finden und dadurch eine Aktivierung ihrer Lebensgeister in die Wege zu leiten.

In kaum einem anderen Berufsfeld klaffen wirklich gutgemeinte Ratschläge und überzeugende Modelle richtiger Betreuung und Pflege alter Menschen soweit mit der Realität auseinander wie in Pflegestationen. Die besten theoretischen Ansätze und wirklich erfolgversprechenden Pflegemodelle scheitern meist an einer nicht zu übersehenden Ressourcenknappheit für unsere alten pflegebedürftigen Menschen.

Die meisten Heimbewohnerinnen und -bewohner wollen lieber daheim in ihrer vertrauten Umgebung sein. Die Pflegeheimatmosphäre liegt ihnen nicht. Unzufriedene Heimbewohner zu betreuen ist jedoch besonders schwierig und belastet wiederum die Pflegerinnen und Pfleger.

Daraus leitet sich die Forderung ab, die stationären Pflegeeinrichtungen zu verkleinern, was die Anzahl der Bewohner anlangt und zu vergrößern, was das betreuende Pflegeteam betrifft. Darüber hinaus darf es zu keinen Neubau von Pflegeheimen in Österreich mehr kommen, sondern es müßte auch hierzulande eine generell andere Richtung eingeschlagen werden, die darauf abzielt, betreute Altenwohnungen zu fördern. Mehr Pflegeheime versperren bloß die Sicht auf alternative Betreuungsmöglichkeiten.

Der Vorteil kleiner Wohneinheiten liegt auf der Hand. Die betreuten Altenwohnungen befinden sich in unmittelbarer Wohnnähe der pflegebedürftigen Menschen, die Kontakte zu Freunden und Bekannten können eher aufrechterhalten werden, und die Mitbewohner sind zum Großteil persönliche Bekannte. In solchen Wohnbauten tummeln sich in der Regel auch Kinder, und insgesamt ist das Leben bunter und interessanter. Die Familie ist in der Regel auch nicht weit weg, und insgesamt lassen sich diese Wohnungen gut von einem ambulanten Team betreuen.

Der ambulante Bereich bedarf einer massiven Aufwertung und Ausweitung seiner verdienstvollen Arbeit beim Kampf gegen den sozialen Absturz. Die Hauskrankenschwestern müßten ebenso wie die Kolleginnen im stationären Bereich mit ausreichendem Pflegematerial und Verbandstoffen ausgestattet sein und nicht auf Betteln und Bitten für die Bereitstellung einer Basisausstattung angewiesen sein. Die Heimhelferinnen brauchen annehmbare Arbeits- und Dienstzeiten. Ihr Berufsbild hat sich im Zuge der neuen Pflegevorsorge von der Aufräumerin zur Krankenpflegerin und Therapeutin gewandelt, ohne daß dieser neuen Entwicklung bisher Rechnung getragen worden wäre.

Das Bundespflegegeldgesetz führte zu einem zum Teil massiven Rückgang von ambulanten Diensten. Die Einsätze werden kürzer, und die Heimhelferinnen stehen unter erhöhtem Arbeits- und Leistungsdruck. Die komplizierte Siebenstufigkeit von Pflegestufen schafft Probleme, und die Überweisung von Pflegegeld ohne deutliche Hinweise, wofür dieses Geld Verwendung finden soll, führt vielfach zu einer bedenklichen Verschlechterung der Qualität von Pflegesituationen.

Der Sanitäter müßte schließlich als Beruf anerkannt werden. Mit dem Lenken eines Pkw hat diese Tätigkeit jedenfalls nicht viel zu tun.

Ich bin an diese Untersuchung vor drei Jahren offen herangegangen. Fast ebenso lange ist mein Vater ein Pflegefall und ist derzeit noch in einer Pflegestation untergebracht. Die Beschäftigung mit diesem Thema und die intensive Auseinandersetzung mit den Bedingungen, die alte Menschen in Pflegestationen erleben und mitmachen müssen, schaffte eine immer größere Kluft zwischen Theorie und Praxis. In der Soziologie sprechen wir nach FESTINGER von einer „kognitiven Dissonanz", die sich auftut, wenn die Gedanken mit der Wirklichkeit nicht mehr harmonieren. Bei mir kam es so.

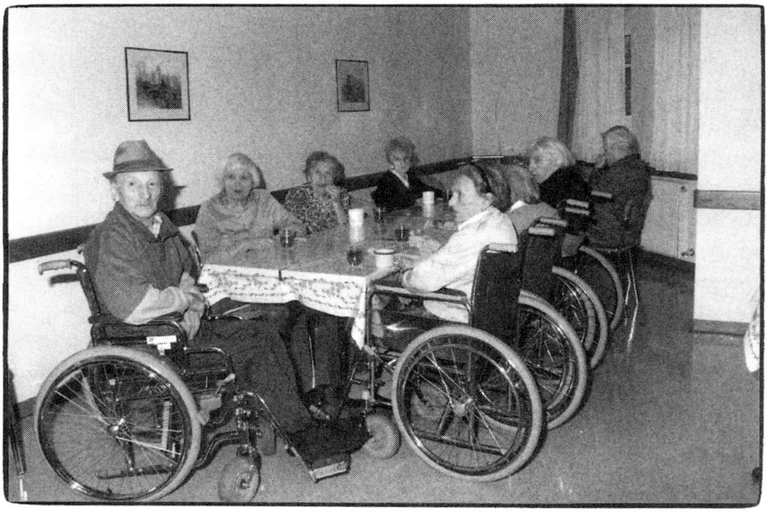

Mein Vater mit Heimbewohnern im Tagraum.

Gegen Ende dieser Studie, nach Durcharbeitung aller Unterlagen, dem Anstellen von Analysen und Vergleichen wurde mein persönlicher Zustand immer unerträglicher, und ich konnte in den Nächten wenig Schlaf finden. Ich konnte nicht mehr einsehen, warum mein Vater nicht daheim sein kann, sondern in einem Pflegeheim seine letzten Lebensjahre verbringen muß. Selbst wenn die familiäre Situation nicht ideal ist, läßt sich bei gutem Willen mit Hilfe von ambulanten Diensten eine Versorgung und Betreuung des Vaters auf die Beine stellen, die einen Vergleich mit einer stationären Pflege nicht zu scheuen braucht. Daheim in seiner Stube könnte Vater wieder seine gewohnte Aussicht genießen, er könnte im Rollstuhl in den Stall geschoben werden und seine Tiere wieder sehen, die er solange betreut hat, er könnte im Jahreswechsel das Sprießen des Korns bis zur Ernte mitverfolgen und all jenen Menschen und Dingen wieder begegnen, die ihm immer vertraut gewesen sind. Daheim ist er verwurzelt, da gehört er hin.

Das Recht, daheim sterben zu können, darf alten Menschen nicht abgesprochen werden. Wir alle sind aufgerufen, an erster Stelle eine gute Pflege für unsere alten pflegebedürftigen Eltern daheim zu organisieren und einen stationären Pflegeplatz nur als allerletzten Notplatz in Erwägung zu ziehen.

Meine Geschwister, die wie ich den Vater regelmäßig besuchen, die es zum Teil aber im Pflegeheim gar nicht lange aushalten und die Besuche eher kurz gehalten haben, sehen es zum Großteil auch so, und seit wir versuchen, den Vater wieder in seine vertraute Umgebung heimzuholen, schließt sich langsam die bei mir aufgetretene Dissonanz wieder.

So gesehen, führte diese wirklich offene Forschung dazu, daß ich anfangs die Situation des Pflegeheimes gar nicht als besonders nachteilig einstufte und sie sogar meinem Vater ohne wirklich viel Bedenken zumutete. Doch nach all dem, was ich gesehen, erlebt und gespürt habe, kommt mir jeder Tag, den der Vater im Pflegeheim verbringen muß, als eine verlorene Zeit vor, die er sich besser erspart hätte. Die Kosten für das Heim betragen rund 25 000 Schilling monatlich. Für dieses Geld läßt sich daheim eine gute Betreuung einrichten. Der Vater würde wieder in seiner Stube sein können, er würde die vertrauten Gerüche einatmen, er könnte leichter von Nachbarn und Freunden besucht werden, alles wichtige Dinge, die ihm ein noch so gut geführtes Pflegeheim vorenthält. In der gleichen Stube, in der seine Frau und unsere Mutter nach zweijähriger Bettlägrigkeit vor 33 Jahren verstorben ist, würde er selbst einmal friedlich und bestens versorgt von der Welt Abschied nehmen können.

Persönlich aber auch allgemein hat diese Arbeit somit Klarheit geschaffen. *Pflegebedürftig* zeigt, wo wirklich der Platz für unsere alten Eltern und greisen Mitmenschen ist: Daheim, verbunden mit einer zumindest halbwegs zufriedenstellenden familiären Pflege und unterstützt von ambulanten Diensten. Machen wir es für alle pflegebedürftigen Menschen so, damit nicht einmal die Jungen auf ebenso dumme Gedanken kommen und uns in ein ungewolltes Pflegeheim abschieben, wenn wir eines Tages körperlich und geistig inkontinent geworden sind und uns nicht mehr zur Wehr setzen können.

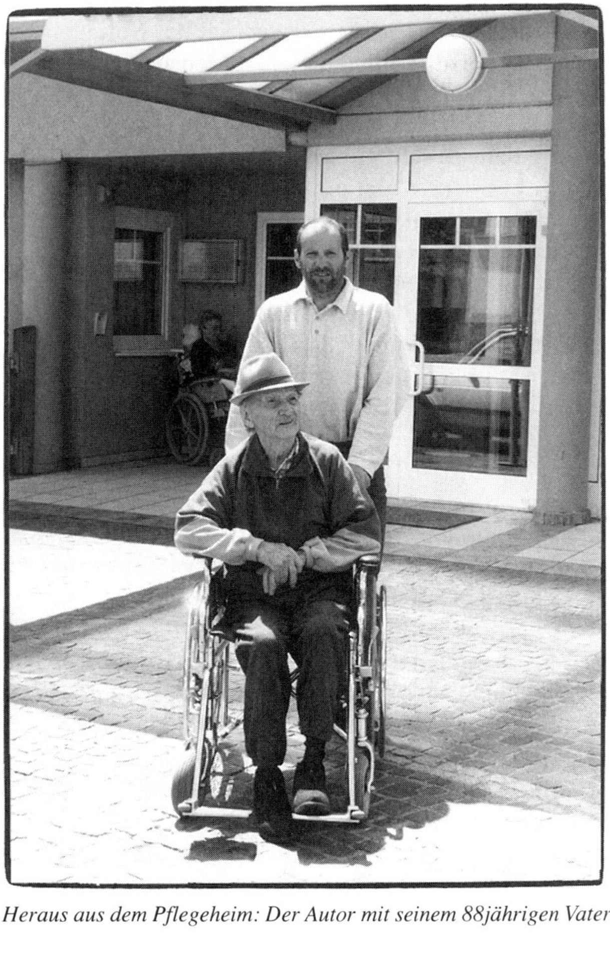

Heraus aus dem Pflegeheim: Der Autor mit seinem 88jährigen Vater.

Anhang

Übersicht über die Pflegegeldbezieher

Stufe	1993	1994	1995	1996
	Bundespflegegeld[1]			
1	2.506	13.123	22.631	27.421
2	198.597	161.674	146.441	131.315
3	25.724	44.919	51.801	52.601
4	14.576	21.198	23.591	23.429
5	12.969	19.041	19.690	18.245
6	2.882	4.103	4.364	4.133
7	1.634	2.440	2.735	2.426
Vorl. Leistung	5	0	0	0
insgesamt	**258.893**	**266.498**	**271.253**	**259.570**
Hilflosen-zuschüsse[2]	*2.859*	*2.589*	*2.366*	*2.045*
	Landespflegegeld[3]			
1	7.281	7.866	8.359	.
2	15.670	13.398	14.017	.
3	8.565	9.107	10.248	.
4	4.876	4.416	4.212	.
5	2.117	4.007	4.526	.
6	1.383	2.674	2.877	.
7	549	1.081	1.192	.
Vorl. Leistung	3.789	0	0	.
insgesamt	**44.230**	**42.549**	**45.431**	.
	Insgesamt			
1	9.787	20.989	30.990	.
2	214.267	175.072	160.458	.
3	34.289	54.026	62.049	.
4	19.452	25.614	27.803	.
5	15.086	23.048	24.216	.
6	4.265	6.777	7.241	.
7	2.183	3.521	3.927	.
Vorl. Leistung	3.794	0	0	.
insgesamt	**303.123**	**309.047**	**316.684**	.
männlich[4]		*85.263*	*99.222*	*79.924*
weiblich[4]		*192.405*	*210.659*	*176.868*

Quellen: BM für Arbeit und Soziales, Hauptverband der österreichischen SV-Träger. – [1]) Ohne Landeslehrer. Bis 1995 ohne Unfallversicherung der Bauern. – [2]) Gem. § 46 BPGG; 1996 ohne Unfallversicherung (1995: 27 Fälle). – [3]) Steiermark 1993 ohne Landes- und Gemeindebedienstete; Tirol 1993 inkl. einzelner Bezieher nach dem Bundespflegegesetz (solche mit Ausgleichszahlungen). – [4]) Daten unvollständig; 1996 nur Bund (unvollständig).

aus: Wirtschafts- und Sozialstatistisches Tagebuch der Bundeskammer für Arbeiter und Angestellte 1997, Seite 367

Pflegegeldbezieher in der Sozialversicherung sowie Bahn, Bundespensionsamt, Post und Bundessozialamt und durchschnittliche Höhe des Pflegegeldes

Berichtsmonat: 5/97

Stufe	Pflegegeld-Bezieher			∅ Pflegegeld in Schilling
	Männer und Frauen	Männer	Frauen	
1	30.218	8.224	21.994	2.453
2	125.547	38.324	87.223	3.686
3	53.193	17.593	35.600	5.613
4	23.672	7.924	15.748	8.338
5	18.203	5.867	12.336	11.155
6	4.143	1.473	2.670	15.123
7	2.489	857	1.632	20.229
8				
insgesamt	**257.465**	**80.262**	**177.203**	**5.239**

Quelle: Hauptverband der österreichischen Sozialversicherungsträger, Statistikdatenbank

Literaturverzeichnis

Badelt, Ch., Holzmann, A., Matul, Ch., Österle, A., Kosten der Pflegesicherung – Strukturen und Entwicklungstrends der Altenbetreuung, Wien-Köln-Weimar 1995

Ders.: Analyse der Auswirkungen des Pflegevorsorgesystems, Wien 1997

Böhm, E., Verwirrt nicht die Verwirrten. Neue Ansätze geriatrischer Krankenpflege, Bonn 1988

Evers, A., Leichsenring, K., Pruckner, B., Pflegegeld in Europa, Wien 1993

Feil, N., Ausbruch in die Menschenwürde. Validation – einfache Techniken, um Menschen mit Altersverwirrtheit/Demenz vom Typus Alzheimer – zu helfen, Baltimore, Toronto, London, Sydney 1993

Girtler, R., Methoden der qualitativen Sozialforschung, Wien 1984

Ders.: Sommergetreide, Wien-Köln-Weimar 1996

Goffmann, E., Asyle. Über die soziale Situation psychiatrischer Patienten und anderer Insassen, Frankfurt am Main 1973

Hansen, S., Thor, C., Förklädd, Stockholm 1995

Hennezel de M., Den Tod erleben, Bergisch Gladbach 1995

Hessoun, J. in: Pflegegeld in Europa, Wien 1993

Hirschenberger, A. Liesing. Lainz. Langenzersdorf. Erzählung, Wien 1989

Hofer, K., Ausgeliefert. Zum Berufsalltag von Lkw- und Busfahrern, Wien 1994

Ders.: Arbeitsstrich. Unter polnischen Schwarzarbeitern, Wien 1992

Ders.: Würdelos. Erfahrungen eines Leiharbeiters, Wien 1991

Hovorka, H., Pflegegeld in Österreich, Klagenfurt 1996

Jens, W., Küng, H., Menschenwürdig sterben, München 1995

Kathan, B., „Mein sozialer Tic ist geheilt“ Krankenschwestern erzählen über ihre Belastungen, Innsbruck 1991

Pfeil, W., Neuregelung der Pflegevorsorge in Österreich, Wien 1994

Ders.: Bundespflegegesetz und landesgesetzliche Pflegegeldregelungen, Wien 1996

Rosenmayr, L., Die Kräfte des Alters, Wien 1995

Schrems, B., Zeitorganisation in der Krankenpflege, Frankfurt am Main 1994

Schwediauer, K., Alltag in Steinhof. Leben in einer psychiatrischen Großanstalt, Wien 1984

Seidl, E., Pflege im Wandel, Wien, München, Bern 1993
Dies. und Steppe H., (Hg.) Zur Sozialgeschichte der Pflege in Österreich, Wien-München-Bern 1996
Wanschura, W., Töten dürfen? Wien 1996

... vom selben Autor lieferbar

Ausgeliefert
Zum Berufsalltag von Lkw- und Busfahrern

1994, 222 Seiten
S 198,–/DM 27,–/sfr 25,–
ISBN 3-7035-0512-5

Ausgeliefert beschreibt den Alltag von Lenkern, die jahraus, jahrein hinter dem Steuer von schweren Lastkraftwagen und Bussen sitzen, von weiten Teilen der Bevölkerung aufgrund ihrer Arbeit abgelehnt werden und sich mit oftmals unkorrekten Bedingungen in der Transportwirtschaft arrangieren müssen.